义乌丛书

义乌区域文化丛编

义乌丛书编纂委员会 编

义乌江·水的记忆

朱庆平 著

上海人民出版社

义乌丛书编辑部

主　　　　编　吴潮海

副　主　编　施章岳

主　编　助　理　傅　健

编　　　　辑　赵晓青　孟祖平　孙清土　金福根

　　　　　　　　李丽莉　楼向华　郑桂娟　吴雅珍

　　　　　　　　胡　莺　陈子华　张巍巍

工　作　人　员　虞金法

摄　　　　影　朱庆平　金福根　吴贵明

总 序

自秦王政始置乌伤县，义乌迄今已有两千两百多年历史。古老的义乌大地，山川秀美、物华天宝，文教昌盛、地灵人杰。勤劳智慧的义乌人世世代代在此耕耘劳作，繁衍生息，改造山河，创造了灿烂的历史文化。

由于独特的地理环境及历史原因，在义乌大地上产生了独特的地方文化。她既是江南文化的组成部分，又具有自身鲜明的特征。

"勤耕好学，刚正勇为，诚信包容"是义乌精神；"崇文，尚武，善贾"是义乌民俗；义乌的民风则是"博纳兼容，义利并重"。义乌精神及民风、民俗遂成为源远流长的中华民族文化之泓泓一脉，成了中国历史上不可或缺的一页。千百年来，义乌始终在传承着文明，演绎着辉煌，从而使义乌这座小城艳光四射，魅力无限。

自古以来，特别是唐代之后，义乌学风渐盛，至有"小邹鲁"之称。自宋以来，县学、社学、书院及私塾等讲学机构多有设立，而"莅兹土者，莫不以学校为先务"。故士生其间，勤奋好学，蔚成风气，学有成就，烨烨多名人。并且，辐射出巨大的文化能量，不仅本地名儒代有，在浩浩学海与宦海中大展宏图，而且还活动过、寄寓过数不胜数的全国各地的文化名人，从文人学者到书家画师，从能工巧匠到杏林名家，其生动活泼的文化创造与传播，绵延不绝的文化承续与传递，从来没有湮灭或消沉过。在博大精深的中华文化领域里独树一杆颇具特色的义乌文化之帜，在优雅千载的儒风中诞生了许多屹立于中华民族之林的英杰。也正是文化底蕴的深厚与文化内涵的博大，造就了令人神往的义乌，使其作为中华文化渊薮的鲜明形象而历久弥新。

历史，拒绝遗忘，总要把自己行进的每一步，烙在山川大地上。

时间逝而不返，它带走了壮景，淘尽了英雄，留下了无数文化胜迹和如峰的圣典。只有在经过无数教训和挫折之后的今天，人们才逐渐认识到作为一个复杂系统的组成部分，城市的各要素所具有的种种不可替代的价值和功能，它们饱含着从过去传递下来的信息，而《义乌丛书》正是记录这些信息的真实载体。

历史是无法割断的,许多古老的文化至今仍然在现实生活中发挥着重要作用。当我们向现代化的目标迈进时,怎样继承古老文化的精华,剔除其封建糟粕,在传统文化的基础上建立社会主义新的文化格局,是一个摆在我们面前与物质生产同等重要的任务。

一位哲学家曾经说过,哲学就是怀着乡愁的冲动去寻找失落的家园。今天,我们正处于一个重要的历史性转折时期,越来越多的有识之士也开始意识到,对民族民间文化源头的追寻迫在眉睫,鉴于此,我们编纂出版《义乌丛书》,既有历史意义,也有现实意义。概而言之,有三大作用:

文化典籍的传承保护　中华民族有着光辉灿烂的传统文化,文化典籍中的善本古籍,是前人为我们留下的宝贵精神财富和历史见证,极富文献价值和文物价值。义乌也同样,历代文士迭出,著述充栋。这些历经沧桑而幸存下来的"国之重宝",或则出于保护的需要,基本封存于深阁大库,利用率甚低;或则由于年代久远,几经战乱,面临圮毁,因此,亟待抢救。如今,《义乌丛书》编纂工作的启动,为古籍的保护与使用找到结合点,通过影印整理,皇皇巨著掸除世纪风尘,使其化身千百,为学界所应用,为大众所共享;同时,原本也可以得到保护。真可谓是两全之策,是为民族文化续命,是为地方文化续脉。

传统文化的现代创新　在义乌历史上,有许多人文典故值得挖掘,有许多可歌可泣的先进事迹值得记载。拨浪鼓文化需要传承,孝义文化值得发扬,义乌兵文化应予光大。但由于历史上的义乌是个农业县,文化底蕴虽然深厚,载入史册的却寥若晨星。而深厚的历史文化传统能孕育和产生强大的文化力,能为塑造良好的城市形象提供重要基础,这种文化力所形成的精神力量深深熔铸在城市的生命力、创造力和凝聚力中,是推动城市经济和社会进步的内在动力。因而,《义乌丛书》编纂者坚持传统文化与现代文化相衔接,精品文化与大众文化相兼顾,创作出义乌历史上从未有过的文化系列丛书,既是精神文明建设的需要,也是物质文明建设的需要。

发展经验的文化阐释　义乌经济的发展,并非无源之水,无本之木。"参天之木,必有其根;环山之水,定有其源。"义乌发展的文化之源,义乌商业的源流之根,义乌文化圈的形成特质包括宋代事功学说对义乌"义利并重,无信不立"文化精神的影响,明代"义乌兵"对义乌"勇于开拓,敢冒风险"文化精神的影响,清代"敲糖帮"对义乌"善于经营,富于机变"文化精神的影响等。因而,如何用文化来解读义乌,也成了《义乌丛书》的重要组成部分。

广义的文化几乎无所不包,狭义的文化基本限于观念形态领域。从以上包含的内容可看出,《义乌丛书》对"文化"的界定,似乎介于广、狭之间,凡学术思想、哲学原理、科技教育、文学艺术等多个类别与层次,均在修编范围之内。

几千年岁月蕴蓄了丰赡富饶的文化积淀。面对多姿多彩、浩瀚博大的义乌文化形态,我们感受到了其内在文化精神的律动。

保存历史的记忆,保护历史的延续性,保留人类文明发展的脉络,是人类现代文明发展的需要。如今,守望岁月的长河,我们不能不呼吁,不要让义乌失去记忆。

这也正是我们编纂出版《义乌丛书》的主旨与意义所在。

《义乌丛书》卷帙浩繁,她集史料性、知识性、文学性、可读性、收藏性于一体,以翔实的史料、丰富的题材、新颖的编排,全景式地再现了江南"小邹鲁"的清新佳景和礼仪之邦精深的内涵。走进她,就是走进时间的深处,走进澎湃着历史的向往和时代的潮音的宝地,去领略一个时代的结束,去见证另一个时代的开始。宏大精深的传统文化曾经是,也将永远是义乌区域文化赓续绵延的基石,也是义乌继续前进乃至走在全省、全国前列的力量。在建设国际商贸名城的进程中,抢救开发历史文化遗产,掌握借鉴先哲遗留的丰硕成果,是全市文化学术界的共同期盼。因而,编纂这套丛书既是时代的召唤,也是时势的需要。

谨为序。

中共义乌市委书记　盛秋平

义乌市人民政府市长　林　毅

目 录

第八章　一江春水坪山翠/313

起 航

义乌江，乌伤儿女的母亲河！她发源于磐安县山环乡岭干村的龙乌尖。上段叫东阳江，在廿三里的何宅流入义乌。义乌境内的河段全长39.75公里，流经廿三里、江东、福田、稠城、稠江、佛堂、义亭等7个镇街道。在义亭上低田村出义乌，进入金华境内，与武义江汇合后，叫金华江。近代历史上，金华江上游的都叫东阳江，因为古时婺州的大部都属东阳郡管辖。而在义乌民间，义乌人习惯地把在义乌辖区的东阳江叫"长江"。金华江经兰溪与衢江汇合后，叫兰江。兰江是钱塘江中游的一段，下与新安江合流为富春江。因此，沿着义乌江的水系，上可溯东阳，下可达金华、兰溪、衢州、桐庐、富阳、萧山、杭州。由萧山经七甲船闸进入浙东运河，可通宁波；往杭州经七堡船闸可与京杭大运河连通。由此可见，在以水运为主的时代，义乌江在交通方面的重要性。

以前的义乌江，可没有现在的安静与温顺。一衣带水，桅杆处处，船来船往，炊烟袅袅；码头的岸上，店铺毗邻，红灯高挂，人声喧哗，人影摇曳；它还要时不时像龙一样，摇摆几下，发一发水威，搞得两岸鸡飞狗跳，民不聊生，直让人发出"十年河东，十年河西"的千古叹息。先民出行，水路是最便捷的路，是人与人碰撞最多的地方，于是它又是信息、亲情、财富、谣言、恩怨的汇集之地。

义乌江两岸是义乌古老文明的摇篮。古风淳朴，历史悠久；文化灿烂，文气沛然；土地肥沃，物产丰富；人口稠密，经济发达。站在义乌江两岸，望滚滚西流水，一种历史与现实的凝重、沧桑感便油然而生。一个个难忘的画面，一段段不可磨灭的记忆；一章章典籍记载，一段段沉甸甸的历史；还有大量湮没在史海中的不为人知的真实容颜，都使人不得不产生一种畅怀倾诉的激情与欲望。这里，竟然还有那么多我们不知晓的东西，诸如历史、经济、文化、风情、物产，等等。

《义乌沙滩上的一片捣衣声》（水彩画）　（著名画家张充仁画于1953年）

这里，曾是恐龙的乐园，义乌城郊阳光大道边一个不起眼的小山坡上，埋藏着远古时代的生命密码；这里，是义乌先民最早生活的地方，1986年2月，在这里发现了新石器时代的石锄、石镞；这里，在《后汉书》中，是神与人斗法的地方；这里，是义乌文化辉煌的诞生地，骆宾王的"鹅，鹅，鹅"从这里起步，吟遍世界的每一角落；这里，走出了宗泽、徐侨、黄溍、金涓、王祎、倪仁吉、陈望道、冯雪峰、吴晗等一大批志士仁人，谱写了义乌辉煌的历史篇章；这里，是聪慧的义乌人民走向世界的起点⋯⋯

江水，依然在缓缓地流淌。但对于居住在义乌江边的人来说，生活的变化已经超出每个人的想象。"勤耕好学、刚正勇为、诚信包容"的义乌人，创造了一个个世界奇迹。当各种肤色的人走在义乌的大街小巷，当各种豪华的轿车穿梭在义乌的街头，当刚刚放下裤脚的泥腿子住进了别墅，我们当年的想象力再丰富，也想象不出有这么一天。是义乌江水，刺激了义乌人的灵感；是义乌江水，开阔了义乌人的视野；是义乌江水，带进来了创造力。城市的诗意，由义乌江，舒展开来，带给了我们沧海桑田的生活。这个城市，积累了历史的沧桑，饱含着生长的能量，充满了想象的空间——都是因为有了义乌江。

于是，今天的人们认识了义乌江的生态价值和景观价值。因为"五水共治"，义乌江再次变得妖娆动人，清风扑面。水中游鱼细石，岸边杨柳依依。许多商品房沿河而建，身价倍增。

在历史的长河中，我们弹指一瞬的生命，正在观照着这条千年的河流，见证着历史的发展。正如同当年义乌的先民，在与这条河流相依为命又改造着这条河流一样，在人类的繁衍过程中，义乌江，正以它自己的方式呈现最美丽的生命状态，江中、江边栖息着各种动物，人与江和谐相处，人与江融合为一。滚滚流水，周而复始，昼夜朝夕，哺育着两岸人民，代代繁衍，生息不止。

第一章 烟波萤火人未识

义乌江，曾名乌伤溪、义乌溪、东阳江、东江等。它最早见于文字记载，是在《后汉书·方技传》"卷一百十二下"的"徐登传"中："徐登者，闽中（今泉州）人也。本为女子，化为丈夫，善为巫术。又赵炳，字公阿，东阳（今婺州）人，能为越方①。时遭兵乱，疾疫大起，二人相遇于乌伤溪②之上，遂结言约共以其术疗病。各相谓曰：'今既同志，且各试所能。'登乃禁溪水，水为不流；炳复次禁枯树，树即生荑。二人相视而笑，共行其道焉。登年长，炳师事之。贵尚清俭礼神。尝以东流水为酌，削桑皮为脯。但行禁架③，所疗皆除。后登物故，炳东入章安，百姓未之知也。炳乃故升茅屋，梧鼎而爨，主人见之惊惧，炳笑不应，既而爨熟，屋无损异。又尝临水求渡，船人不知之，炳乃张盖坐其中，长啸呼风，乱流而济。于是神服，从者如归。章安令恶其惑众，收杀之。人为立祠室于永康④，蚊蚋不能入也。"

文章说：徐登是福建一带人，本来是个女子，变成了男人，擅长巫术。赵炳是东阳义乌一带人，擅长仙术。当时天下大乱，疾病瘟疫流行，徐登、赵炳在乌伤溪水之上相遇了，于是他们相约，凭着他们的医术为天下百姓治疗疾病……但是，这两位神仙不知哪根筋不对路了，看谁都不顺眼，那就比法术啊。徐登作法禁水，水就止住不流了。赵炳在枯树上作法，枯树长出了叶子。后来，赵炳还点燃茅屋煮东西吃，食

沿河诗抄

戏悼双溪布衲如

嵩头陀（达摩）

继祖当吾代，
生缘行可规。
终身常在道，
识病懒寻医。
貌古笔难写，
情高世莫知。
慈云布何处，
孤月自相宜。

① 《抱扑子·至理篇》：道士赵炳，以气禁人，人不能起。禁虎，虎伏地，低头闭目，便可执缚。以大钉钉柱，入尺许，以气吹之，钉即跃出射去，如弩箭之发。《异苑》云：赵侯以盆盛水，吹气作禁，鱼龙立见。
② 郦道元《水经注》：吴宁溪出吴宁县，经乌伤谓之乌伤溪，在今婺州义乌县东也。
③ 禁术。
④ 炳故祠在今婺州永康东，俗呼赵侯祠。

物熟了，茅屋却一点都没烧坏。过河的时候，赵炳把一个盖子仍在河面上，自己坐了上去，就像坐上了一条船，无论水流怎么汹涌，稳稳当当过了河。各位神仙都服了他了……

神话的意境很美，想象力非常丰富。表现了人类幻想拥有战胜大自然的那种超凡的能力，也为我们构筑了一个亲切的神仙掐架斗趣的神话故事。徐登、赵炳相遇在义乌江的哪一个具体方位，自然已无从查考，义乌江的每一处堤岸上，都可能留有他们"斗法"的痕迹。我们驱车来到义乌、东阳交界处的"乌伤溪水"之上，希望能在那里找到一些蛛丝马迹。

与东阳交界处的廿三里街道何宅村，隔江远望，对面就是东阳市。横跨江两岸的桥叫义东桥（东阳人则叫东义桥），现在叫何宅桥，最早建于1987年。立于桥头的六角亭有这样的文字记载：稠州之东吴宁之西，两县界处隔江相望。是水也名东阳江，史有放生潭，鱼长若人。堤岸竹木郁郁葱葱。溪桥石级数十，福星亭桥会屋，结构雅致。望甑山之巍巍，观江水之荡荡，风景可爱，人咸留连……

第一节　远古的呼唤

这样一个"人咸流连"的环境，亿万年光阴悄悄倒流。

在连接义乌、东阳的阳光大道旁边，有一个小山坡与观音塘村隔路相望，叫岩头山，在义乌江的西岸，是观音塘村周围最高的山。2008年前后，修建阳光大道时，该山被劈为两半。"数十枚恐龙蛋化石被发现。大的像香瓜，小的像乒乓球。"这里和东阳风车口交界，历经千万年的沧海桑田。这里曾经上演侏罗纪公园的故事，惊鸿一瞥，引来千万目光的驻足。

6500万年前，这里是一片上百亩的开阔地，森林茂密，植物繁多，各种各样的小动物栖息其间。在树叶、小草的覆层下，是细砂岩、粉砂岩、泥岩构成的地层，踩上去软软的，各种动物都乐意在这里生活。再加上边上有一大片湖畔，义乌江在前面拐了一个弯后，在这里稍加停歇，形成一个不大不小的浅湾。岸边，水草肥美，树叶娇嫩；湖中，一片的碧绿、深蓝，在蓝天、绿树的掩映下，随着光照变化，呈现着黛蓝、靛青的颜色转换，呈着不同的色调与水韵。每当风平浪静，蓝天，白云，远山，近树，倒映湖中，水上水下，虚实难辨，梦里梦外，如幻如真。湖底是水藻，还有一些沉积的树木、钙化礁堤，朦胧中仿佛蛟龙游动。翠绿的森林，在翡翠般的湖水倒影中，

中国邮政2017年发行的《中国恐龙》邮票图稿。

更显生命的茂盛。

当然,自然界不会一直这么和谐美好,动物间也不会一直相安无事。生存了上千年的动物们,一代代聆听着惊天动地的嘶吼声,那些弱小的动物更是胆颤心惊地照顾着下一代,看不到出头之日。

一则消息引起了国际关注

天上飞的、地上跑的,食肉残暴的、食草温柔的,珍稀的、大众的,无数的恐龙大家族汇聚一起,在这里留下它们奔跑、嬉戏的足迹。

"白垩纪晚期如此丰富的恐龙足迹化石群,在国内还是首次发现。这些恐龙足迹化石,共有五大类,分别为蜥脚类、兽脚类、鸟脚类、翼龙类、甲龙类,无论是恐龙足迹的规模、数量还是类型,在国际上都颇为罕见。"国内著名恐龙专家、浙江自然

兽脚类恐龙足迹（肉食恐龙）。

兽脚类恐龙足迹化石。

博物馆副馆长金幸生在现场动情地述说，恐龙足迹变成化石，太不容易了。

一只恐龙走过，想让它留下足迹，并变成化石，要有太多的天时地利。你可以想象一下，如果地面太硬，走过只能留下浅浅的痕迹，马上就会消失；如果地面太软，恐龙走过，脚印陷得太深很快会被流动的泥沙埋没。只有既不硬又不软，湿度、黏度都刚刚好的土地，才有可能留下脚印。

更重要的是，印有恐龙脚印的土地，还要在合适的时机，被沉积物覆盖，才能在上亿年后的今天变成足迹化石，向我们展现远古生命的力量。据介绍，金衢盆地多为细砂岩、粉砂岩、泥岩，不硬不软刚刚好。而且地层沉积属于湖边缘地带的滨浅湖，非常适合恐龙化石的产生。

已经发现的五大类恐龙足迹化石，除蜥脚类、甲龙类为圆形足迹，有四个脚趾外，其余均为三趾形脚印。"东阳龙"为蜥脚类恐龙，脚印一个个，圆圆的；吉兰泰龙则为兽脚类恐龙，很凶，很大，脚印类似"小枫叶"。[1]

这是刊登在当地媒体上的一则新闻。义乌发现恐龙足迹化石群的消息在国际上迅速引

① 摘自《金华日报》2015年12月11日8版，作者李艳。

起关注。世界著名恐龙专家、
日本福井县立恐龙博物馆副馆
长东洋一和韩国古生物学会
主席Min Huh均前来实地考
察，一致认为这个地方值得
保护，值得开发，是一个很
有影响、很有效果的科普教
育基地和文化教育场所。下
面是专家的解读：

翼龙能够留下脚印，实属不易。

　　1号现场100多平方米，
在厚度3米左右的岩层中共发
现了12层包含足迹化石的层位。2014年5—8月，1号地点共清理出2枚翼龙类足迹、接
近30枚兽脚类恐龙足迹、2枚鸟脚类恐龙足迹、1组疑似甲龙类恐龙足迹、1枚疑似鸟
类足迹和较为破碎的蜥脚类恐龙足迹。

　　2号现场300多平方米，在厚度2米左右的岩层中共发现9层包含足迹化石的层位；
产出足迹化石的层位，足迹化石非常集中，在一片不到4平方米的岩层中，产出多达
20多个恐龙足迹，并且与较为规则的波痕共生，形象地反映了恐龙当时的生活环境，
是在有一定规模的水体边上。它的发现为研究该地区的古生态环境及古地理具有重要
意义。2015年10—12月，2号地点共清理出20多枚翼龙类足迹、8枚兽脚类恐龙足迹、4枚
鸟脚类恐龙足迹、5枚蜥脚类恐龙足迹，数量、种类惊人。古生物博士吴灏依"层"
解读出的恐龙足迹，让人大开眼界：

　　第1层是翼龙类，食肉恐龙，出土有20多枚，是该现场发现最多的，说明当时这
一带翼龙多，食肉恐龙多。

　　相对于骨骼化石来说，翼龙脚印较为稀少。
　　因为翼龙以飞行活动为主，能在地上留下较深脚印并完整保存的概率相当低，目前

国内已报道的该足迹化石仅有三处：一处在甘肃永靖盐锅峡，一处在新疆乌尔禾地区，一处就是东阳吴山风车口。此次在义乌发现的翼龙脚印，不仅数量多，而且与先前在东阳发现的足迹不同，各趾的长度与趾间的夹角均不同，代表了不同种类的造迹生物。

第2层任何恐龙足迹都有，说明远古的金华是个真正的"恐龙王国"。

说金华是"恐龙王国"，家族之庞大、种类之丰富，还有许多例证，如1993年、1995年、2009年和2010年，义乌佛堂镇剡溪村等多地接连发现恐龙蛋化石。清理期间，古生物专家们曾对周边佛堂、苏溪、赤岸等地都进行了广泛调查，除佛堂、赤岸因层位更低没有什么发现外，苏溪因为层位接近发现了恐龙蛋化石。义乌众多的恐龙蛋化石及恐龙足迹化石，有力证明了1.3亿年前到6000多万年前这块古老的土地曾是恐龙的理想的栖息之地。

第3-4层是兽脚类。

第5层是蜥脚类，四足行走的食草恐龙，保存不完整或较为破碎。第6-7层、8-9层也是兽脚类，尤其是第8-9层为兽脚类幻迹，非常奇特。就像用两层宣纸作画，上面一层只有模糊的影子，幻化在下一层才留下足迹。兽脚类为二足行走的恐龙，基本食肉，也有食草等杂食。这些兽脚类足迹大小不一，长度多在17-19厘米，最小的长度不到10厘米，可以推测这些造迹的兽脚类恐龙，臀高最小的仅30厘米，大多数臀高75-90厘米，最高可达2米左右。

浙江省境内发现的兽脚类恐龙骨骼化石较为稀少，种类单一，本次兽脚类足迹的大量发现，暗示了晚白垩纪早期金衢盆地中，兽脚类恐龙具有较高的多样性。

时光层层叠叠，每一层都有精彩

五种在浙江首次发现的恐龙属种，两种就出自金华，分别是中国东阳龙、浙江吉兰泰龙。

此次发现的义乌恐龙足迹化石群，与东阳龙的发掘地，直线距离不到10公里。

2007年9月，东阳农民李永才在东阳市城郊白云街道白殿胡公山种荞麦时，发现了一块红褐色的"骨头"。

"骨头"共有三节，节节相连，大约有10厘米粗。它看上去很新鲜，好像看得见血在里面流，胆大的李奇才忍不住用手蘸着尝了尝，"味道怪怪的，既不是泥土的味道，也不是石头的味道"。这块"味道怪怪的""骨头"经国内外专家鉴定，即为恐龙新属新种，后被命名为"中国东阳龙"。

2010年，与"东阳龙"发现地相隔不远的东阳境内吴山风车口，发现恐龙足迹化石原生层位，共发现蜥脚类、兽脚类、鸟脚类、翼龙类等不同种类的恐龙足迹化石多达90余枚……

浙江自然博物馆研究馆员杜天明是地质地理、古环境研究专家，和同事盛益明、吴灏一起负责义乌恐龙足迹化石群的清理工作。他说，在东阳发现恐龙足迹化石之后，义乌相关部门反应敏锐："既然在同一地层，东阳有，义乌是不是也会有？"

2014年5月，应义乌市博物馆的邀请，浙江自然博物馆和日本福井县立恐龙博物馆组成项目组，对后岩头山进行古生物化石调查清理。没想到，一清理，"比吴山风车口还丰富"。

最早发现的一枚翼龙足迹化石，是日本专家野田芳和"偶然"捡到的。"那天，他来到清理现场，从原生层位随手'拉'出一块薄薄的岩石，仔细一看，天哪，居然是一枚翼龙足迹化石。"杜天明说，当时，他们已经在后岩头山的山坡上挖了二十来天，"上面没东西，便从上往下挖，没想到在下面才挖了约一个星期，就有如此大的惊喜。"

这之后，越挖越多，两个清理地点，恐龙足迹分布达21层。打个形象的比喻，若将后岩头山比喻为一本厚厚的书，连翻21页，每一页都有恐龙留下的脚印。种类丰富，个体多达数百枚，最多的一层竟有20多枚。

"能在一个地方集中发现这么多化石，说明金华正如先前发现的，是恐龙生活、栖息、繁衍的理想场所，恐龙在这一带活动非常频繁。"浙江自然博物馆研究员金

幸生说。

谁都不会想到，这个乍看与其他地方无异的小山坡，竟有如此多的生命，在地下静默上亿年后，等待着我们去聆听、对话。

这些已经沉睡了上亿年的恐龙，一经惊醒，定会绽放光彩。你看，不少足迹化石"嵌"在规则、有序的水波痕迹中，化石、水波均清晰可见。当年，是恐龙的纵情一跃，还是水波的深情缱绻，才会在流淌了上亿年的时间长河中，留下深深的烙印？

2016年10月12日，恐龙足迹化石又有新的发现。当天，浙江省自然博物馆科考队在科考现场发掘到了宽60厘米、长80厘米的大型恐龙脚印（见上图），领队杜天明主任称，这在浙江省内是首次发现，在国内也是极其罕见的。在发现恐龙脚印的同时，还发现了亿年前乌龟的脚印！让科考队员一阵惊喜。①

① 本节参考《义乌惊现世界罕见恐龙足迹化石群》，载《金华日报》2015年12月11日A08版，作者李艳。

第二节 文明的星火

千万年的时光，悄然而逝。义乌的先民们在义乌江边敲敲打打，留下了最早的石器——1979年，佛堂镇燕里村村东红泥山背发现了5枚新石器时代的石磁；1981年，佛堂镇东的道院山上出土了一把新石器时代的石斧；1987年，佛堂梅林村出土了一把新石器时代的穿孔石刀；1983年，华溪管理处里兆村在义乌江的支流上发现了新石器时代的石镟，1986年2月，在何宅村的边上发现了新石器时代的石锄……

考古界认为，新石器时代大约从1万年前开始，结束时间从距今5000多年至2000多年不等。

2014年，义乌桥头遗址考古发现了数量丰富的陶（片）器和石器，专家经碳14测定，认定这是9000年前的遗物，比余姚河姆渡还要早约2000年。浦江上山遗址、永康湖西遗址（2012年度考古发现的永康湖西遗址中的炭黑状谷物，是目前发现的人类最早栽种的稻谷），义乌桥头遗址等地的考古发现，在全国范围内发现的早期20多处新石器时代遗址，金衢盆地就占了15处等，这些都有力地证明了整个钱塘江上游地区，不但是浙江新石器时代文明的发祥地，也是中国乃至东亚地区稻作农业文明的重要发祥地之一。

桥头遗址在义乌城西街道桥头村。2013年，义乌博物馆一位工作人员在文物普查时，在"夏园坟头"这个地方意外发现了几片外表红色、中间黑色的陶片，凭着职业敏感，他意识到这里应该"有货"，就报告给了浙江省博物馆，请求派专家普查。

"2008年浦江出现人类文明的新源头——'上山文化'后，我就想寻找更多的遗址来证明这个古人类文明，先后在龙游、婺城和永康等地发现10多处遗址，证明了整个浙中地区都存在'上山文化'。在探讨中，大家都觉得在'上山文化'中，怎么会缺了义乌这一环？"浙江省博物馆研究院蒋乐平说。

2014年12月中旬，蒋乐平带着专门用于分析考古土层的洛阳铲等考古工具，来到桥头村"夏园坟头"进行试掘。

经考古人员发掘，发现遗址文化层有6层，并出土了数量丰富的陶（片）器和石器。出土器物有穿孔器、石刀、石磨盘、石磨棒和石锤等石器，以及大口盆、圈足盘、平底盘、双耳罐、钵等陶器。经专家断定，该遗址是上山文化中晚期史前部落遗址，具有重要的历史科学价值。

在这些器物中，其中的一片红色的陶片，引起了专家的特别兴趣。

在这片红衣陶片上，一轮朝阳正从凹凸不平的线条上升起，上方放射出六道光芒。蒋乐平介绍，这个朝阳图案是在烧制陶器前，古人用另

彩 陶

桥头遗址出土的彩陶。（图片取自网络）

外一种材质的陶土涂上去的，在考古界，它被称为彩陶。"这说明当时在浙中地区就存在太阳崇拜，存在以太阳为图腾的部落。"

蒋乐平说，这些彩陶在当时应该是装食物用的，功能像今天家庭厨房里的瓶瓶罐罐。

这些陶片部分器物口沿外侧刷有一层红色陶衣，颈部或圈足刻画有连续的"^"或"I"纹，有些陶器内外壁均有一层米黄色类似"化妆土"的物质，使得器物看上去平滑而略有光泽。这说明，当时这一带的先民已经有较高的制陶技艺。

桥头遗址为上山文化晚期遗址，但其彩陶具备了跨湖桥文化彩陶的基本特质。跨湖桥文化彩陶分乳白色的厚彩和红色的薄彩两种，桥头遗址彩陶的多样性虽不及跨湖桥文化，但已经具备两种类型的彩陶特征，桥头遗址的太阳纹图案也与跨湖桥遗址中的太阳纹图案一脉相承，这充分说明上山文化是跨湖桥文化的重要源头。

蒋乐平提到，桥头遗址属于上山文化，其重要性主要反映在两个方面。第一，其属于上山文化聚落群之一。上山文化聚落群是中国迄今发现的最具规模的早期新石器时代聚落群，也被认为是世界稻作农业的重要起源地。第二，在上山文化聚落群内的桥头遗址中，发现了最早且相对最完整的环壕遗迹，被认为是东亚最古老的环壕聚落，在人类文明史中值得一书。

桥头遗址现场。

第三节　千年的守望

义乌，在秦朝建立乌伤郡之前，人类的活动已经相当频繁，而且文明程度已经不亚于中原地区。

万年的石器，3000年前的古墓，2500年前的古井，已成为义乌历史悠久的明证。

1981年11月，在离义乌江不远的原平畴村（今江东街道青口），一位社员在村南200米的大山边缘（木见山）垦地时，挖出了不少原始青瓷器和印纹陶片，当地业余文保员闻讯后迅速报告了县文管会。

考古专家到达现场后，发现这是一个土墩墓。三面墓壁部分保存，一面已被社员垦土时挖去。由于历年水土流失严重，墓后壁仅存0.6米，前壁仅存0.2米，墓长6.6米，宽2.37米，基底经人工开凿而成，为紫红色岩层，比较平整，其上铺一层1厘米左右的细沙，细沙层上又铺一层1厘米左右的白膏泥。随葬品均放置在白膏泥之上，排列较规则。棺椁已朽无存，人骨架已朽，仅存两颗牙齿和七块残碎的四肢骨。

经清点，随葬品有62件，群众开荒时挖出52件，共114件。其中原始青瓷100件，陶器及其他器物14件。数量之多，制作工艺之精美，在浙江省境内少见。

专家认为，这是一处西周晚期的古墓。这批原始青瓷不是外来的，其他地方没有出土过类似的器具，从造型、釉色等方面来看，也不相同，推断属义乌本地生产。这

生动地说明了大约3000年前，义乌这片土地上
的文明已经不逊色于同期灿烂的中原文化。①

　　其实文明是同步发展的，只不过由于后来的
天气变化，南部地区变得潮湿，把应该有的文
明记号变为了尘土，才给了我们这样一个错觉：
南方的文明逊色于同期的中原文化。

　　只要条件许可，地下就会有留存。恐龙脚印
是最好的证据，下面的例子也足够说明问题：

　　在2000年的义乌旧城改造工程中，在城区
绣湖广场东边，如今的市政府信访大厅门口，
当时的金山岭下，发现了12眼古井。其中一口
"井字形"古井，四周木架搭建。在井底出土
了汲水用的细方格纹红陶罐一个，非常完整，专
家认为是春秋战国时期器物，因而判断该古井
为春秋战国时期古井。其他11口古井每井相距
约8米，分两排整齐排列。注意了，整齐排列！

"盂：饮器也。"（《说文解字》）

豆，用于盛肉或其他食品的器具。

井是干吗用的？取水。如果每口古井都有三四个人取水，还是有些壮观的！文物专家
根据出土的井壁纹砖及周围的瓦当，判定为汉代古井。

　　从春秋古井到汉代古井，这些古井是人口聚集在一起的直接而有力的证据。也充
分说明了，在汉代，这里已经是一个人口比较稠密的繁华之地了。

　　有人的地方就有恩怨，有恩怨就有江湖。那么，接下来的问题是，这里曾经发生
过哪些惊心动魄的故事？哪些人和事对后代产生了比较大的影响？地底下，还有哪些
谜团有待我们去破解？

① 资料参考傅健《青口：古老的文化家园》，载《义乌江寻梦》。

第二章 天堑如何变通途

第一节 野渡无人舟自横

义乌江上的渡口究竟始于何时?

在第一章中,我们讲过《后汉书·方技传》"卷一百十二下"的"徐登传"的故事:"尝临水求度,船人不知之,炳乃张盖坐其中,长啸呼风,乱流而济。"讲的是泉州的徐登与婺州赵炳在义乌江上比法的故事,其中讲了过江的问题:赵炳在水边招呼船老大,要求渡江,但是船老大不理他。赵炳于是不管三七二十一,把一个盖子扔到水中,叫声"大、大、大",顿时,盖大如伞,赵炳坐在上面,又大叫一声,渡江而过。这应该是义乌江上有关渡船的最早文字记载了。按东汉最后时间推算,即曹丕公元220年称帝,那么关于船老大、渡江这些中心词的历史已经有1800多年了。

面对茫茫义乌江,人们多么希望自己拥有赵炳那一套本领啊!

但现实往往是很残酷的。近40公里长的义乌江在乌伤大地中央纵贯而过,把义乌划为两半。枯水季节,两岸的人尚可以涉水过江走动走动,到了丰水季,如果没有船只的"穿针引线",两岸的人只能各自站在岸边大眼瞪小眼。

老人说过这样一个故事:古代江的西面有位姑娘嫁到江东,站在东岸,可看见娘家的屋与田，甚至还可与爹娘喊话，但就是走不到一起。每次回家，只得拐10里路，到东江桥绕个大圈，或者趁水浅时涉江而过。于是，有些父母吸取了前人的"教训"，当江两岸的男女青年互生爱慕之心时，如果自己看不上，便会以"过江走亲戚不方便"为由拒绝结亲。

一条义乌江，成了隔断男女青年姻缘的"银河"，成了父母不同意婚姻大事的借口，这是多么冤枉的事啊。

于是，造船、建渡口、摆渡、造桥，便成了光彩而神圣的事业。

20世纪60年代，汽车摆渡过江。

嘉庆《义乌县志》记载：下埠渡，县南三里龙潭山下。乾隆四十八年，邑人傅廷侯、陈鹏祥、陈瑞租等置田二十一亩零，以为修葺船只之费。并于南岸置屋三间，俾舟人处之。

永清渡，县南十八里，洋滩江下游，海云庵边。顺治年间，邑人毛立彩捐资把它建成一个免费的渡口，又买田一十余亩，以租金作为船工的费用。乾隆戊申，吴周士又捐田作为辅助的费用，在江边造了一所房子给船工用。

清朝初年，居住在田心的王毓秀因为"性厌烦嚣，欲择幽静之区以寄"而选择了一处"世外桃源"。而这处世外桃源深藏在大山深处，又隔着一条南江，出入很不方便，"凡有义举，毅然必为"，王毓秀就捐资买船，建了一个渡口。又"置地九亩四分六毫"，建了三间房子，作为船工居住的地方及出租房，租房费用作为日常的开支，每年还另外拿出修船的费用，要求不向过渡客收取任何费用等。

20世纪30年代初，廿三里大湖头渡口有3艘渡船，每逢廿三里"市日"，三艘渡船齐发，穿梭于义乌江上。三艘渡船中，两艘是大元村与平畴村吴姓太公捐资建造并维护修理的。他们还在大湖头村买地建造房屋三间，供船工居住并堆放杂物；另置田一亩，以维持船工生计。另一艘为当时名声显赫的义东首富廿三里"永和"老板金重辉捐资建造的，后期的维修费用也是他负责的。

据《盘石丁氏宗谱·岳父明晃公行状》记载，丁尚庆（1690-？），字

廿三里大湖头渡口。（摄于1963年）

明晃，佛堂塔山下村人，后赘居佛堂。"公善经营，出入有纪，滋息有道，家赀遂以日裕，居积巨万，为乡里冠。"明晃公做了财主，然积而能散，富而济贫。他首先在渡口成立了义渡，为前来赶市口的人免费摆渡，故此渡口也被称为"丁家渡"。

……

这样的例子实在是太多太多。在义乌历史上，各个渡口，各个朝代，都有过乡人、义士捐钱买船修渡的义举。

义乌民间，保留着一张康熙年间为解决义乌南江洋滩渡渡口的义渡问题而签订的《义渡公约》（见《洋滩渡》），这是义渡的一个实证，也是见证义乌人民美德的一个物证！

因为做善事的人多，所以在古代，义乌江沿江的渡口还是比较多的。据明崇祯《义乌县志》（1640）记载，当时义乌境内设渡口10处：孙村渡、下朱渡、东江渡、下埠渡、九江渡、河家渡、盛家渡、洋滩渡、吴溪渡、石基渡。

清嘉庆《义乌县志》（1802）记载，当时境内有渡13处：石棋渡、爱溪渡、孙村渡、下朱渡、东江渡、下埠渡、九里江渡、松溪渡、洋滩渡、永清渡、何家渡、盛家渡、吴溪渡。

据2008年版《义乌市交通志》载：1946年，义乌江干流设渡13处，分别是何宅渡、大湖头渡（石棋渡）、下骆宅渡、下朱渡、盐埠头渡、楼下村渡、桥头山渡、童店渡、新店渡、杨宅渡、舟墟渡、何店渡和葛仙渡。

1949年7月调查，全县有渡口25处，渡船28只。

1956年，有渡口21处，其中义乌江干流15处（新增的有倍磊西陈渡、杭畴叶前渡），南江有6处：坑口渡、钟村渡、松溪渡、王店渡、湖演渡、梅林渡。

1961年，明确何宅渡、下骆宅渡、盐埠头渡、新店渡、何店渡、前流渡等6只船渡为交通渡，其余为农渡。

1985年，因许多地方建桥弃渡，尚存渡口12处：何宅渡、下骆宅渡、兴中渡、塔下洲（童店）渡、红联渡、舟墟（永济）渡、何店渡、马渚渡、前金渡、葛仙渡、坑口渡、梅林渡。

1990年，义乌北江和南江有民间渡7处。

2002年6月，佛堂永济渡、义亭马渚渡、前金渡退出历史舞台，义乌境内的渡口彻底消失。

从上文可以看出，渡口是随着经济的发展、人员流动的增多而逐步多起来的，又是随着陆路交通的发达而逐渐消失的。

1985年义乌境内渡口基本情况

水系	渡口名称	渡线	长度（米）	营运性质	日渡人次	日渡车辆	客运票价（元）	货运票价（元）	客位数
义乌北江	何宅	到东阳	120	交通	--	--	--	--	30
	下骆宅	到下湾	100	交通	180	70	0.05	0.05	38
	兴中	到下朱	100	非	60	20	0.05	0.05	38
	童店	到塔下	120	非	150	80	0.05	0.05	36
	红联	到合作	120	交通	100	30	0.05	0.05	32
	永济	前王—候芹	130	交通	200	82	0.05	0.05	32
	何店	到后金	30	交通	150	82	0.05	0.05	33
	马渚	杭畴—倍磊	110	交通	600	400	0.05	0.05	41
	前金	金山—枧畴	100	交通	500	400	0.05	0.05	40
	葛仙	到叶前	120	交通	150	82	0.05	0.05	40
南江	梅林	到东山干	90	非	150	30	不收费		30
	坑口	石壁—坑口	80	交通	510	150	0.05	0.05	33

这些渡口，只是人员相对集中而成为有文字记录的渡口，还有许多渡口，因为名不见经传而消失在历史的风尘中，如拱店渡口、河溪渡口等。只要是有人员流动的地方，都有成为渡口的可能。

渡船运输在历史上有"渡会"组织。20世纪50年代初，义乌江、南江尚存"渡会"26处。渡口管理、渡费收取、渡工工资等都由各渡会群众组织商定，渡会均由渡船资助人员中有威信的人组成。

渡会在水流大时，管理船只；在水流小时，管理临时搭建的木桥。所以，渡会组织，在当时的群众中是一个比较有威信的组织。

人民公社化后，渡口渡船或收归集体所有，或民间自治。船工或领工资，或记工分参与生产队分红。如廿三里的何宅渡口，1949年以后有两只船轮渡，分单日双日，轮流休息，遇市日二人同撑。渡船由大队管理，自负盈亏。1974年前后，撑船人每天记工分，撑一天记一天工分，按同等劳力参加生产队分红。1988年改为发工资，每月45元。1980年，每人每次上船收五分人民币，来回一角。凭发票收费，钱交大队。最多时，每天能够收30多元。也就是说，当时义东区、华溪、吴宁等地来往客人有五六百人。

现根据前人的一些回忆资料，整理部分渡口发展历史如下，以作为历史的追忆。一些重要渡口如东江渡、下埠渡（盐埠头）、江湾渡、丁家渡（佛堂万善码头）等，大多数时间是以浮桥或桥的形态存在的，在这一章节中不作重点叙述。

◎ 大湖头渡口（石棋渡）

东阳江进入义乌境内，江边有两个村庄，叫船埠头村和大湖头村。前溪（廿三里溪）在大湖头村处汇入义乌江，因而，在这里形成了较为开阔的江面。从船埠头村的村名，就可猜测出这里是船靠码头的地方。大湖头村渡口，在过去廿三里未通公路时，是县城至义东区域的必经之地，也是到东阳的交通要道。清代时，这里叫"石棋渡"。据清嘉庆《义乌县志》载："廿三里溪，县东，其西至县郭，北至苏溪，南至东阳，皆二十三里，故名。源出虾陂西，流至石棋渡入大溪。"（注：大溪即义乌江）"石棋渡：县东北二十里，通东阳路。"该渡口扼义东区至县城之咽喉，地理位置十分重要。如今，这里修建了义乌到廿三里的东方红大桥。

义乌沿江盛产红糖、南蜜枣和火腿，要运出去卖，一定要靠竹排运出。这些东西在杭州、上海非常畅销，因此义乌江上南来北往的竹排众多。

义乌江上游卫星地图。

　　为方便运输，老百姓就在大湖头村边建起了一个码头。人们在此码头停放和起卸竹排上的货物，并把码头叫作"放生潭"，在此处只能放生，不准捕鱼、钓鱼；还把靠近码头的这个村称为大埠头村。

　　因为是交通要道，人来人往众多，于是就有了渡口。码头和渡口有时是合二为一的，大湖头村的渡口就是。

　　20世纪30年代初，大湖头渡口有三艘渡船。每逢廿三里市日，三艘渡船齐发，很是热闹。

　　义乌江的货运是发达的，因此，生意人之间来来往往也是常有的事。有个兰溪人来大埠头村的朋友家玩，临走时朋友留个地址给他，随笔把大埠头村错写成了大湖头村（因"埠"字与"湖"字的方言发音相同）。从此以后，人们将错就错，把大埠头村叫为大湖头村，近百年来沿袭至今。

　　关于20世纪大湖头渡口的历史，市志编辑部的方锦沛曾经在《义乌方志》中撰文：

大湖头村的渡船，撑了一代又一代。上世纪20年代，有个叫土弟的人在撑船。在一次发洪水时，他为了打捞桥板不幸溺水而亡，遂由大湖头村民叶章海撑渡。40年代，叶章海年迈，方维金接班。方维金住村西"桥厅"屋。"桥厅"，是堆放桥板、桥脚及修船材料的，也兼住人。另一艘撑船人叫方祖连，住村东"桥厅"屋。1951年方祖连死，由其妻屠小翠接班。从此，义乌江边，多了一个撑船的女人，多了一道别致的风景。她风里来，雨里去，还带一个约8岁的男孩子方德高。夏季，方德高总是光着屁股生活在船上，有时泡在水里玩耍。人员多时，船在江边一时下不了水，无论屠小翠在船头怎样使劲撑篙，船还是一动不动，这时小德高就跳下水，使劲推船，推至水深处，一个鲤鱼打挺，翻身跳上船。这时，满船的乘客都会发出由衷的赞叹声。

"土改"后，"桥会"田产被政府收回。船工则每年去方圆十里内各村，挨家挨户收取"船谷"，维持生计。修补桥板、渡船费用则由政府拨款批给，木料由村民用独轮车去义乌森工站提取运回。1960年以后，渡口改为义渡，渡工由生产大队记工分。1965年，义东区公所批给大湖头船工每月工资15元。

每年秋后至翌年春末，义乌江进入枯水期，即架木桥取代渡船。大湖头"桥会"由德高望重的长辈方德秋负责。桥板每块长4至4.7米，由九根杉木用横榫串成，宽约70至80厘米（宽度超过邻近的下骆宅桥），整座木桥架设长短视水面情况而定。架长桥时用56块桥板，约230米。桥板制作，1960年前为木榫制成，1960年后改用直径16毫米的钢筋为榫制作，并请大元村铁匠楼其龙打造铁索，架桥时各片桥板与桥脚皆用铁索串联之。

1967年，政府决定从义（乌）东（阳）公路过境的青口村接入一条公路，因此在大湖头渡口旁准备造一座钢筋混凝土大桥。工程即将开工，造桥钢筋如何从城区运到工地成为一个难题。公路未建成，汽车进不来，农村唯一的运输工具是独轮车。可钢筋12米长，装上独轮车即两头着地，根本无法装运。指挥部想了一个办法：用汽车从县物资局仓库送至东江桥卸下，再请大湖头六个壮汉，用村里渡船去东江桥运回来，由水路逆水而上运输。渡船载重有限，往返多次才运完。真想不到大湖头的渡船在"引退"前还为新大桥的建设立下汗马功劳。

斗转星移，1968年冬，横跨义乌江的水泥大桥竣工，大家给取了一个颇具政治色彩的桥名："东方红桥"。至此大湖头渡船完成历史使命，大湖头渡口也成为人们心中的记忆。（注：引用本文时有修改）

附：东方红桥，桥长67.8米，宽4.8米，5孔，每孔净跨11.6米，石砌墩台，属漫水位桥。设计载荷汽-13、拖-60。1967年9月7日开工，1968年10月1日投入使用。

由于廿三里小商品市场的发展，义东一带的经济迅速崛起，原先的道路交通已不能满足社会发展的需要了。1999年，稠城到廿三里的公路拓宽改造。1999年12月，新东方红桥建成通车。

新旧东方红桥横跨义乌江，成为江上游的一道景观。

新东方红桥位于老桥下游30米处，跨义乌江。桥长168.7米，宽24.5米，为8孔20米预应力钢筋混凝土空心板桥，桥墩采用双柱墩。连接通宝路，设计荷载为汽-20、挂-100。

◎ 下骆宅渡口

大湖头渡口下游，紧挨着的便是下骆宅渡口。

从卫星图上可以看到，如今的下骆宅南靠义乌江，东边有阳光大道通过，北边有商城大道，西临新建的兴隆路和兴隆大桥。从如今的交通布局，就可推测古代下骆宅作为义乌东部交通枢纽的地位。

下骆宅区域周边环境卫星图。

自清朝嘉庆以来的200多年间，下骆宅渡口，也是码头渡口合二为一的一处重要口岸，一度非常繁荣，超过上游的大湖头渡口。

这里江面开阔，义乌江从西北方向折向西南，拐弯处水流平稳，形成一个深水区，据说最深处有七八米。最繁华时，江边埠头长年停泊着50多艘货船、40多张竹木筏，把木材、毛竹、生猪、黄酒、火腿、南枣、石灰以及种类繁多的农副产品，运往各地。江面上，帆船点点，来来往往，很是热闹。村南的木桥，连接着两岸人民的感情，把南岸的后湖、平畴、江干、下湾、南下朱等村团结在自己的周围。而渡口，更是把方便带给了十里八乡的乡亲们。

下骆宅渡船，每年过了梅雨期，便开始启用，因为这时弱弱的木桥已经无法承受大水的冲击，被拆下收起来了。这时，渡船"出水"，承接了人们过江的使命。渡船一般长10米，过江一次载30人左右。平时一人撑船，水大时增加为两人。有船，自然有"桥船会"，下骆宅的桥船会与其他地方的大同小异。公社化后，"义渡"取消，船工记工分，参与生产队分红。1988年，原渡口处建成一座钢筋混凝土大桥，宽5

米，长132米。渡船从此告别水的舞台，只留在老人们的记忆中了。

下骆宅村北的大路连接着廿三里、苏溪、义乌县城、东阳，是附近各村村民到廿三里赶集的必经之地，也是古代一条重要的交通通道。如今，一条宽敞的商城大道取而代之。

因着交通位置的重要，下骆宅集市从清嘉庆年间（1796-1820）开始，慢慢兴旺起来。

磨坊、水作坊、药店、酒坊、竹木行、柴炭行、石灰行、南货店、京货店等各色店铺开始出现，贩卖粮食、草子种、蚕丝的商贩出现在了下骆宅街头，木业、制鬃业、铁业、油漆业和裱画业慢慢繁荣。义乌传统的火腿业、榨糖业成为重要的经济产业，骆益火腿庄最繁荣时年产优质火腿达1万余蹄，销往杭州、上海、南昌等地；榨糖的木糖车有两台，冬至过后的繁忙季节，一天24小时不休息；义乌大枣在这片区域连片种植，用大枣加工成的"南枣"，在清朝乾隆年间被列为贡品，称为"京果"。1949年以后，还办起了木业社、成衣社、猪鬃加工厂、羽毛厂、制糖厂、酿酒厂等，公共积累资金达13万余元，成为富甲一方的集体单位。

20世纪50年代，随着陆路交通的发展和上游东阳横锦水库的修建，水上航运逐步消退。但下骆宅的集市却越来越繁荣，传统集市为农历二、五、八，逢这些日子，方圆几十里的商贩、乡民纷至沓来。除了坐商，许多小农小贩肩挑手提各种农副产品，或占地为摊，或来回叫卖，成为行商。街上人头攒动、摩肩接踵，买卖吆喝声阵阵，好一幅乡村集市图！

交易几个时辰，集市即散，人称"露水市"。

商业兴旺，带动经济富裕。经济富裕，带动建筑、文化等繁荣发展。下骆宅古时候村中有金宅园、胡宅园、前园、后园、大栗园、杏桐园、蒔菇园、羊角园8个园子，有24间厢房、毓秀堂雕花厅的侯宰门，富贵堂皇，显赫一时。20世纪30年代，村民还在墙壁中发现了写有"宋神宗"等文字的小片黄纸，在木雕魁星暗匣内也发现了有宋朝年号的字条，这些都是下骆宅的文化留存。

改革开放后，凭着天时地利、信息灵通的优势，下骆宅村民外出经商的逐渐增多，行商，坐商，经商办厂，随着义乌市场的发展而逐步走入富裕的行列。在义乌，下骆宅成了富裕的代名词。

◎ 松溪古渡（坑口渡）

南江之上，据清嘉庆《义乌县志》记载，当时有渡口3处：松溪渡、洋滩渡、永清渡（县南十八里，洋滩江下游，海云庵边）。到1956年，有渡口6处：坑口渡（松溪渡）、钟村渡、王店渡、湖演渡、梅林渡、前流渡。松溪渡是南江上存在时间最长，也是最重要的渡口。1998年10月以前，从石壁村到南江里面的坑口、画坞坑、摇石里等村，必须在松溪渡搭渡船到对岸，才能步行前往。该渡口是义乌最后消失的几个渡口之一，有着里程碑的意义。当年，在它下游约百米的地方，造起了一座双林大桥（后来叫石壁桥），一桥飞架南江，来往两岸成为了分分秒秒的事，已经不再需要等上半个时辰或大半天时间了。

"松溪"，是田心人王毓秀（王谷兰）因为"性厌烦嚣，欲择幽静之区以寄"而选择的一处"世外桃源"。清嘉庆《义乌县志》记载："八岭坑，即松溪。国初，

松溪渡。（陈志平摄于1998年冬 ）

松溪渡口。 （朱庆平摄于1998年1月）

王谷兰由田心迁此"。

　　清朝初年，王毓秀从田心迁居松溪居住，因松溪源头有一座八岭寺，所以该村又叫八岭坑。王毓秀精于眼科，传说是得了"异人"的传授，"名溢四方，就医者如市"。但王毓秀热衷功名，治病之事均由长子王发兴、四子王威、小儿子王发枝分任调治，自己苦读经书。可惜考了18次，仍未考中，成了活脱脱的义乌版的"范进"。虽然未取得功名，但他学识渊博，博涉经史，著有《四书礼基堂合纂》《圣学传书》《惺惺斋文稿》等。他除了精通眼科，还乐善好施，"凡有义举，毅然必为"。他看到当时因为南江的阻隔，两岸来往很不方便，而这里又是交通要道，于是就捐资买船，建了一个渡口。又"置地九亩四分六毫"，建了三间房子，作为船工居住的地方，每年还另外拿出修船的费用，要求不向过渡客收取任何费用等。这些事实，都记载在由其五世孙王芳撰写的《松溪义渡记》中。

　　松溪渡，因为王毓秀的义举而诞生。又因着地理位置的重要性保留了下来，直到1999年渡口消失，一直延续了300多年。

而王毓秀的终生追求在其五世孙王芳身上也终于实现了。清道光十三年（1833），王芳中了进士，点翰林。历任翰林庶常（选新中进士善文学书法者，入馆学习，称庶常）、武英殿协修等。王芳凭借他的学识和地位，参加了《大清一统志》的编修，成为义乌修志史上的一段佳话。松溪渡、王毓秀、王芳，也共同为义乌交通史画上浓墨重彩的一笔。

◎ 洋滩渡

在南江之上，松溪渡处在上游山区，较迟受到交通文明的影响，直到1998年10月石壁桥通车后才遭"淘汰"。它的下游，有洋滩渡和永清渡，却是义乌较早"淘汰"的一批渡口。

洋滩渡，处在义乌南部古双林乡、赤岸一带到县城稠城的陆路交通要道上，是松溪渡下游的一个很重要的渡口。

它始于何时，已无从查考。明崇祯《义乌县志》已有"洋滩渡"的记载。清朝初年顾祖禹撰写的《读史方舆纪要》（卷九十三浙江五）记载："画溪，县南十五里，自东阳县西流至此，为洋滩渡，又西合东江入金华县境。"清雍正《义乌县志》中，已经有"洋滩桥""洋滩渡"并存的记载，说明该地当时已经建有桥梁。

前些年，义乌民间收藏家蔡宝昌发现了一张康熙年间为解决洋滩渡渡口的义渡问题而签订的《义渡公约》。

这张《义渡公约》宽50厘米，高56厘米，棉纸，笔墨书写，字用楷

康熙年间《义渡公约》。

体，品相完好。《公约》上的内容大意为：廿四都塔山人丁我明慷慨相助，冬天搭桥，夏天撑渡船。丁翁谢世后，其子丁上幸继承父业，两次捐出土地五亩多，作为修理和船工费用。同时还列出田地名称、亩分、坐落位置等。落款日期为康熙十一年五月，资助人丁上幸，僧人率章等六人具名画押，并盖有满汉文字公章。

查阅《义乌丁氏宗谱》："丁我明，第十九世孙，字伯正，号我明，造洋滩大溪义渡，舟梁，修造废路千余尺……"生二子，一子有佳，一子先康，即丁上幸。丁上幸，号节庵，童试入第，师从李牧，亦为当时名人，生二子二女。

洋滩渡的《义渡公约》，是义乌渡口留存的一个实证。

◎ 杨宅渡

义乌南、北江在中央村汇合后，一路向南，水量大增，江面也变得开阔。在到达佛堂之前几公里的路段，有文字资料记载的，只有杨宅渡口、河溪渡口了。

浙江大学研究员杨达寿是杨宅村人，他在回忆文章《黄金水道有轶事》中写道：

在没有桥梁的年代，我曾经渡过的渡口有拱店渡口、河溪渡口和杨宅渡口。

新中国成立前，杨宅渡口的摆渡工具是竹排筏。新中国

义乌江杨宅段。

成立后，杨宅人租种对江田地多，大家集资造了一只摆渡船。因此，杨宅渡最后一位撑船老人依稀还在眼前——那是一位中等个子佝偻着腰的花甲老人，过渡的人都叫他四奶伯，也有的叫他老四胃。听说撑船伯是本村"车门里"房人，那只风雨飘摇的船就是他的家：一个简易竹棚，要猫着腰才能爬到板铺上。棚口有个风炉灶，可以烧饭菜，还有一把木桨，一长一短两根竹篙。过了洪汛期，义乌江河水清澈见底，我常借牧牛之便，上船撑渡船，撑渡伯就站在我身后指点。撑到江心急水区，他不放心，就用长篙合撑，才使渡船平稳靠到赵宅岸。有一回，天气突变，风浪很大，船刚拔锚开渡，我撑篙使尽全力，收篙欠快，一个跟跄掉进江里，幸亏我会狗爬泳，又是夏日，虽成落汤鸡，但也无碍，衣服在沙滩上烤一阵子就干了。

1953年夏，我要摆渡去鸡脱凤村，约小学同学黄子卿同赴设在义乌中学的考点，去考金华第二中学。我来到渡口，只见船在赵宅岸边，我喊破了嗓子，也未听撑渡伯回应，我急得团团转。回走一程时，听村人说撑船伯恐怕永远来不了了，顿时，一种莫名的惆怅涌上心头，独自发呆了许久，才慢慢向上游河溪方向的浅水滩走去。

那年正好大旱，常有人涉水过江。到了浅水滩，一个大人说昨天义乌北乡下雨，水有上涨，叫我不要过水。我与子卿有约在先，因此顾不上水急流深，脱去衣裤，高举头顶，淌水而去。到了齐腰深的急流区，一只手举衣裤，另一只手划水，才未被急流冲走。

考试回家不久，听牧伴说撑船伯过世了，再没有人肯来撑渡船了。杨宅和赵宅两村及其邻村人往来，只得多走六七里路经佛堂浮桥过往了。1980年代杨宅水轮泵坝桥建好，两岸来往才方便起来。

杨宅水轮泵站始建于1978年，建设的过程也是一波三折。

杨宅水轮泵站也叫杨宅"三用"水轮泵站，即利用水轮泵抽水灌溉、发电，在枯水期将发电机作为电动机带动水轮泵抽水灌溉，一站三用。连着水轮泵站，往往都会建一座供人行走的桥（也是工作桥），所以，它其实是"四用"水轮泵站。

1978年，上报省水利厅，要求兴建杨宅水轮泵站。1979年，提出扩大初步设计。

杨宅水轮泵站。

1980年批准，1月16日动工兴建。1981年、1982年因国家压缩基建项目，缓建两年。直到1985年底，工程才初步完成，使用经费285万元，其中国家投资160万元。左右岸共有8台发电机组，装机容量1280千瓦，蓄水500万立方米，灌溉王宅、合作、佛堂三个公社的12000余亩农田。1987年正式投入运行。堰坝上布置一座装配式钢筋混凝土梁板结构的工作桥，桥宽1.5米，长233.8米。

2011年7月6日重新建设，站址向下游推移了80米。概算总投资6749.85万元，正常库容348万立方米。2014年底主体工程全部完工，2015年9月试运行。堰坝宽5.5米，有17个闸口，上面覆盖以徽派建筑作为闸口的工作房。河道左侧布置4台发电机组，总装机1600千瓦。堰坝前面连着一座宽4.5米，长197米的工作桥，方便了两岸村民的通行。

列举这么多枯燥的数字，只是想说明，兴建一座工程是多么不容易。

对于周边的百姓来说，涝旱的问题解决了，出行更加方便安全了，再也不用为"今天能不能过江"而担心了。

第二节 二十四桥明月夜

　　我国最早的桥梁出现在原始社会。原始人受自然倒下来的树木或天然形成的石梁石拱的启发，利用木梁、石块、藤竹等天然材料，搭建了最原始的"桥梁"。

　　随着社会的发展，人的双手越来越灵巧，脑子也越来越发达。建造的桥的形态也越来越多。"我国古桥的演进和发展，大致可分为四个阶段。第一个阶段是夏、商、西周、春秋时期的创始阶段。它是为了涉水耕作、打仗过河、物物交换以及皇族娶亲等需要而建造的临时性桥梁或者半永久性桥梁。第二个阶段是以秦汉时期为主，上至战国下至三国的创建发展阶段。在这一时期，梁桥、吊桥、拱桥、浮桥四种基本桥型都已齐全，并有了供皇帝、贵族使用的阁道、复道（形同现代的天桥），秦汉时的皇都咸阳、长安附近的渭河上，已能建造起规模巨大、结构精巧，上过车马、下通楼船的长大桥梁。第三个阶段是以隋唐和宋为主，包括两晋、南北朝、五代的全盛阶段。在这一时期，各种桥型的建造技术，都有不少的突破和创新。诸如李春首创的敞肩拱赵州桥、多孔石拱的西安灞桥、首创筏形基础的泉州洛阳桥……石桥墩台工艺日臻完善。第四个阶段是由元至清末的继承发展阶段。期间建造了大量的铁索吊桥，发展了桥梁艺术，特别是园林桥梁的大量修建，出现了专门的桥梁著作、施工说明、初级的设计图样等，修建桥梁走向规范、定式。"（《中国建筑艺术全集》，中国建筑工业出版社，2001年12月）

中国是桥的故乡，自古就有"桥的国度"之称。中国许多桥梁样式对世界近代桥梁建筑产生过影响。在世界桥梁界有这样一句话：世界桥梁建设（20世纪）70年代前看欧美，（20世纪）90年代看日本，21世纪看中国。目前，中国公路桥梁总数近80万座，铁路桥梁总数已超过20万座。近十几年来，中国几乎每年都在刷新着世界桥梁建设的纪录。世界上最长跨海大桥、跨度最大的公铁两用桥、首座公铁两用跨海大桥、世界第一高桥等，在中国都已变成现实。

义乌的造桥历史是从什么时候开始的，史书上已无查考。义乌目前发现的最早的县志——明万历《义乌县志》记载着当时共有43座桥的历史。在该志"广济桥（东江桥）"的条目中，写着："旧有浮桥。宋庆历三年（有误，当为"庆元"，1197年），知县薛扬祖更造石桥，号薛公桥。"说明南宋时期东江桥已是石桥，而这之前是浮桥。建于南宋嘉定六年（1213），横跨龙溪之上的赤岸镇雅治街村的古月桥，是浙江省现存最早的肋骨拱石桥，也是我国发现最早的肋骨拱券结构折五边形石拱桥，还是全国重点文物保护单位。它采用纵联分节并列砌置法建造。从该桥的建造工艺看，这个时期，义乌工匠造桥的技术已经非常精湛。那么，以此推断，义乌的建桥历史、造桥水平也应该是与其他地方同步的。

如果要推断"浮桥"的历史，还可以上朔到更早的时期。

浮桥是联结可浮体在江河湖泊之上，以解决水上交通的一种特殊桥梁形式。可浮体有竹木排筏、浑脱、车轮、船只等，它们之间用缆索、锚等物件相联固定，最后系牢于两岸的木桩、石柱、铁牛或岩石上。

浮桥古时称为"浮舟""浮梁""舟梁"，它是以舟船、排筏等代替桥墩的，是一种临时性桥梁。由于浮桥架设简单，成桥迅速，常被应用在军事上，因此也称为"战桥"。我国建造浮桥的历史悠久。《诗经·大雅·大明》记有："亲迎于渭，造舟为梁。"说的是约在公元前1066年的西周，西伯姬昌（周武王之父，追尊为文王）18岁时，为娶亲，在渭河上造舟为梁，修筑了一座浮桥，距今已有近3100年的历史了。

义乌关于最早"浮桥"的记载，目前还无可考。

建浮桥的地方，一般都具有以下两个特点：第一，客流量大，渡船来不及运输。如1956年，义乌糖厂投入使用。由于糖厂在义乌江的一侧，义南一带运送糖蔗到厂里必须过义乌江。产糖季节，一部分糖蔗由船运到厂里，绝大部分是用手推车运送。义南一带的糖蔗等待渡船过义乌江，候渡时间最长时竟达6小时。第二，造桥能力有限，或缺经费，或建桥的难度太大，如水灾频繁、江面太开阔等。浮桥比起渡船来，有诸多的好处，如不受时间制约，不受人数多少、船家技艺等方面的影响，同时便于管理。大水来时，还可以拆下来收拢。如果被水冲走，又可以找回部分，即使找不回来，也可更换。

因为这些好处，义乌江上的渡口，或多或少都有过浮桥的历史。浮桥，比渡船是方便多了，但它也有不方便的地方，如船里面有水要及时舀出去，以保证船只的安全；如果有货物卡在浮桥的中间，要及时把货物推出浮桥，抬到岸上，以保证浮桥畅通；最紧要的，浮桥会阻碍上下游船只的通行。所以，一旦上下游有竹筏或船只要通行，就得将浮桥中间的那几块木板拿掉，把船只撑开，撒开一个口子，让竹筏或船只通过。这时，主管浮桥的船家就会大喊一声"开桥啦"，竹筏或船只就会从这个口子鱼贯而过，上上下下，甚是热闹。当然，这个口子可不是白开的，经过的竹筏或船要交一份"开口钱"。过去很长的一段时间，"开口钱"如何收费，正史、野史上都没有记载，民间也没有流传下来。1949年以前的土地改革时期，义乌江上的浮桥板桥撤开一次，通过者要交3个铜板的费用，或半斤米，当时1个银元相当于100个铜板。船只通过以后，浮桥要迅速合上，恢复原样，继续迎送南北来客。

浮桥开口这段时间，过江客只能在岸上慢慢等了，遇到有急事也没办法，谁让你这么不凑巧呢！当然，大部分人还是慢悠悠地欣赏船工们的"开口表演"，等待浮桥合拢的。农耕时代，大家的时间观念都不是很强，是用"时辰"计算时间，而不是现在的按"分钟"计算时间。一个"时辰"相当于现代的两个小时。

因着上面的这些特点，所以，浮桥必须有人管理。"浮桥会"因势而生。它的性质，跟渡船会是差不多的，在此不赘述。

自从"桥"产生以后，因着它不受时间、人员制约的便利性，成为人们走过"天堑"最好的解决办法。因此，从远古开始，修桥成为人们渡过"天堑"的一个最终目标。

只是，因为经济条件的限制，或技术水平的制约，或天灾人祸，"桥梦"经常被无情的现实震醒。所以，义乌江上，浮桥与木桥、石桥是经常交替出现的。最早结束浮桥历史的当为东江桥，最迟退出浮桥历史舞台的是城区的中江浮桥，时间约在20世纪80年代初。

义乌江这条"天堑"真正变通途是在1949年以后。东江桥、佛堂的万善桥经历了浮桥、木桥阶段后，最早改为水泥桥。20世纪60年代末至80年代初，横跨义乌江的桥多起来了。大湖头的钢筋混凝土东方红大桥，下傅村西的西江桥，佛堂镇北的5孔双曲拱桥，江湾村旁的徐江桥，还有中江桥、广福桥、兴中桥、下朱大桥、何宅桥等。这些桥如美丽的彩虹，把两岸人民的美好心愿连在了一起。

到了20世纪80年代初改革开放后，义乌江上的桥开始真正走向辉煌。新东江桥、渡磬桥、篁园大桥、宾王大桥、南门大桥等，不但适应了经济快速发展的需要，有些还成了义乌城区美丽的景点。如篁园大桥，其虹形钢架就像长虹卧波，星光点点的晚上，江风轻拂，一虹飞架，连通南北。截至2017年底，40公里长的义乌江北江和南江，竟然有大大小小桥梁39座（其中南江上有6座），平均1.25公里一座；城区段，每800米左右就有"一桥飞架南北"。其中许多桥，载入了义乌乃至我国桥梁建设的史册，如东江桥被列入了《中华名桥大观》；丹溪大桥建成当年是我国第一座、世界第二座带有观景平台的斜靠式三角形钢管拱桥；商博大桥是义乌第一座斜拉索大桥，也是第一座上跨城市主干道的桥梁，等等。

那些父母们，再也不能以交通不便为借口，反对儿女的婚姻大事了！

一、浮梁载得半叶秋

险道疲征马，危滩得舣舟。

千山梅雨合，五月涨江秋。

鸥鹭当人立，鱼龙出浪浮。

还凭忠信在，欲上吕梁游。

这是被称为明诗殿军、"明代第一词人"的陈子龙写的一首诗《大风雨渡东阳江》。

陈子龙（1608-1647），字卧子、人中，号大樽、轶符，松江华亭（今上海松江区）人。崇祯十年（1637）三甲进士。崇祯十三年（1640）被任命为绍兴中级人民法院院长（绍兴推官）。后又让他到中央军委办公室去任职（兵科给事中），但他没有去。

崇祯十五年（1642），陈子龙在绍兴府推官任上，遇到诸暨县长空缺，就兼任了诸暨县长。在这期间，浙南遂昌地区发生骚乱。早在崇祯初年，福建人到浙江各地区租地种甘蔗卖，和当地人产生很大的矛盾，福建人丘凌宵和金华人陈海之间可能因为种甘蔗的事有些不痛快，丘凌宵就勾结海贼和浙江人打群架，越打越大，严重扰乱了浙江治安，省长亲自派兵到金华。丘凌宵之流欺软怕硬，不在金华打架了，跑衢州、遂昌去了。衢州守备打不过丘凌宵，浙江省长就派有维稳经验的陈子龙去剿匪（《遂昌县志》）。陈子龙从暨阳出发到遂昌，途中在东阳、义乌收壮士百余人作为保镖（见陈子龙《自撰年谱》），过东阳江，然后直插遂昌。其诗《大风雨渡东阳江》就是写在征途当中。（其间，他还游览了义乌的鸡鸣山，又写了一首诗。）

陈子龙奉命进剿浙南的时间刚好是五月，"是时，暑雨交至"（见陈子龙《自撰年谱》），当时东阳江在梅雨期间定发大水，江水暴涨，过江困难。征途当中，盗贼是否能平尚未可知，一路忐忑，又遇大水，危滩难渡，可真是愁死人……但陈子龙可不是一般人，他们千方百计找到一些过河的船，官兵们渡过河去，虽然已经很累了，但陈子龙自信满怀，豪气冲天！"我老陈就是鱼龙，凭我对朝廷忠诚的这股豪气，都能去吕梁山区溜一圈，何况区区一东阳江！"

这个陈子龙也真是的，为什么不带部队到有浮桥的地方过江呢？那时义乌江、东阳江上都出现了浮桥，偏在没有浮桥处"折腾"部下？不过话说回来，行军打仗之人，还真是不愿多走一步路的。同时也说明，义乌江上的浮桥还真的不多，"军情"都无法探知。

当时，义乌东阳交界处，只有何宅这一处曾经造过浮桥，再下游，就是东江桥的浮桥了。

先人给我们留下来的桥梁文化史料少之又少，仅有文昌桥（在绣湖，已废）、广济桥（东江桥）、广益桥（今中江桥位置，当时是盐埠头）、西江桥（今经发大桥下游）、万善桥等几座桥梁稍详细，当然这与它们的官修桥梁地位或影响较大有关。其余桥梁的记载只是片言只语，几乎无据可考。

明万历《义乌县志》在"桥渡"一节前的小序中说："尝稽夏令周官，其言杠（小桥）梁（桥）之务也。象动天根，工成水涸，事若纤琐。顾孟氏讥郑小而单（子卜），陈亡，谭王政者，奚得忽而不讲与?我邑东绕大江，汇众流以入婺。其间桥梁舟渡所在，而有民未病（担心）涉，唯广济一桥，递毁递兴，经费不赀（够），纪覈（核实）颇详。广益肇（开始）自近年创举，协（融洽）宜（也许）亦巨工之不可泯（尽）者。至于诸乡津隘，类多民渡，鲜官舟。每春夏气升，川源暴涨，篙人乘急以索金钱，窭夫（贫穷的人）弱子望洋而叹，固仁人之所隐（伤痛）也，设法利民宜（应该）有任（担任）其责者，志桥渡。"

这段文字透露了几个信息：第一，桥是很重要的。但万历之时，义乌江城区段仅两座桥——广济桥与广益桥，且"递毁递兴"，造价很高。第二，农村的交通要道上，官船极少，解决过河问题的主要力量来自民间。第三，一旦涨大水，民渡的撑筏人"乘急以索金钱"，也就是"敲竹竿"。用现代市场观念来衡量，我们可以接受，因为渡船是私人财产，水稳、水急时的价格当然不一样。涨大水时，水流湍急，也冒风险啊，多要点儿钱不可以吗？但在古代，这是严重违反道德规范的——贫穷的人怎么办？第四，目睹这些现象，志士仁人就会"设法利民"，站出来担当责任，修桥修渡成为一种善举。

渡船有局限，那就修桥。造桥资金不够，那就先修浮桥。浮桥也不是个体或几个人就能完成的，它需要大家联合，齐心协力共同完成。它涉及属地权限、建筑材料、合理收费、后期管理等等一系列问题。所以必须成立桥会一类的组织，选出十几位董事，大家协商共同管理。本着为民办实事的宗旨，不可以出现随意抬价的行为。

虽然浮桥比不上木桥石桥，走在上面有船的摇晃感，又经不起大水的折腾，大水一冲即垮，但毕竟是桥，比起渡船来，已经进步多了。

义乌江上的桥，大大小小都有过浮桥的历史。我们可以肯定地说，宽江面的桥梁都是从浮桥开始的。

◎ 何宅浮桥

何宅浮桥，一直到20世纪60年代才退出历史舞台，是义乌历史上最迟退出的浮桥。

何宅村的地理位置极其重要。它位于稠州之东，吴宁之西，处于东阳义乌两市交界处，是古代义东一带到东阳、永康、温州、台州、苏溪、诸暨等的必经之地。

浮桥之前，当然是以渡口的形态存在着。既然是交通要道，过江的、撑船撑筏的，自然十分繁忙。更何况，江的南岸还有一片肥沃的土地叫"焦头滩"的，村民每天要过河劳作，仅靠一艘渡船来回摆渡，实在是太不方便了。

清光绪六年，何宅先贤何光魁（1834－1906）带头捐款助田，经过几年的辛苦，终于在义乌江（当地人叫爱溪）上修建了一座浮桥。《爱溪何氏宗谱·何光魁世传》赞叹："爱溪潺潺，横截通衢，拔来赴往，临流嗟乎。徒杠既成，杭以苇桴，终为浮梁，功在弗濡。"

何宅村南的这一段义乌江，以前没有这样平直，而是向村子方向弯进去，于是，水流变得平缓，形成一个相对平静的港湾。堤岸上树木郁郁葱葱，还有一片樟树林。建成于1987年的"爱溪亭"有这样的文字记载：

稠州之东吴宁之西，两县界处隔江相望，是水也名东阳江，史有放生潭，潭鱼长

何宅大桥。

若人。堤岸竹木郁郁葱葱，溪桥石级数十，福星亭桥会屋，结构雅致。望瓤山之巍巍，观江水之荡荡，风景可爱，人咸留连……

　　浮桥由14条浮船连成。船的两头用两根粗大的铁索连接，串成一串。铁索的一头吊在一根大石柱上，另一头吊在滩边的大树桩上。船的上面铺以木板，以利人货通行。

　　浮桥像码头一样，上上下下、来来往往的客人络绎不绝，把这里热闹成一个聚集的场所。

　　浮桥要管理，所以在桥头盖有房子。当中3间，厢房11间。当中的3间是管理人员住的，其他的11间有过堂行的性质，用于躲风避雨、寄存货物。下游来的石灰等货物，都可以临时寄存在这里。还开设有专门的"乐善堂"，寄放着棺材，等待着清明冬至魂归故里。

　　历史上，撑筏的或管理浮桥的，基本上是何姓人。老一辈人当中，还能够说出几代撑筏人。能逴的次子守双是撑筏人，出生于1873年农历十二月十二。守双的长子正荣、维寿也是撑筏人。正荣又名富贵，号华亭，生于1903年农历十二月初二。维寿生于1937年。这些都是活跃在义乌江上的高手，他们日日夜夜与浮桥作伴，看水涨水落。民国之后，傅宅、何宅、前宅三个村的摆渡撑筏一般请外村人。最后一次邀请的是江东街道大坞村的方荣寿、方算金、方有金等人。

1926年10月出生的方荣寿说，管浮桥看似轻松，其实责任很重，要每时每刻守在江边，注意义乌江的水位变化。有过路客，就得迎送。遇上大风大雨，就得护送客人过浮桥。大水过后，浮桥往往被冲毁。于是要到下游去找桥板，能找回几片是几片，不够就得重新购买。几次大水后，管桥者也吸取了教训，在船上、桥板上都刻上建桥地方的名字，这样容易找回一些。

何宅段的义乌江，因为江面开阔，在技术水平低下的以前，无法在这里修筑永久性的长桥。百年之间，浮桥、木桥、船渡交替。1987年，民间集资28万元，国家补贴一部分，拆除木桥，建成石桥，名为义东桥（东阳人则叫东义桥）。该桥九墩十孔，长170米，宽6.5米。桥头建有“爱溪亭”。

2008年12月，桥重修，利用原来的桥墩，铸以水泥钢筋桥梁，以利汽车通行。在桥头的大理石石碑上，刻了“何宅大桥”四个行书大字，下刻“义乌市交通局、东阳市交通局共建于二〇〇八年十二月”。据说义乌、东阳两地各拨款100万元建成此桥。

◎ 广益浮桥（中江桥）

据明万历《义乌县志》记载：“广益桥，在邑南三里地，名下埠。涉者屡溺。万历七年，邑民龚来时捐金呈县，倡造浮桥以济，建庵召僧住守。时知县范儁捐俸助完，后遭洪水冲损。知县俞士章复命来时，累石为三拱，浮舟，加葺如故，后舟损乃改高桥，以铁索揽木版而济。”

广益桥就是现中江桥的前身，桥址约在现址下游115米处。此处是个交通要道，往东可以到达东阳、天台等县，往南可到义乌南部各乡，是附近龚大塘、青岩刘等地村民进城的必经通道。这里还是一个重要的渡口，同时还是码头所在地，码头名叫盐埠头。因着这些有利因素，这里成为非常热闹的地方。

义乌江水，暴涨暴跌，每次大雨过后，江水必然上涨，来来往往的人很不方便。经常有小船翻船的事故发生。明朝万历年间，有一次，乡绅龚来时在岸上亲眼看到一只渡船在江心倾覆，淹死了30多人。看到这悲惨的情景，龚来时忍不住伤心落泪，于是倾其家产捐献造桥。他还动员百姓，发动大家捐献。他的真心诚意感动了大家，终于募集到银、谷、货、木等，折合时价达60余金。明万历七年（1579），建成有16条浮船及13节木桥板组成的浮桥。又另外造了两条小船，预备暴涨时，快速撤去浮桥。同时，在南岸预备专职人员数名，管理浮桥。中江浮桥就是从这个时候开始的，而后顺顺当当地过了三年。不幸的是，该浮桥后被水冲毁。

　　这里，有必要说说龚来时这位"大善人"：

　　按现在的说法，龚来时是个"大慈善家"，是建造浮桥的英雄。以前，因为国家财力有限，修桥铺路这些事都是民间在做，政府只是给一点补贴。而民间，又是有钱的人或是有爱心的人在做这些善事。还有的人，因为要"赎罪"，也会做一些修桥铺路的事。

中江桥。

因为桥被冲了，于是，万历十一年，知县俞士章下令龚来时再造浮桥。龚来时不负这位县长的嘱咐，动破了脑子，想把浮桥造的更牢固一点。当年农业歉收，财政收入很差，县令还是安排出了50两金子。龚来时二话没说，顺应民心，再次造浮桥。他来回巡视，观察水势，查勘地形。16条浮船连在一起，水对中间部分的冲力最大，能不能结合石桥桥墩的特点，在水中间造个石墩，再连上浮桥呢？他把想法告诉了大家，大家都觉得很好，可以一试。于是在江心水流湍急的地方，垒起三座石墩，作为固定船只的地方，浮桥铁索置于墩上，中间用船架起，成4孔浮桥，延长了浮桥的使用寿命。在修石墩时，龚来时没日没夜地站在水中，亲临一线指挥。有好心人劝他说："你这样没日没夜地浸泡在水中，难道就不怕腰溃烂吗？""没关系，能坚持。"龚来时依仗自己年轻、体魄好、精力充足，坚持继续大干快干，不怕酷暑高湿。后来，在水中站久了，小腿果然浮肿起来。但是他毫不松懈，仍然一直坚持在工地，到工程竣工的时候，他的两条腿已经烂得非常厉害，抬也抬不起来。他的精神深深感动了邑民，俞侯表彰了这个修建浮桥的英雄。

过了9年，浮桥再次被冲毁，于是又改回渡船。不知哪一年，还曾经造过木凳架跳板桥。

1949年后，桥梁建设进入新阶段。1966年建了简易马橙式木桥。1980年江湾浮桥改建水泥桥，浮船失去了作用，于是迁移到盐埠头，两岸再次浮桥相接。1982年义乌县府拨款5万元，当地单位群众捐助3.08万元，于12月1日动工兴建水泥桥。1984年5月1日，全长150米，桥面宽5米，墩高5.5米，9孔的钢筋砼空心两铰平板拱桥建成。由于城市防洪规划的要求和义乌江旅游开发的需要，2005年4月，在原桥上游15米处开工建设新桥，设计荷载：汽车B级，宽17.5米，长194.7米。北接下车门路口、江滨路，南连龚大塘村至江东南路，两头连接道路全长227.643米。采用连续箱梁、V型桥墩设计，按50年一遇洪水标准，总投资1080万元。2006年8月底，拆除老桥。同年10月3日新桥竣工，10月22日正式通车。

◎ 江湾浮桥

据《绣南陈氏宗谱》中的《江义桥记》记载："去城十五里，崇山扼其旁，遽（急）南折，为江湾市区也，旧有普济桥，支木为之。霖（雨）潦暴溢则易圮（倒）。咸丰初，王用仪等因岁修之，赀复醵（筹钱）金以益之，始易为浮梁，榜曰江义桥……"

从这段文字可以看出，江湾浮桥首建于清咸丰初年，这之前，曾经有过木桥的历史，叫"普济桥"。咸丰初年，王用仪等筹集资金，始建浮桥，叫"江义桥"。后来因为洪水和咸丰年间的太平军起义等，屡建屡毁，人民为过江而苦。光绪五年（1879），吴祖文、陈炽昌等用历年木桥修理剩下的桥产，经过一年时间的修建，重新建了浮桥。同治三年到光绪五年（1864－1879），吴懋修、王步鳌等重建桥会。光绪六年（1880）恢复浮桥，有船19艘，渡船2艘。在江湾古镇原米市北边，建有浮桥厅一幢，用于堆放东西，同时用于出租筹集经费。设有"江义桥会"。整条浮桥，古朴风雅，灵气盎然，犹如一条小龙卧伏在义乌江上，为两岸民众提供方便，默默承载着江

徐江桥。

湾古镇的繁华。

江湾码头，有南北之分。靠江湾古镇的北边码头除用以固定浮桥外，主要还用于停靠商船。而南边码头，为江南沙滩，呈斜坡形，仅用以固定浮桥，无法停靠商船。

北码头沿岸砌有约150米长的石头台阶，有一个鹅卵石砌的平台，约500见方，中立一根高3米、45厘米见方的石柱，上有文字（已无考），底部有直径1.5米左右的圆基，用以固定浮桥的两根铁索。南边码头，砌有较低的石台阶，上立两根高1米、间距约3米的石柱，分别用以固定浮桥的左右2根铁索。北边码头的地势要比南边码头稍高。

据居住在杭州的原江湾吴氏后裔吴武文老人回忆，靠江湾一侧的浮桥头，因为是顺岸，而且江深岸直，是天然的优良码头，商船停靠有时可以延伸数百米。又紧靠江湾古镇的交易市场，客货运输、装卸都十分便捷。岸上开设有茶、烟、酒、烧饼等店铺，来往行人、过江船夫等都会驻足小憩。

民国时期重修的《延陵吴氏宗谱》载：当时"四里滩有货船十几只"，而江南的"号船、货船、码头船就有卅六只"。那打鱼船，只要是江边人家，几乎家家户户都有。

吴武文老人回忆：盛夏时节，那浮桥头真是乘凉消暑的好去处，人们成群结队地来到浮桥头的石阶上，或坐或躺到浮桥上，江风徐来，凉气习习，惬意怡人！而在南码头的江南沙滩上，旧有茂密的杨树林和水口殿。夕阳西下，竹筏停靠，炊烟袅袅升起。待月上梢头，岸边灯影婆娑、人声恍惚……那是经过一天劳累的筏工和纤夫们，开始他们的"撑船撑筏好，撑筏日日砌新屋"的"江枫渔火对愁眠"的歇足生活！

随着时代的发展，江湾浮桥于1977年在"义乌江截弯取直工程"中被拆除，部分船重新当作渡船（这些船1980年移至城区盐埠头，补缺中江浮桥），浮桥前后存在了约120年。1977年，水利局拨款2.7万元建造江湾桥，桥梁上部为石拱结构，下部为重力式墩台结构。桥长140米，宽5米，5孔，1979年竣工。

而今，走在修葺一新的徐江桥上（因行政区划调整，江湾乡改为徐江镇，此桥也改名为徐江桥），眺望曾经的江湾古码头和浮桥头的旧址，已完全没有当年的模样，只有一湾江水依然无言地缓缓流淌，将曾经的繁华淹没于江底下。

◎ 万善浮桥

古义乌江上，东江桥是因其地理位置的重要成了当之无愧的第一桥，而万善桥则是因为佛堂的商业发达而被"逼"成了第二桥。

清嘉庆《义乌县志》记载：在县南三十里的佛堂镇，当时是"四方辐辏（如同车辐一样聚集到这里），服贾（商人）牵车，交通邻邑"。四面八方（包括周边县）的人

万善浮桥。（摄于20世纪60年代初）

都聚集到这里做买卖，导致交通拥堵。一条宽宽的义乌江，又挡住了南来北往的客人的去路，靠渡船是远远不能满足过江的要求的，人们需要一条更便捷的通道来满足出行。于是，浮桥成了人们努力的方向。

据知县杨春畅的文章记载，乾隆年间，王以琳、王禹德等倡议建设浮桥，但是心有余而力不足。于是他们恳请知名人士吴周士出面谋划其事，吴周士"毅然任之，首捐白金四百两"。他们的带头行动感动了许多人，一时义助者无数，如丁尚庆、王士宁、杨启周、楼德运、戴盛岳、丁宏铨、王成周、叶益章、吴贞文、鲍期颐等知名人士都踊跃捐款，捐了白银3500多两。乾隆庚辰年（1760）秋季，造桥工程启动。经过一年多的努力，到了第二年冬季的第二个月，浮桥工程完工。"自此舍舟而步，如履

坦途，民咸称便。桥成而以万善名，记好善之多也。"万善桥的名字就是这样来的。

这里，有几个特别的人物，必须重点介绍一下：

丁尚庆 字明晃，康熙庚午年（1690）生，佛堂塔山人。据家谱载："家初不甚丰，公善经营，出入有纪，滋息有道，家赀遂日以裕。"其时，丁尚庆为解除来来往往的行人过江的辛苦，"捐资造船，以济行人"。从此，这个渡船的码头，就被称为"丁家埠"。他还毅然舍弃渡口建渡桥："公捐厚资，慨然为众人先造浮桥，为永久利焉。"

吴周士 号朴园。嘉庆《义乌县志》记载：每岁贮义谷百石，借里党不加息，并不责其偿，行之十余年。乾隆辛未饥，还亲邻旧卖田产。癸酉，架曲江木桥。甲戌造画水渡船，置渡屋。丙子，建西江浮桥，置桥屋。丁丑起石亭。戊寅，筑石堤，并修行路。已卯，立渡产十五亩零，桥产百有余亩，呈县盖印，期垂永远。辛巳，倡建万善桥，捐金四百两，田二十亩零。邑侯赵以"惠指津梁"褒之。癸未，金衢严道以"儒林翘楚"旌之。庚子，水漂西江浮梁，次子联璧继志再造，甫市（买）木而溺于水，幼

万善浮桥。（摄于20世纪60年代初）

子联瑜成浮梁如故。嘉庆辛酉，重建万善桥，捐缗襄事。

吴士周虽未当过什么官，但他修了江湾木桥，画水浮船，建西江浮桥，建佛堂万善桥。他的二儿子在修西江浮桥时，买木头被水淹死，小儿子又马上接着造桥。其英勇善举，可歌可泣。

楼德运 字景明，号河山（1708-1783）。据《夏演楼氏宗谱》记载：楼德运恩授州同，赠儒林郎，家有田产1300余石，富甲义西夏演一带。乾隆二十四年（1759），其母70周岁，突发奇想，欲游西湖。楼德运为免母亲受到舟旅之苦，决定在家乡造一个"西湖"。但是竹木石灰等建材需到佛堂市镇采办。其时，佛堂已经拥挤不堪，正在"倡建浮桥，需用铁索二条"。楼公欣然应允出巨资采办纯铁万余斤，锻造成环环相连的铁索两条捐赠给佛堂万善浮桥，并赠诗一首：

桥浮佛镇贯长空，两岸云衢道自通；

一带松舟横水面，千寻铁索锁江中；

波澜滚滚浮轻鹢，洪浪滔滔落彩虹；

何用乘车争利涉，万民千载渡西东。①

据佛堂老人回忆，其两条铁索各长约200米，每环呈25厘米×12厘米椭圆形，用直径约2.5-3厘米圆条铁锻打而成。传说锻造时，红铁浸过桐油，所以乌黑锃亮，永不生锈。楼德运因此每年一次，受佛堂浮桥会宴请，席居首席。

浮桥建成后，上下的通航是一个问题，但万善桥很好地解决了。据1987版《义乌县志》记载：民国末年，万善浮桥北端有长50米的木架桥，木架桥下可通航。这是劳动人民智慧的结晶啊。

浮桥后期的管理费用从哪里来？捐助者除了捐助钱款外，还捐助了田地、房产，组成了万善浮桥董理会，以田地租谷、房产租金收入，作为守桥工费用、后期修葺

---

① 也有说该诗作者为张选。张选，生平事迹不详。

万善桥台。（摄于20世纪60年代初）

费用。

20世纪20年代，佛堂镇商会出面募捐，丁顺昌店号首助30×30厘米四根石柱，在浮桥北头建成五间一栋"万善桥台"浮桥厅，以方便行人休息躲雨。同时建成浮桥码头一座。选举何秋圆、何梦庚先后出任浮桥会董事会长，每年向佛堂商界募集浮桥修葺费用，一直到1949年。

中华人民共和国成立后，万善浮桥会共有田产51石，盐埠头店面楼屋10间。先由张秀桂经理代管3年，后交由佛堂航运合作社管理。

佛堂桥工王惠政（1897-1992），自幼随父住码头边，当桥工。从他的工作职责中，我们可了解浮桥的管理情况：

一是晴天扫桥板，雨天到一只只浮桥船里掏雨水；

二是每天上午、傍晚，定时到第9-10只船之间的过船口，挪开大跳板和铁索，让不能从木桥下通过的船只通行；

三是洪水涨到系铁索的石桩时，用斧头敲开梢锁在铁索环中的"木锁"，放浮桥到江对岸堤坎边，称"放浮桥"；

四是等到大水退离码头二级踏步后，就拿一个铜脸盆当锣敲，上街喊"挂浮桥啰"，请各家店铺都派出伙计到佛堂江边，将洪水来临前漂流在江对面的浮桥拉回原位，将连接浮桥的铁索重新套在岸边的石桩上，称"挂浮桥"；

五是一旦发现有浮船漏水，及时更换。

1964年，国家拨款2万元，改浮桥西头（沙滩段）12个井字型木架的"跳板段"，建成长61.7米，宽4米的半座钢筋水泥桥，并把其余的浮桥木船改为混凝土船。1967年，去掉由13只浮船组成的东段浮桥，续建成全长174.8米，宽4米的七孔钢筋混凝土桥，并把桥名改为"佛堂下桥"。这座桥，也是义乌历史上第一座钢筋混凝土板梁结构桥。至此，沿用了207年的万善浮桥，终于退出了历史舞台。2017年11月，万善浮桥又重建，成了佛堂古镇一道别致的风景。[1]

二、长桥卧波气象新

改革开放后，义乌江上的桥梁建设进入新阶段。一座座大桥，横卧在缓缓流淌的母亲河上，像一条条畅通的大动脉，把整座城市激活起来。这些大桥，形态各异，有的如彩虹，有的像新月；有的"单刀赴会"，有的展翅双飞；有的朴实无华，有的雍容华贵……它们与那些还在发挥作用的老桥一起，铺展在绵长的义乌江上，如一座巨大的桥梁博物馆。

义乌江上的桥，从上游到下游依次为：何宅桥（又叫义东桥）、甬金白莲塘大桥、东方红旧桥、东方红桥、大湖头桥、阳光大桥、下骆宅桥、兴隆大桥、下朱大桥（连接310省道）、清波桥（原叫广福桥、南下朱桥）、商博大桥、宗泽大桥、宾王大桥、东江桥、篁园大桥、中江桥、南门大桥、丹溪大桥（西江桥）、经发大桥、塔下水轮泵

---

① 本章节参考了郭承豪、贾沧斌、蔡宝昌、王波、吴群燕、陈红盛等撰写的部分资料。

城区段密集的桥梁。由近而远依次为南门大桥、中江桥、篁园大桥、东江桥。

站（廊桥）、凌波大桥（新科路）、塔下洲桥、南环路大桥、徐江桥、江湾大桥、甬金杨宅大桥、杨宅水轮泵站桥、蟠龙桥（蟠龙路）、伏虎桥（也叫佛堂大桥、稠岭线）、万善桥（佛堂下桥）、渡磬桥（佛南大桥）、上佛大桥、半月湾水轮泵站桥（马渚）等共33座桥梁。

义乌南江上有石壁桥、钟村桥、南王店桥、南江桥（江南街村）、甬金南江大桥、前流桥共6座大桥。

◎ 下骆宅桥、兴隆大桥、清波桥

盛夏，横卧在义乌江上下骆宅辖区内的下骆宅桥、兴隆大桥和清波桥几座桥，成了附近市民纳凉、游玩的好去处。凭江临风，欣赏着周围发生的一切变化，此情此景，老人们会情不自禁地给年轻人讲述起这些桥的故事来。

下骆宅、清波两桥，原是两座木桥，桥宽仅约50厘米。桥的长度由水面的宽度决定，短时100余米，最长时240米左右。洪水来时，为防桥板被冲走，就用数根粗重的铁索把桥板串起来。村里的长辈说，下骆宅桥在丰水时曾有58块桥板，全桥铁链串过每个桥板的桥环，环环相连，连接着这头与那头。过去，这桥所在地是孩子们玩耍的乐园，他们把桥脚当爬杆，桥板作跳台，桥面充跑道，铁链荡秋千。然而对于一些胆小者，过桥却是一个问题，因为这桥会荡来荡去，稍有不慎，就会掉下去变成"落汤鸡"。江南水乡的木桥，大抵是相似的，走上去会发出"吱嘎吱嘎"的声音，诉说着久远的故事。

两座木桥究竟建于何时，现已无法查考。但是，关于桥的故事，却是道也道不完。江两岸村民都有田亩在对岸，晃悠悠的木桥给农事带来的不方便真是不必言说。挑担者走在上面，没有一点"真功夫"还真是过不了江呢。据说，在下骆宅桥就有人因心里害怕而掉下桥遭淹的。

一到江面发大水，就更麻烦，木桥就要被冲毁，所以每当汛期将至，村民就得提早把木桥拆了，渡船这时又派上了大用场。

渡船一次可载30人。因水大江面宽，水流湍急，撑船者须凭经验靠体力渡人过河。大水时需两人撑船，洪水时得六人。平时用竹篙撑船，洪水期还用畚箕划船，两人一只，以箕代桨。据说畚箕比划桨更管用呢。

到了20世纪80年代，改革开放的春风率先吹醒了下骆宅人，他们凭着自己的聪明才智改写着江的无奈的故事。1983年9月，投资11万余元的广福桥（清波桥前身，也叫南下朱桥）开始兴建，除当时的县财政拨款3万元之外，其余的8万多元均由群众自愿捐助。在大家的共同努力下，一座长143米、宽5米、高6.5米、石砌墩台8孔的双铰空心平板拱桥终于在1985年元月落成通车。南下朱村旁桥头建有供旅客歇息的"广福亭"，钢筋水泥结构，造型美观，亭柱上有联"长桥碧波风景

下骆宅桥。

气势壮观的兴隆大桥。

清波桥。

独好，小亭绿水江山多娇"，"同心同德全凭政策暖人心，出钱出力确信人民多威力"；亭内竖有石碑，记载建桥经过与资助者的姓名。1986年，下骆宅桥也以这种"民办公助"的形式开始筹建，共筹集资金20余万元，建成长150米、宽5米、石砌台墩的钢筋混凝土平板拱桥，该桥于1988年建成通车。桥头也建了供旅客歇息的小亭。

随着义乌经济的发展，广福桥交通流量大增，老桥处于超负荷运行状态，存在着严重的安全隐患。2009年2月，义乌市政投资2340.28万元，拆除老桥建新桥。2010年12月，新大桥竣工，桥长194.79米，为带孔空腹上承式拱桥，基本满足了来往交通的需求。为了区别上游310省道通过的下朱大桥，这里改为清波桥。

而如今的下骆宅桥，许多石栏已经破损，有修修补补的痕迹，斑斑驳驳，桥面的水泥路已经变成泥土路。整座桥已经显出破败的迹象，但还在发挥着连接南北的作用。桥下的水声是鲜活的，但水发黑，预示着环保工作任重道远。桥头的古旧的六角亭残瓦断梁，已经破败不堪，瓦间长满青苔，一种被历史遗忘的寥落。只有那褪了色的红柱子及雕梁画栋，昭示着曾经的繁华。

让人欣喜的是，在下骆宅桥下游半公里的地方，已经新建了一座"兴隆大桥"。它承载着下骆宅旧桥的功能，承担起繁荣下骆宅区域经济的责任，也为南北岸的交流提供了更为便捷高效的出行条件。

兴隆大桥北起城北路，南通过兴隆路连接江东东路。桥梁总长292.28米，宽38米，双向6车道，两边人行道（非机动车道）各宽5米，沥青路面。工程始于2013年8月12日，2015年12月28日完工，造价6800多万元。它是连接北岸下骆宅居住区与南岸工业区及农居点的主要通道，对分流边上的310省道的交通量也有重要意义。

◎ 东江桥

"两水夹明镜，双桥落彩虹。"用唐代诗人李白的诗句来形容如今的东江桥，实在是再恰当不过了。

东江桥位于义东路与义乌江的交汇处。如今的东江桥，双桥飞跨，气势雄伟的横卧在碧波翠绿间。两岸绿树茵茵，江边小道上，游人在悠闲地漫步。江中，碧波

如今的东江桥两岸，绿树掩映着碧波，高楼衬托着别墅，景色优美如画。（金福根摄于2016年）

荡漾，微风吹过，泛起层层涟漪。2012年10月，这里建起了一座双向8车道、南北两幅的钢筋水泥箱梁大桥。它架在旧东江桥两侧，每幅桥梁宽22米，长180米，每幅分别建有2.5米宽的非机动车道和行人道，投资约7500万元。沥青铺面，车行驶在上面，即平稳又柔和。

记忆中，这已经是近60年来在同一地方建的第3座桥梁了。

1928年，上海出版的《图画时报》刊登了一张"浙江义乌县之东江桥，座砌以砖梁架以石顶覆以瓦"的照片。（见下图）从图中可以看到，这是一座七墩石拱桥，桥上盖了屋，屋顶有瓦，类似现在的廊桥。这是迄今为止发现的东江桥最早的实物照片，弥足珍贵。该桥当建于光绪十九年（1893），距照片发表时已过去35年了。

1928年，上海《图画时报》刊登义乌鸿雪轩照相馆提供的东江桥全貌图。

随着时代的发展，汽车出现了，东江桥已不适合现代交通工具的通行了。1932年，该桥拆去了石梁以上的部分，利用原来的桥墩（墩身为三合土填心，墩石每层接缝处均以铁榫钳之）上架以梁，每跨用高1.55米、间距1.5米的4片贝雷钢架为梁，上面再铺以条石，改造成为新桥，可以通行汽车。

1939年5月，被日本飞机炸毁一墩。1940年3月修复。同年，东端第二个桥墩又被日本飞机炸毁。1946年8月，"省交通管理处"永康工务段用木架墩修复。1947年4月中旬可行驶汽车。1953年11月，东江桥拆2号木墩，恢复原式样石墩。1954年1月31日恢复通车。

1962年，桥的上部改为装配式钢筋混凝土梁。桥中部沿两端有1%的坡，附着式木栏杆，桥面宽6米，桥跨结构由每孔长10.65—10.97米，高1.06米的四片砼T梁组成，设计荷载汽-13，挂-60，两跨间墩顶部分采用砼盖版连接。8孔。条石墩台，各墩砌有分水尖，桥高10.1米。

桥墩的分水尖上刻有蜈蚣。为什么要刻上蜈蚣？传说，公鸡头上原来长有一对美丽的犄角，而龙没有。有一次，龙要参加聚会，它想借公鸡的犄角去显摆显摆，公鸡却不肯借。龙知道蜈蚣和公鸡是好朋友，就让蜈蚣去借。公鸡碍于蜈蚣的面子，就借

20世纪60年代的东江桥，可通行汽车。

20世纪60年代的东江桥，石头桥墩，石板桥面，木护栏。

桥墩头雕刻有蜈蚣。（以上图片均来自网络）

了。蜈蚣拍着胸脯答应肯定会还给它的。龙戴上犄角参加聚会，大出风头，就不想把犄角还给蜈蚣了。公鸡恨死了蜈蚣，蜈蚣恨死了龙。所以，公鸡看到蜈蚣就要去啄，而蜈蚣看到小蛇就要去吃。后人说这是生物链，其实都是有渊源的。人们认为，发大水是由龙引起的，所以就把蜈蚣刻在桥墩上，用来制住洪水。

老东江桥的桥面很窄，经常发生汽车撞破栏杆坠入江中的事。而且，桁架梁因机动车辆载重增加，有挠曲变形现象，部分支座位移达0.8厘米。1962年，决定改桥跨结构为装配式T梁。同年12月筹备。1963年8月T梁安装，同年12月1日开放通车。使用资金11.97万元，投工0.91万工，耗用水泥82吨，钢筋41吨，木材145立方米。桥面高度比原桥低1.2米。

由于交通量增大，20世纪80年代后期，该桥成为险桥。1987年3月，政府投资128万元在其下游15.5米处新建长145米的石拱桥，主车道宽9.1米，两边各1.45米宽人行

20世纪80年代建的东江桥，系石拱桥。（图片来自网络）

东江桥。（拍摄于2002年）

老桥拆除后留下的桥墩残址。（摄于1997年）

道，由单车道拓为两车道，载重能力增强了，1989年12月竣工。老桥于1990年拆除。1995年桥台两侧加固，铺沥青路面，2002年桥两侧栏杆翻修。

随着义乌经济社会的快速发展，两车道的东江桥又"变窄"了，经常发生堵车。广大市民要求改造东江桥的呼声很高。义乌市政府顺应群众的呼声，将东江桥列入2011年的改造计划。改造工程当年7月启动，2012年10月完工。这就是我们现在看到的桥。

六十一甲子，沧海变桑田。对于东江桥这座被列入了《中华名桥大观》的桥梁来说，又岂止是用"沧海桑田"能形容的。

来看一看1949年以前流传在义乌城区一带的一句"油口歌"：

宗塘豆腐山口柴，东江桥（村），捞水柴，鲇溪补破鞋，金村樊村兜（捕）虾卖。

"东江桥（村），捞水柴。"就是说，居住在东江桥村的村民，靠在义乌江中打捞从上游"流"下来的柴禾，一可解决家中的烧柴，二可变卖点钱补贴家用（应了那句古话：靠山吃山，靠水吃水）。

1949年以前的义乌江，水灾太多了。"三年不发大水，猫狗也娶老婆。"义乌江边是一个富庶之地，土壤肥沃，江中鱼肥虾多，如果义乌江三年不发大水，连猫狗都娶得上老婆。但偏偏没这么幸运，义乌江两岸，大雨大灾，小雨小灾。每当大雨小雨过后，上游受灾害影响，就会冲下来柴禾木头，甚至屋梁檐头。壬戌年（1922）水灾中，江中甚至飘来整幢木头的房子！

地处义乌江边的东江桥村儿女，青壮年个个练得一身好水性。他们虽然不及《水浒传》中的"浪里白条"张顺及阮氏三兄弟，水中功夫却也了得。在汹涌的义乌江中，把柴禾木头拖向岸边，这可都是财富啊！

东江桥地段，地理位置重要。水路是联通上下的咽喉，东江桥码头是义乌江的枢纽码头，在城区段的三个码头中（其余两个是盐埠头、西江桥码头），是最繁华的一个。陆路是通往东阳、磐安、永康、嵊州、温州、丽水等地的交通要道。明万历知县周士英说它是"抗魏阜之重阻,扼龙潭之上流"。清嘉庆《义乌县志》说它是"四方辐辏,盖襟喉地云"。而今,30多年前曾经闯荡义乌的一些永康、东阳老人会问,你们的东江桥还好吗?可见东江桥在他们心中的轻重。

在义乌江的桥梁历史上,东江桥是最值得一书的。它曾经是"义乌第一桥",而且还是著名的"华川十景"之一。明崇祯年间,义乌知县熊人霖曾作诗赞叹:"江桥东去海西涯,海曙江春转物华;著草初浓苍巘雾,凭阑闲绕赤城霞。村庄贴就栖双燕,驿使书来见一花;无限韶光随马首,散分雨露与桑麻。"

不仅仅因为它处在四方通衢的交通要道上,它的多舛的经历,也足以勾起人们好奇的心理:在宋元以来的近千年的历史中,它毁了建,建了毁,有时几年就毁了,有时十几年就毁了,有时几十年就要重建了。有文字记载,东江桥屡毁屡建大大小小有30次,小修小补更无法计数;有时是石头建的,有时是木头建的,有时是以"浮桥"的形式出现在人们的视野中;有16位知县为它募捐过,在外面的义乌老乡如宋尚书左司郎朱元龙、明侍郎吴百朋为它捐修过,大部分是老百姓、有钱人集资建造的;十次中有九次是被水冲走的,还有一次是被火烧毁的……"经历"之曲折,足以让人唏嘘不已。

录一段记载在县志中的文字,从中可见义乌江的水患频繁,东江桥的命运多折:

元大德五年,僧永识修;皇庆元年,达鲁花赤木薛飞为浮梁;泰定二年,僧文中募作石桥于故址西八步,两岸皆有石堤,中垒石为七墩……明洪武五年,南堤及二墩毁于水,至十五年,主簿聂用和修如旧;后南二墩累为暴水所圮;僧志洪、深远相继修完;永乐间为水激坏;正统三年,县丞刘杰捐俸倡民择石为墩;正统六年,知县刘同劝民助资完之;成化九年,改卷石洞桥;十二年,洪水冲坏;十六年,同知李珍懂建;十七年,暴涨冲塌;十八年,知县齐溥劝义民吴希仁捐资倡义,南筑石堤,重建桥梁,构屋建亭其上,改名广济桥……

有关东江桥的文字记载,虽然没有汗牛充栋,但前人留下的文字还是较多的,有

嘉庆《义乌县志》中的东江桥。20世纪60年代，桥东一带还有狼出没，看看这张图，就可以想象了。

南宋进士朝议大夫虞复、明朝王汶、明朝知县周士英、明朝进士虞德烨、吴百朋曾孙吴之器、明朝金以琳、清朝举人代理县官张若霈等人的"东江桥记"，清朝光绪年间"无名氏"还为我们留下了一本《义邑东江桥志》，这些都是很珍贵的文化遗产，为我们研究义乌江的水灾史、造桥史提供了丰富的原始资料。根据这些资料，我们对东江桥的历史作一梳理：

沿河诗抄

东江桥夜泊

佚名

桥畔停兰桨，江村晚景多。
征鸿鸣远塞，浮鸭拍寒波。
浦口燃渔火，芦中起棹歌。
倦吟身欲卧，无奈月明何。

宋以前，这里曾有浮桥。南宋庆元三年(1197)，知县薛扬祖开始用石料建桥，名为"薛公桥"。淳祐三年（1242）七月，天突然下起大雨，三天三夜都不停歇，水高出了平地几丈，桥淹在了水下，看都看不见了，底下到底发生了什么惊天动地的事，当时无人知晓。水退了以后，只留下个残址。没了桥，要过个河，还真是不方便。淳祐五年（1244），知县赵园卿决定重建，还要建得好一点。桥修好后，他在桥上造了房子5楹，以作为观景之用，又立东西两门，在西岸造了房子两间。朱元龙等一群文人，在酒足饭饱之后，高兴地把这桥命名为"兴济桥"。明正统年间，东阳人卢孟涵倾巨资建成卷石洞桥，五年后又被洪水冲塌。明成化十七年（1481），直隶人齐溥任义乌知县，他在巡视义乌江时，正好看到江滩上有因渡水而溺亡的死者，伤感不已，反复说"这是我的责任，这是我的责任"。第二天，他就召集工匠上山采石伐木，选最好的石头和木料造桥。建桥花费了银子25000两，谷子2800斛，并改桥名为"广济桥"。崇祯十三年（1640），知县熊人霖支持重建，他召集吴、虞、金、陈、李等各大姓出钱捐助。桥修成后，每年春节在此迎春，改名"渡春桥"（这个有诗意）。

清朝，康熙九年（1670），于县官修了一次；康熙二十四年，辛县官修了一次；康熙三十年（1691），王县官听从线人吴洪禹、楼元斐等人的倡议在桥上造了"桥屋"；

清康熙五十一年（1712）春，张县官又重建，后被大火烧毁；康熙五十四年（1715），代理县官张若需组织修桥，桥上建房廊40楹，改桥名为"永济桥"；乾隆四十五年（1780），大桥毁于大水；嘉庆十五年（1810）和光绪十九年（1893）又两度重建。

造桥是辛苦的，但桥造好后，又是喜悦的。明代齐溥主持的东江桥（广济桥），有很高的观赏价值，工匠在桥墩上叠了6重枕木，用木梁串得牢牢的，光这6重枕木就高达8尺。枕木上面铺上厚木板，木板上又铺厚厚的磨砖，以此作为桥面。桥面长420尺（140米），构屋40间，南北造亭两翼。亭子外面造了供人上下桥的台阶。桥头又各造一亭。桥屋两侧都装有木板，以抵御风雨。每间屋都建有槛台，可供路人登高远眺。在大桥落成典礼上，齐溥率众游桥，自豪之情溢于言表："仰而视，则薨甍于上，俯而临，则水逝而下。又倚而眺，则东阳之双岘、金华之芙蓉、若拱揖左右。"能看见东阳的两座山（社母山和东白山）和金华的芙蓉山（九峰山），可见桥是造得够高的了。可以想象一下，当时的人过桥也是够辛苦的了。

成书于清朝光绪二十四年（1898）的《义邑东江桥志》，详细记述了从光绪十五

《义邑东江桥志》中的东江桥。

年（1889）募捐开始到光绪十九年（1893）东江桥大修的一段历史。此次修桥历时4年零1个月，可谓工程浩大。因为自嘉庆以后70多年，东江桥没有得到很好的修缮，桥墩有的破碎了，桥面铺的板大半腐坏了，桥屋的楹柱柱有的也已经断了。为了避免重新造桥花费更多的人力财力，"桥董"就组织了这次大修。《义邑东江桥志》收录了此次大修工程起讫时间、修桥附属工程、账目清单、捐洋捐物芳名、碑记等，可以说是义乌桥梁史上的珍贵资料，在保存史料、弘扬义乌精神方面具有积极的意义。上图在桥西桥头的亭子上方，"鸣凤朝阳"四字隐约可见，寄予了当时人们美好的愿望。

东江桥的特殊地理位置，造就了它一直的繁荣。可以想象，在能避风雨的桥廊上，摊贩罗列；桥头，茶摊连接；大路边，旅店林立，客商如鲫。因此，桥的管理是个很大的问题。

颁布在东江桥上的禁令，集中反映了那个农耕社会的一些现象及管理桥的一些问题，现在看来，还是蛮有意思的：

禁止　桥中不准赌博。

禁止　肩卖豆腐担并凉粉摊概不准歇于桥上以杜浆水淋板。

禁止　点心烧饼馄饨麦粿各摊概不准摆于桥上（以防）起火。

禁止　来往牛羊骡马不准桥中系吊并扛挑猪只亦不准倚歇。

禁止　桥两檐下及骑梁等处不准挂麦豆粟。

禁止　桥内凡乞丐病人概不准停宿。

桥，是一段凝固的历史，刻写在大地上。江水，因为桥而变得更妩媚；城市，因为桥，人们的生活变得更方便，生活也更舒心快意。东江桥，更似一张古筝，摆放在盈盈义乌江之上，弹奏着一曲曲音域宽广、余音悠长的古老与现代之歌。

◎ 西江桥（丹溪大桥）

先来看一则关于西江桥的传说：

古时，义南百姓进城都是在荷叶口和下傅村的中间地段摆渡过江。由于洪水经常泛滥，渡船三天两头停航，百姓进城十分不便。明崇祯十一年（1638），时任义乌知县的熊人霖带头捐献薪俸筹资在渡口处造了一座浮桥，名西江桥。到了清乾隆年间，西江桥由于年久失修已坍塌不存，人们只得渡船或涉水过江。自此后，黄昏时分，常见有个没有下巴的人面对西江桥旧址哭泣。一传十，十传百，西江桥有个没下巴的精怪就在民间传开了，一到黄昏，谁都不敢在此过江。

有一天，义南乡绅吴周士进城办事耽误了时间。吴周士虽也听说过西江桥闹鬼一事，但他素来不信鬼神，故仍取道西江道涉水过江。待他匆匆来到西江桥头时，红日已经西沉。他望着比上午涨高了许多水位的江面不知所措。这时，过来一个农夫模样的人："先生可要过江？"

"对，这江水不知何故一天之间就涨了这么多……"

"先生别怕，我来背你过去。"

"要多少银子？"

"行善积德，不要钱。"

农夫背着吴周士下水了。他们边趟水边谈了起来："你家住哪里？"

"就桥头。"农夫答道。

"桥头？"吴周士吃了一惊，桥头根本无房可住，莫不是真碰上鬼了，"桥头可没有房子呀！"

"先生听说过西江桥有个没下巴的精怪吗？"这时已到了江心，农夫停步问道。

"听说过，这只不过是传闻而已，哪来什么精怪。"吴周土嘴上虽这么说，心里却慌了起来。

"请先生摸摸我的下巴。"农夫说。

吴周士往他下巴一摸，真的没有下巴。顿时，吴周士吓得浑身如筛糠般地发抖。"先生别怕，我就是没有下巴的精怪。生前我是义乌知县，见百姓过江困难，我带头捐资筹建了这座西江桥。可经年不修，这桥竟已毁掉无存。我死不瞑目，

阴魂就附在桥头望江而泣。今闻先生乃开明士绅且家中豪富，特设涨水之计以帮

先生过河，望先生以民生为重，牵头修复西江桥。"

"一定一定，我回家马上就去筹措资金。"吴周士家有良田千亩，是义乌首富。自没下巴的精怪背他过河后，他决心修复西江桥。他带头捐良田百亩。乡民见吴周士慷慨解囊，都纷纷捐款。他的儿子在买木料修桥的过程中，不慎落水，献出了年轻的生命。在吴周士的带头下，乾隆二十年十月又重修了西江桥。

为日后维修的资金有来源，吴周士又助田40亩，设立了西江桥会。这40亩良田的收入悉数用于西江桥的维修。他还特在西江桥西头造桥屋一幢，请人代管浮桥。后管桥人在此繁衍生子，形成了一个小村落，这个小村，人们就称它为西江桥村。

故事的结局很美好，但过程很凄凉。

故事中的没下巴的精怪，说自己生前是义乌知县，当指的是明朝崇祯年间在义乌任知县的熊人霖。

熊人霖（1586-1666），江西进贤县人，明崇祯十年（1637）进士，崇祯十一年（1638）出任义乌知县。他在义乌任职期间，尽职尽守，经常深入民间了解百姓疾苦，为百姓分担忧愁，把义乌治理得井井有条。他还捐出自己的工资，修西江桥、东江桥

钓鱼矶对面地貌图，古文昌阁已被菜园所替代。（摄于2016年4月）

等。他为人"廓落大度、明信笃渊",为政"精敏杰出",为文"文章言语妙天下",深得时人的称赞。义乌翰林虞国镇、工部左侍郎金世俊等都专门写文章称赞他。

出身于书香门第的熊人霖来义乌当知县后,了解群众心声,下决心在县西造一座桥。地址选在今经发大桥的下游、塔下水轮泵站稍上游的位置。为什么选择在这里造桥,他基于三点考虑:

一是交通便利的需要。上游的中江桥离这里有两三公里远,到那里去绕过江,很不方便。况且,群众有需要,那些砍柴的人,经常把竹子浮在水面上,当作浮桥过河。这里也曾造过浮桥,但因为水流太急,堤岸、浮船经常被冲毁,所以造石桥更合适。

二是这里造桥很有基础:北岸有蟠山,南岸有天马山的余脉,"水中有石骨隆起,自北而南,广丈有寻,盖自然之门户云"。地理条件这里最合适。

三是"风水"的需要。义乌江由东北到西南,像一条飘带绕县治南部而过。选择造桥的这个位置,刚好是义乌江绕县治的下游,这里同时又有"秀水"(即绣湖水)注入,桥梁必须造在"邑之下游,盖钟(集聚)美利(好处)、毓风气"。也就是后来说的"稳住水口",钓鱼矶山上的一峰塔就是为了"镇住水口"而造的。熊人霖在《西江桥记》中说:"绸水东,绣水西,左之右之,云气沃荡,泉流既清,风行水上。旨在传之秀气,为人知者乐水。""三才(指义乌江、城南河、西江桥)敛祥,荡荡周行,思乐西江,保我绸邦。"他造西江桥的目的非常明确,就是要保义乌风调雨顺。

于是,他捐出自己全部的俸禄,造了西江桥。桥成后,又在江北迁建"文昌阁"以镇之,营建普度禅林寺庙以守护之。修桥又护桥,可谓考虑深远。也许是上天被熊人霖的精神感动了,这年秋试,义乌竟然"一榜三魁",三个人在皇帝的面试中被选中!

西江桥修得很高,下面可通五丈高的船舶。桥上修了楼阁,桥两头造了亭子。因该桥位于县城西南,故名西江桥。

西江桥落成时,熊人霖非常高兴,他邀请当时的知名人士、乡绅、普通百姓,举行了盛大的游桥仪式。游桥时,诗兴大发,当场写下"桥成即事诗"一首:

稠水西来合绣津，鸡鸣山翠拥城闉。

楼开鸂鶒风光丽，桥卷虹霓气色新。

凭槛椅桐销永夏，隔江梅柳渡阳春。

臣心只有清如水，若济今谁帝赍身。

过了几十年，该桥慢慢废了。清乾隆十七年（1752），知县赵宏信看到西江桥遗址，很想把它复原。但是，由于当时饥荒严重、社会不太安定，他实在抽不出时间来关注此事。乾隆二十一年（1756），徐村供店村的吴周士，心怀善念，担负起了社会责任，他捐助田地100余亩，利用原桥墩，建新桥墩，购买材料，纠集民工，修复了西江浮桥。乾隆二十二年（1757）冬竣工，花银2000多两，改名为"吴西江桥"。赵宏信非常感动，他认为，吴周士做了他知县应该做的事情，他感到非常惭愧。吴周士在社会上树立了正气，开了一个"上行下效"的好头，于是表彰了吴周士，并写了一篇文章记之。

乾隆四十五年（1780），"吴西江桥"再次被水冲毁。吴周士的儿子吴联璧、吴联瑜再次重建，乾隆四十九年（1784）竣工。后因部分吴氏子孙将桥产、桥会占为己

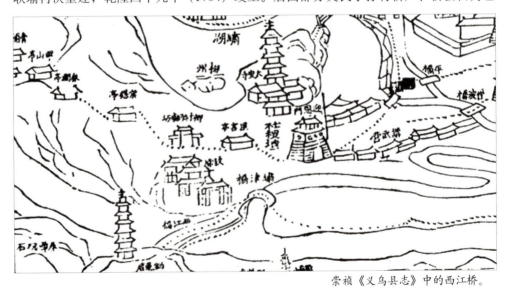

崇祯《义乌县志》中的西江桥。

有，加上其他乐善好施者不断增加桥会田产，于是去掉"吴"字，复名"西江桥"。1937年，县政府补助1500元，用于更换浮桥桥船，调整桥会董事，桥址上移，迁至西江桥村东侧（现已拆除）。1942年，日本侵略者侵犯义乌，桥船被敌劫掠。1947年3月，用渡船接济。1948年浮桥恢复。1956年8月，洪水将15只浮桥船冲毁10只，而桥会及产业已不存在，由县补助1000元修复。

1969年9月21日，公路桥开工，桥址再次上移，1970年12月竣工。1985年，义乌县交通局

丹溪大桥建成当年，是我国第一座、世界第二座带有观景平台的斜靠式三角形钢管拱桥。

投资9.96万元，将桥面加宽至7米，长120米，9孔，净跨12.6米，钢筋混凝土空心板梁桥，载重标准汽—15，拖—80，于1985年底完工。

2002年11月，义乌市政府在西江桥旧址处建设一座大桥。当时义乌江上游已有以义乌名人命名的"宾王大桥""宗泽大桥"等，经过文化部门专家多方协商，将此新造的桥命名为丹桥大溪。

丹溪大桥以金元四大医家朱丹溪的名字命名，它连接丹溪路和江东路。用"丹

溪"命名路和桥，就是为了纪念和学习朱丹溪的崇高品德和勤耕好学的精神，弘扬传统文化，建设美丽义乌。

朱丹溪（1281-1358），名震亨，字彦修，义乌赤岸人。人们尊称他为"丹溪先生"或"丹溪翁"。他创立的丹溪学派、"滋阴学说"，对祖国医学贡献卓著，他和刘完素、张从正、李东垣被后人誉为"金元四大医家"。

义乌丹溪大桥建成当年，是我国第一座、世界第二座带有观景平台的斜靠式三角形钢管拱桥。它造型独特、结构新颖，全桥由主拱及吊索、横系梁、斜拱及吊索、主梁、横梁、纵梁、挑梁、边纵梁、端纵梁组成。长257.73米，跨度88米，桥面宽28米，最宽处为51.3米，其中机动车道宽17.65米。两侧各设4跨21米边跨，各有非机动车道3.5米，人行道1.75米，机动车道与非机动车道之间用0.85米分隔带隔开。主跨两侧各设宽度从2.65-9.60米变化的观景平台。主拱最大矢高15.623米，斜拱最大矢高22米。全桥钢结构总重1900余吨，消耗的焊条都有20.2吨！总投资4200万元。经过建设者600余个日日夜夜的奋战，大桥于2004年9月25日竣工，2004年9月29日通车，并被评为2005年度金华市"双龙杯"优质工程奖。如此规模的桥梁，只有在现代科技的支撑下才能够实现。当时属国内首创。

熊人霖如果活到现在，一定惊叹得真的"掉了下巴"！

◎ 钓鱼矶廊桥（塔下洲水轮泵站）

在钓鱼矶公园旁的义乌江上，有一座廊桥格外的引人注目，它就是钓鱼矶廊桥，准确的说法叫"塔下洲水轮泵站"。

钓鱼矶公园的文峰塔是公园的灵魂，廊桥是公园的"眼睛"，明崇祯年间义乌知县熊人霖题刻的摩崖石刻"春潭瑞石"是公园的思想，那流动的义乌江水是历史的见证。

钓鱼矶公园因为有了廊桥，妩媚顿生。廊桥本身就是诗情画意的产物，站在钓鱼矶山顶看廊桥，这是一座有宋代风格的桥形建筑，与山上的建于宋代的一峰塔相呼应。桥是两层建筑，以仿古屋顶琉璃瓦覆盖，廊檐突兀。市民既可以在桥上休闲娱乐，不

塔下水轮泵站，坐落在风景秀丽的钓鱼矶下，拦截义乌江水灌溉农田，造福人民，也使钓鱼矶风光更加旖旎。

受风雨的影响，又可以站在桥上欣赏江上的风景和义乌江两岸优美的景色。

站在廊桥上，俯瞰义乌江，脚下是缓缓流动的江水，不远处，有白鹭在水面上寻找着它的美味午餐。江边，还有一些垂钓者，这些年轻的钓翁，自然是最悠闲的人群。有了他们，钓鱼矶这个名称倒有些名副其实。他们的身后，就是那岩石巉巉的钓鱼岩了。

廊桥的左右护栏，安装了500多根雕刻有石狮的栏柱，栏柱上端的240只石狮，形状各异、生动传神。栏柱间的500块青石栏板，双面都雕刻着鱼鸟花木等浮雕画，栩栩如生。廊桥的二三层则为观光长廊，两头有两个小亭楼，以坡屋顶式设计、用廊柱支撑，呈通透式。中间部分则是长方形的廊屋。该桥宽4.5米，长173米，离正常水位高3.7米。

廊桥的上下游，因为有水闸的阻隔，所以有两米的落差。这两米的落差就是泵站发电的基础。江水从水闸的一边到另一边，从高处跌落，好像一挂小小的瀑布，该瀑

20世纪70年代建造的水轮泵站。

布在阳光的映射下，虚幻出了一条美丽的彩虹。

塔下水轮泵站以城市防洪为主，按洪水标准50年一遇设计，结合灌溉、发电、景观三功能于一体，荷载为汽-10。右岸布置电站，有4台机组，装机容量为1120千瓦。左侧及中段布置泄洪，共14孔。每孔有8米宽、4.6米高的升卧式钢闸门。汛期来临时，闸门升高，提前腾空库容，从而达到泄洪削峰的作用，有效地解决洪水带来的危害。也提高了义乌江的整体水位，从而为沿江的义乌绿廊建设提供了充足的水源，改善了枯水期河床干枯、水质下降的情况。并支撑了义乌江游船码头的建设。

该工程总投资2868万元，于2001年12月8日开工，2003年10月8日竣工。

但该工程在20世纪可没这么"风光"。

塔下水轮泵站原来叫"塔下三用水轮泵站"，因具有水力提水、发电、电力提水三种功能而得名。1972年10月开工，1978年5月竣工，1979年正式投产。国家当时投资64.5万元（当时教师的月工资是30多元），15.7万工，可谓耗费了巨资。在丰水期一边发电，一边利用水轮泵抽水入塘或灌溉，在枯水期或水量不足时，将发电机作为电动机带动水轮泵抽水灌溉,达到一站三用。从1949年到20世纪80年代后期,农业是我国国民经济的主要组成部分,而水利又是农业的命脉。塔下水轮泵站的建成,解决了当时周边59个村15000多亩农田的灌溉问题,可以说工程效益非常显著。

随着社会的发展,人们对义乌江有了更多新的期待。2001年12月,在老水轮泵站下游约180米处,新的水轮泵站开工建设,功能也变为"新三样"了:灌溉、发电、景观。发电并入了国家电网,高效地利用了水资源。在水轮泵站的上面,设计了廊桥景观,与钓鱼矶公园融为一体。

生活,除了实用,还需要美丽来点缀。

附录:

◎ **大湖头桥**　位于大湖头村的东北方向,东方红桥下游约3公里处,1990年建成

大湖头桥,桥长140米,宽4.5米,11墩12孔,混凝土板梁结构。该桥的建造,彻底解决了村民隔江劳作的不便。祖祖辈辈的夙愿,一朝实现,村民欢欣鼓舞,兴奋之情难以诉说。退休干部方承先写了一首题为《大湖头桥落成纪念感赠》的诗来表达这种激动之情:大江沅潦叹途穷,福利全关一念功。/砥柱中流抗险浪,烟波天险架长虹。/东西莫怨鸿沟隔,南北咸歌大道通。/群力赞襄夸利便,草茅应识有英雄。

大湖头桥。

◎ **甬金白莲塘大桥**　位于白莲塘村东南，系甬金高速公路跨义乌江桥梁，长324.02米，宽25.5米，预应力钢筋混凝土空心板结构。

◎ **阳光大桥**　坐落在阳光大道上，跨义乌江，沥青桥面。宽68.5米，其中机动车道宽17米×2，机动车道间有宽7米的隔离带，非机动车道宽8.5米×2，两侧机动车道和非机动车道间有宽5.25米的隔离带。长442米，总面积30277平方米。

桥梁为10跨预应力现浇连续梁，跨度为30米×3+62米+95米+62米+30米×4，主跨采用变截面连续箱梁，副跨采用等截面连续箱梁。桥墩采用异型墩、方形柱式墩两种，U型桥台。设计荷载汽-超20、挂-120。总投资3.3亿元，2003年11月开工，2005年10月主车道通车。

◎ **下朱大桥**　位于江北下朱村西南，S310嵊（县）东（阳）义（阳）线88K+852处，跨义乌江。

原37省道嵊东义线过义乌东江桥进入义乌城区，并与原03省道（五叉路口处）相连接，城区交通流量大，东江桥、义东路等路段堵车严重。1989年，义乌市政府决定新建过境公路——城东公路，将温州、丽水、水康、东阳与杭州方向的车辆引开义乌城区。同时建造江北下朱桥为城东公路配套。

下朱大桥，桥长168米，为8孔20米预应力钢筋混凝土空心板梁桥，桥面净宽10米，两侧各设1.45米人行道。设计荷载汽-20、挂-100。工程于1990年开工，1993年交付使用。

1999年，原03省道义（乌）大（陈）线已不能适应杭州往东阳方向的车流量，开工建设自青口圆盘往江北下朱、麻车、宗宅、荷叶塘、苏溪、大陈的过境公路，为现S310省道的一部分，该路路基宽24.5米，双向四车道，原江北下朱桥净宽10米的桥梁无法适应新路基同宽的要求，在紧靠原桥下游独立建造桥面宽12.9米的新桥，使该桥桥面双向净宽达到20米。工程于2000年12月建成交付使用。

2013年，再度扩建，桥面宽度达24米。

◎ **商博大桥**　商博大桥位于东前王村南，连接商博路，全长1480米，其中主桥长175米，引桥长496米，总投资1.3亿元。主桥与南引桥宽为37.5米，设置双向六车道；

商博大桥。

北引桥宽17米，上跨北城路，衔接商城大道，主桥还在江北侧设置匝道与北城路沟通。2006年12月开工，2008年10月19日顺利通车。

商博大桥是义乌第一座斜拉索大桥，主桥桥型采用75＋100米的独塔斜拉桥方案，主塔高66米，斜拉索采用平行钢铰线斜拉索，全桥共26对斜拉索。引桥采用单箱多室或双箱多室直腹板预应力混凝土箱梁。商博大桥一头接国际商贸城，一头连国际文化中心区块，也是义乌第一座上跨城市主干道的桥梁。商博大桥的建成通车，对缓解城区的交通压力，提高城市的承载能力，尤其是完善国际商贸城区域的道路网络，沟通城市南北交通，方便市场经营户和市民的出行都有着重要的意义。

◎ **宗泽大桥**　系宗泽路跨义乌江桥梁，位于商博大桥与宾王大桥之间。这是一座非常美丽的桥，全长291米，主跨72米，宽42米，机动车道宽23.5米，两侧各有非机动车道4.25米、人行道3米、绿化带2米，投资3900万元。每天来往的车辆络绎不绝，真是车水马龙。

宗泽大桥。

桥面为沥青砼面层，人行道采用青石拉槽板。主桥为三跨预应力混凝土v型墩连续钢结构，采用双箱双室变截面梁形式，两端引桥各为三跨双箱多室预应力混凝土连续梁形式。大桥纵坡2.5%，人行道横坡1.5%，车道横坡1.0%。设计为百年一遇洪水位62.54米。设计荷载汽—20、挂—100、人群3.6千牛／平方米。大桥造型新颖、美观，具有民族特色与现代气派。桥墩采用V型墩，由上、下游两幅独立桥组成，桥上部结构为变截面箱梁，桥栏杆选用福建产辉绿岩石材制作，栏杆顶围柱有326个形态各异的石狮，栏板上刻有628幅不同式样的花鸟图，给人一种生动、活泼、精致的感觉。2000年9月28日开工，2002年2月22日通车。

◎ 宾王大桥 宾王路上跨义乌江大桥，是连接主城区与江东新区的重要交通枢纽。桥长203米，宽32.7米，其中车行道宽24米，中间由宽2.7米的桥拱相隔，两侧各有人行道宽3米。

为三跨下承式单截面钢管拱系桥，最大跨径为80米，其余为55米。采用百年一遇洪水位62.54米，设计荷载汽—20，挂—100。总投资3600万元，于1996年1月8日开工，

宾王大桥。

1997年11月竣工。大桥以其新颖的结构、独特的造型，成为义乌市的一个重要景观，建成当年，在同类型结构桥梁中，大桥规模属亚州第一。

◎ **篁园大桥**　位于义乌江中江桥与东江桥之间，坐落在篁园路上。宽25-29米，其中主跨车行道宽18.4米，边跨车行道宽22.4米，两侧各有宽3.3米人行道，桥长190.7米，总面积4900平方米。

篁园大桥。

该桥采用钢管混凝土系杆拱桥，桥面由180块行车道板，副跨由135片空心板梁及拱肋，两端横梁和54块桥头搭板等组成。主跨上部结构采用无风撑钢管砼系杆拱形式，边跨采用预应力简支空心板结构。下部结构采用钢筋砼薄壁桥墩，U型桥台。桥梁纵坡较小，横坡为1.5%。设计为百年一遇洪水位62.54米。设计荷载汽-20、挂-100，人群3.6千牛／平方米。投资1266万元，1993年10月28日开工，1995年11月8日竣工。1997年7月，被评为浙江省市政工程金奖。

◎ **南门大桥**　位于义乌江中江桥与丹溪大桥之间，系南门街跨义乌江桥梁。桥面为沥青砼面层。宽30米，其中车行道宽24米，两侧各有宽3米人行道，长180米，总面积5400平万米。

桥梁结构采用四跨钢筋砼预制桁架拱桥。两个边跨净跨径40米，矢跨比1：10，两个中跨净跨径45米，矢跨比1：8。每孔横向10片拱肋，拱肋中心距离3.1米。拱片采用分段（4段）预制，拼装合龙后拱肋上安装微弯板与悬臂板，形成桥面系结构。全桥上部结构均为现场预制构件，采用水上浮吊拼装施工。设计为百年一遇洪水位62.54米，中心控制标高65.90米。横坡为1.5%，纵坡为2.75%。设计荷载汽－20、挂－100，人群3.6千牛／平方米，投资1393万元。1998年1月8日开工，12月竣工。

◎ **经发大桥** 系经发大道跨义乌江桥梁。工程桥面为沥青砼面层，长184.5米，宽30米，其中车行道宽24米，两侧各有人行道3米，两端各有20米引桥，总投资2600万元。

桥梁采用三跨预应力双薄壁墩连续钢结构，最大跨径为82米。桥横断面为两幅分离式单箱单室变截面箱形梁，桥面连续受力独立，全桥共两墩两台（双幅），箱梁采用三向预应力体系，墩为双薄预应力混凝土。桥台为U型钢筋混凝土台。采用百年一遇洪水位62.54米，设计荷载汽－20、挂－100，人群3.6千牛／平方米。工程于1999年10月8日开工，2000年12月19日竣工。

经发大桥。

◎ **凌波大桥**　又叫义乌江第十一桥，位于新科路上，跨义乌江，是联结江东（黎明湖路）与稠江的重要通道。桥长186米，宽32.5米，总投资3000万元。2007年2月8日开工，2009年8月30日竣工。

由近而远分别为凌波大桥、塔下洲桥、南环路大桥、徐江桥。

◎ **塔下洲桥**　位于塔下洲村北，跨义乌江。桥长151米，宽5米，净空高5米，9孔，跨径总长139.5米，为石拱桥。下部采用重力式墩台。设计荷载为汽–10，1987年竣工。2009年，义乌江东岸塔下洲公园改造过程中，利用原来的旧桥，铺设桥面砖，加装不锈钢栏杆，修葺一新，既方便两岸市民，也融入周围的风景。

◎ **南环路大桥**　坐落在环城南路上，跨义乌江，沥青桥面。宽31米，其中机动车道宽22.5米，两侧各有宽4.25米非机动车道，长331米。桥梁采用预应力砼变截面连续箱梁，下部采用分离式实体墩承台，嵌岩基桩。设计荷载汽—20、挂—100，设计行车速度为每小时80公里。投资2610万元，2000年8月开工，2002年11月18日竣工。

◎ **徐江桥** 位于江湾东南，系徐村到江湾跨义乌江民间桥梁。长140米，宽5米，钢筋混凝土浒拱结构。

◎ **江湾大桥** 系香溪路跨义乌江桥梁。长259米，宽24米，预应力钢筋混凝土空心板结构。

◎ **甬金杨宅大桥** 位于杨宅北，系甬金高速跨义乌江桥梁。长645.44米，宽22.5米，结构上部为先简后支连续空心板T形梁，下部为桩基、肋式台、柱墩。

◎ **蟠龙桥** 连接蟠龙路，全长205米，宽24.5米，其中行车道宽16米。主桥采用34+52+34米预应力混凝土变截面连续箱梁。设计荷载为公路-I级，按50年一遇设计。总投资3581万元（包括引道），2011年6月5日开工，2014年10月30日建成。

塔下洲桥改造前旧貌。

塔下洲桥。

南环路大桥。

伏虎桥。

万善桥。

◎ **伏虎桥**（也叫佛堂大桥、稠岭线上）位于佛堂镇北，跨义乌江。长172.8米，宽8米，高9.99米，5孔，每孔净跨30米，桥梁上部为钢筋混凝上双曲拱结构，共有5根拱肋，下部台墩为重力式浆砌石结构。1972年开工，1974年主体工程竣工，1975年2月通车。

◎ **万善桥**（佛堂下桥）1967年建成，是义乌历史上第一座钢筋混凝土板梁结构桥。桥长174.8米，宽4米，7孔钢筋混凝土结构。2017年拆除，并恢复为浮桥。

◎ **渡磬桥**（佛南大桥）位于佛堂镇西南，跨义乌江。桥长180米，宽10米。1999年建成，在渡磬寺附近，故名。

◎ **上佛大桥** 位于上溪—佛堂公路，跨义乌江。桥长366.04米，宽29.5米。12孔，每孔净跨30米，上部为钢筋混凝土简支T梁，下部构造桥墩均为桩柱式墩，肋板式桥台，钻孔灌注桩基础。2002年10月动工，2004年10月竣工。

◎ **石壁桥** 位于佛堂镇石壁村东，松溪渡下游百米左右，系佛堂至画坞坑公路跨南江桥梁。长100米，宽6.5米，混凝土空心板梁结构。1998年10月建成，12月通车。

◎ **钟村桥** 位于佛堂镇钟村南，跨南江，系小型车辆及行人通行的民间桥梁。长90米，宽5米，钢筋混凝土双曲拱桥结构。

◎ **南王店桥** 位于佛堂镇南王店村东南，跨南江，系小型车辆及行人通行的民间桥梁。长102米，宽5米，钢筋混凝土悬砌拱结构。

◎ **南江桥** 位于江东街道许宅村西南，系稠佛公路跨南江桥梁。长128.7米，宽24.5米，桥梁上部为钢筋混凝土空心板梁结构，下部为桩式钢筋混凝土墩台结构。

◎ **甬金南江大桥** 在江南街北面，系甬金高速公路跨南江桥梁。长156.84米，宽22.5米。结构上部为先简后支连续T形梁，下部为桩基、肋式台、柱墩。

◎ **前流桥** 位于南江前流村南，系徐村至佛堂老公路跨南江桥梁。桥长120米，桥面宽7.5米，为9孔净跨12.6米的钢筋混凝土空心板梁桥，下部为重力式墩台结构。原为渡口。1982年8月11日开工，1983年9月板梁吊装完毕，12月通车。总投资19.8万元。

第三章 扬帆起航映晨晖

第一节 轻舟难过万重山

吴品珩是东阳白坦人，晚清时期，在京城任正二品大员，相当于现在的正部长级。他担任的职务有总理各国事务衙门章京（外交部司局一级的官员，相当于部长助理），安徽省布政使（总督属僚，二品，主管财赋、人事、刑狱的省长助理）等职。辛亥革命后任浙江省政务厅厅长、护理浙江巡按使（袁世凯时期设的一省最高民政长官，袁死后又改称省长）等职。这位老兄"为政清廉，判案严明"，做事不卑不亢，家乡情结也特别重，经常回家乡看看。

古代文人游子的家乡情结都特别浓，如唐朝的著名诗人柳宗元，在外漂泊之际，写下"海畔尖山似剑芒，秋来处处割愁肠。若为化得身千亿，散上峰头望故乡"的名篇，浓浓思乡之情跃然纸上。吴品珩也一样，乡土观念特别强，空闲之际，就回东阳老家转转，沿途讲讲学、会会老朋友等。而且他有记日记的习惯，为我们留下非常宝贵的《亦园日记》（亦名《逸园日记》）。日记记载了他在光绪二十三年（1897年，"戊戌变法"前一年，当时他任总理各国事务衙门章京）农历二月十二至光绪二十四年（1989）农历二月十四近一年的时间里4次乘坐"义乌芦乌船"回故乡的事实。虽然

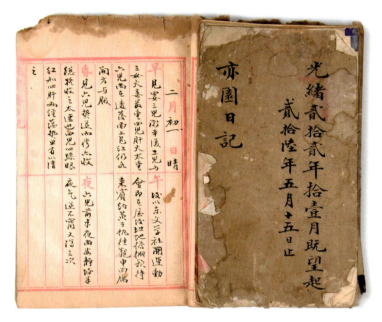

亦园日记。

有些枯燥，但为体现史料的完整性，特摘录如下：

（一）杭州动身到金华

（二月）十二日（去金华给当地举人讲学）阴。已未出凤山门（杭州），在龙舌咀乘义乌芦乌船赴郡，为孝廉堂开课。午后开行，晚至闻家堰宿，计行三十里。

十三日　阴。船遇顺风……是日计行船九十里。

十四日　阴。顺风，黎明开船。晚抵七里泷之西口宿焉。是日计行船百三十里。

十五日　阴。大风。早晨开船已过下旗滩不能驶上。逾两时始得过滩。晚抵大洋宿焉。是日只行六十里。

十六日　阴。大风，晚雷雨。早晨开船，未刻船抵兰溪……

十七日　阴。过码头船午初开行。水大风逆，抵金华码头已上灯矣……

（二）金华动身至杭州

（二月）廿七日　早雨后阴。……巳刻到夏桥码头下船……未正二刻至兰溪过义乌芦乌船……（作者注："夏桥"疑为"下桥"，即今金华通济桥。夏桥码头大概是指今通济桥东北的小码头。因为旧时金华，江上只有上浮桥与通济桥两座桥，一上一下，故金华人都以上桥、下桥呼之。）

廿八日　阴，风。申刻开船。行四十里已曈黑即泊宿。

廿九日　阴，大风，晚雨。黎明开船。行百五十里以风大又逆过桐庐再行十里即行泊宿。

三十日　阴，风。寅正开船…行百四十里……丑刻即抵杭之闸口。

（三）东阳到杭州

（九月）二十二日　阴雨。卯刻起程，巳至麻车埠（东阳县城附近）下船……夜泊埠未开。

二十三日　雨。卯开船。申到佛堂镇泊宿。

二十四日　阴，夜雨。丑刻即开船。辰刻到金华起岸，住丽正书院……

（二十五日、二十六日略）

二十七日　阴。巳至下马头下船……连日大雨水大溪涨。未刻开船申刻即到兰溪，泊南门外宿。

二十八日　晴。辰刻开船，申刻到严（严州，今建德）东关泊宿……

二十九日　晴。辰刻开行，巳刻停船钓台前。上岸谒严子陵祠……下船开行连夜不停。

三十日　晴。丑刻至义桥。

十月初一日　阴。丑刻到闸口，辰刻至螺丝埠上岸进杭城入署……

（四）东阳经义乌、杭州赴京

（光绪二十四年二月）初四日　晴。卯刻起程晋京……午初至麻车埠下船……行廿五里下骆宅宿。

初五日　晴。卯开船，风大而逆。行九十五里遂泊宿。

初六日　晴。卯开船行四十里抵金郡（金华）……同至下码头……既换船，船户义乌朱德党也……

初七日　阴雨。未刻开船。行三十五里泊宿……

初八日　阴午后晴。卯开船。辰到兰溪……

初九日　阴，风大，夜雨。……卯刻开船，申初抵七里泷口陡起暴风船不能行，遂泊宿。是日舟行百十里。

初十日　阴雨，大风且逆。辰刻开船，行廿五里抵近钓台不能行，午初遂泊。

十一日　阴雨，大风且逆。卯刻开船……以风过大遂泊宿，是日舟行七十五里。夜间风大更甚，波浪掀起船为动摇，风声浪声彻夜聒耳；惊悸不能成寐。

十二日　阴雨兼有雪子，风大异常……未后风稍杀，开船行十五里风浪又大遂泊宿……

十三日　阴，逆风，不时飞雪。子刻开船，巳刻至义桥暂泊。申初开行……是日舟行百四十里。

十四日　阴晴。卯刻渡江，巳刻抵螺丝埠，未刻起岸进杭城……申刻进抚署……

（以上与行船无关处皆以省略号代替）①

从这些文字记载中，我们可以推算大概的时间：坐船从东阳麻车埠到佛堂，需要10个小时。从佛堂到金华，需要6个小时。如果水大船顺，金华到兰溪2个小时就够了。兰溪到建德，需要8个小时。从金华到杭州，顺流而下，大概需要4天的时间。而从杭州到金华，逆流而上，大概需要5天半的时间。如果天气恶劣，有时甚至需要9、10天……

古时的水运，与人们生活关系之密切，是今人无法想象的。试想，从杭州到金华，如果从陆地上走，要越过多少崇山峻岭、山沟险滩？而从水路走，既平稳又省时：沿富春江到富阳、建德，沿兰江到兰溪，沿婺江到金华。因此，水路，是古人出远门藉仗的最便捷的通道。

唐元和四年（809），大文豪韩愈的学生李翱，要到岭南（即今天的广东）任职。

---

① 徐松涛：《〈亦园日记〉中的义乌水运》，见《义乌方志》2006年第2期。

李翱是陇西成纪人（今属甘肃），从甘肃跑到广东去任职！在没有火车、汽车的年代，那要走多少天？翻越多少山？他和当时的许多人一样，选择走水路！自洛阳汴河，转京杭大运河，再转入钱塘江，沿富春江上溯至衢州的常山，再翻过山岭到江西的玉山，沿赣江水系，过大庾岭到广州。从一条水系的上源转入另一条水系的上源，再沿江而下，据说这是当时从北方到岭南除经湘江水系外的唯一道路，且通航情况优于西去的那条线路。

从这一例子就可看出古人出门是多么不容易！

当然，也有一些例外。如果遇上丰水期，又顺风顺水，那就太幸运了。明代天顺年间，东阳卢宅人卢楷考中进士后，他某次从东阳去杭州，居然只用了一日一夜。欣喜若狂的他，感觉太不可思议了，就写了一首诗来赞叹：

顺风一夜至杭州口占

昨宵河埠拨船开，

午过兰江晚钓台。

今日浙江亭上望，

半千里路似飞来。

还有，我们现代人出门，乘船是很浪漫惬意的事情，放松心境，随带吃喝，享受生活。古代人出门是很辛苦的，没有机动船，遮风挡雨的条件不好，速度慢不说，如果遇到风大浪急等天气恶劣的时候，那可就是一路受罪。特别是长时间的苦旅，没有现代电子产品的陪伴，更觉孤苦伶仃。当然，对于文人来说，这是创作的好时机，许多伟大的作品都是在旅途中产生的。翻翻唐诗宋词，就可知道诗人其中的心境。

如果人多，大家可以坐下来，喝喝茶，侃侃大山，这个时候就是考你智力的时候。明朝张岱的《夜航船》就是为了使人们不至于在类似夜航船的场合丢丑而创作的一部百科全书类的著作，不过，它里面的内容可不像书名《夜航船》这般浪漫。

缓慢的航行途中，坐着无聊，便以闲谈消遣。其中乘客有文人学士，也有巨商大

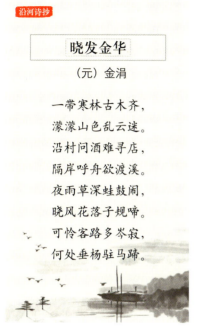

晓发金华

（元）金涓

一带寒林古木齐，
濛濛山色乱云迷。
沿村问酒难寻店，
隔岸呼舟欲渡溪。
夜雨草深蛙鼓闹，
晓风花落子规啼。
可怜客路多岑寂，
何处垂杨驻马蹄。

贾；有赴任的官员，也有投亲的百姓。各色人等应有尽有，谈话的内容也包罗万象。张岱说：天下学问，惟夜航船最难对付。他在《夜航船》序中讲了这样一个故事：

昔日有一僧人与一士子同宿夜航船。士子高谈阔论，僧畏慑，拳（缩）足而寝。僧人听其语有破绽，乃曰："请问相公，澹台灭明是一个人、两个人？"士子曰："是两个人。"僧曰："这等尧舜是一个人、两个人？"士子曰："自然是一个人。"僧乃笑曰："这等说起来，且待小僧伸伸脚。"

不知"澹台"是复姓也罢了，竟然不知尧、舜是两个人，实在该打屁股。于是，张岱便编写了一本列述中国文化百科常识的书，取名为《夜航船》。"但勿使僧人伸脚则可已矣。"

枯燥的旅途航行，确是考验智力的地方啊。

吴品珩因为当了大官，自然是没人与他"唱对台戏"的，或者，他不屑与人"唱对台戏"。于是，在孤独寂寞中，他为我们留下了宝贵的"义乌江夜航记"。

吴品珩在杭州雇船回乡应该是有选择的。一般人都愿意选择同乡人，因为同乡人语言相通，说不定还沾亲带故的，比较有安全感，路上还可聊些家长里短的，吴品珩当然也不例外。既然没有直接到东阳的船，那么义乌的芦乌船便是他的首选了。

在义乌，当时有一批人，撑着"义乌芦乌船"，从事着义乌往来杭州的水路客运业务。这种"芦乌船"是很有自己的特色的，人们远远看到就知道"义乌船来了"。既可搭客又可运货的两头通的义乌船，曾经随着名声的远播而为许多人认识。中国古典小说之一、清末"谴责小说"《官场现形记》第十二回"设陷阱借刀杀人 割靴腰隔船吃醋"就有关于"义乌船"的记载：

原来这钱塘江里有一种大船，专门承值差使的，其名叫做"江山船"。这船上的女儿、媳妇，一个个都擦脂抹粉，插花带朵。平时无事的时候，天天坐在船头上，勾引那些王孙公子上船玩耍；一旦有了差使，他们都在舱里伺候。他们船上有个口号，把这些女人叫作"招牌主"：无非说是一扇活招牌，可以招徕主顾的意思。这一种船是从来单装差使，不装货的。还有一种可以装得货的，不过舱深些，至舱面上的规矩，仍同"江山船"一样，其名亦叫"茭白船"。除此之外，只有两头通的"义乌船"。这"义乌船"也搭客人也装货，不过没有女人伺候罢了……

沿河诗抄

富阳舟中

（元）金涓

终日推蓬对酒杯，
渔郎隔浦棹歌回。
路旁古屋无人住，
山下疏梅独自开。
几处汀洲分雁下，
满江风雨送潮来。
白头蒿叟休相促，
明日天晴上钓台。

这是作者李宝嘉对义乌船的描述：单纯的运货载人，不搞其他的花名堂，当然就没有"妹妹哎坐船头，哥哥在岸上走"的浪漫情趣了。

除了"江山船"，在江面上逗留的，还有一种叫作"茭白船"。茭白船主要分布在兰溪，也叫"兰溪茭白船"，又称"花舫"，是旧时的娱乐场所。此船因为方尾尖头，形像茭白，浮于水上，所以叫茭白船。

清代中叶，兰溪凭借发达的水上交通，工商业迅速崛起，成为金华府属八县之首。靠江生存的船家，因为生活艰难，有的仿效杭州的钱江画舫，苏州的灯船木兰船，嘉兴无锡的游山船、无锡快，纵使妻女在船中卖唱，以糊口度日。发展到后来，他们招收年轻的女子，在船中蓄妓卖唱伴游，成为"花舫"。20世纪20年代的鼎盛时期，这些船只曾多达90余艘，停靠在兰溪城外下卡子直到南门驿前的10处码头。那个时期，兰江边歌舞升平，成为一种放纵的"繁荣"。后因政局多变、经济萧条，再加上浙赣铁路全线建成，兰溪的商业集散中心地位转移，"花舫"从此销声匿迹。

比起兰溪茭白船，义乌船可真是无趣多了！

第二节 一码朝天控楚湘

根据文字记载，宋初，义乌江上的水运就已开始，算起来已经有1000多年的历史了。

义乌江有通航能力的水段仅在干流和南江支流上，而且还是比较明显的浅水航道。这就决定了在这条江上航行的只能是小船和竹筏，码头也只是河道码头。

我们在第二章中说了渡口。渡口和码头还是有区别的，渡口指的是道路越过河流以船渡方式衔接两岸交通的地点。 码头指的是海边、江河边专供乘客上下、货物装卸的建筑物。有渡口的地方肯定有码头，但码头的所在地不一定是渡口。

古代义乌的码头，北江，集中分布在稠城、佛堂、倍磊三个地段。北江县城上游，有船埠头、大湖头埠头、下骆宅埠头等。城区段，主要的码头有东江桥码头、盐埠头码头、西江桥码头。佛堂段，最繁盛时，一列的江边有码头16处，从北到南主要有石柱埠头、福星殿码头、市基埠头、浮桥头、盐埠头、新码头、竹园码头、下市滩埠等。县城与佛堂之间，有江湾码头。佛堂的下游，有何店码头、倍磊码头等。南江主要的码头是洋滩码头。

城区的东江桥码头为枢纽码头，是古时航运的分界线。东江桥下游可通民船至金华、兰溪、杭州，上溯则只能用竹筏运至廿三里、何宅、东阳、巍山。南江上的洋滩江码头也是竹筏与木帆船的转运码头和水陆交通的枢纽码头，洋滩江码头之上也可用竹筏至东阳的横店、南马、巍山等地，下可撑民船至佛堂。从佛堂开始的义乌江下游，因为水面开阔，水量大增，船的吨位也大大提高。

◎ 城区码头

城区段的码头，主要是东江桥码头、盐埠头（中江桥码头）和西江桥码头。

20世纪30年代前，东江桥码头是义乌江（东阳江）上下游的分界线和中转站，特殊的地理位置决定了它在城区3个码头中的特殊地位。

在宋庆元三年（1197）至清光绪十九年（1893）的漫长岁月中，东江桥码头是最繁华的一个。在最鼎盛时，上起义驾山，下至篁园，沿江数里，江的两岸泊有八舱（载重10吨）以下民船200多艘。作为义乌江重要的水陆商运码头，这里曾出现水上百舸争流、"白日千人拱手，入夜万盏明灯"的繁华景象。

古老的码头。

因为是筏运船运的中转站，大量载有物资的船在这里停靠。码头边，熙熙攘攘，有拉纤的、撑船的、搬运的苦力；离码头不远的江滩货场上，木头、毛竹、柴草、药材、土特产以及外地运进来的石灰、粮、布、日常生活用品等，堆得到处都是；由此衍生出来的服务行业，以及东江桥便利的交通而形成的人流，更把这里挤成集市般的热闹，茶摊一个接一个，小吃摊、菜摊、算命摊等一字排开，酒楼旅店林立。20世纪30年代左右，稠城合资大商号"震盛"便在桥西街，稠城最大过堂行（托运部）华昌和汇通，总行都设在东江桥码头。

一个码头生存久了，总有那么几件让人记忆深刻的事。

抗日战争时期，东江桥码头曾经有过一次大型的转运军米的行动。

东阳撑筏老人斯以海回忆："军米，我是运送过的。约1941年上半年，当时我17岁。军米从义乌东江桥码头启运，逆水而上，上东阳，再上蔡卢，转白溪江支流，一直拉到巍山镇的白坦村埠头交货。那时，我们大约50对筏，拉了好长好长时间，具体多少天，记不清了。远不止一个月吧。我们每对筏装50担米，筏上都有一个兵押运，算是保护我们，也保护军粮。当天装筏，当天运输，当天到达。所以，每天起得很早，晚上又很晚回家。中午，士兵吃自带的干粮，我们临时做饭，躲过士兵吃干粮的视线，在麻袋边上刺一点小窟窿，让白米沙沙沙流出来，估计够吃一顿中饭的米就控制不流了，每天这样。时间久了，士兵是不可能不知道的，但战争年代，或许是故意饶恕我们这些穷苦人吧。"[1]

据史家研究，1941年4月中旬，日军为打通浙赣线，在其司令官泽田的指挥下发动了浙东宁（波）绍（兴）战役。驻守宁绍前线的国民党八十六军三十师、九十四师、三十四师及地方部队纷纷向东阳与嵊州交界的山区撤退。司令刘建绪带领的第十集团军所辖七十九军的十三师、廿一师、五十五师和临时整编的十六师一部分，以及新编的几个师，共计二三万兵力驻扎在东阳岭北周边以及义乌、诸暨、嵊州边境山区。这次运军粮，很可能就是为这支部队运送的。

---

[1] 郭承豪：《义乌江上的竹筏运输》，《义乌方志》2011年第1期。

老人们回忆，1949年以后，东江桥码头转运的最多的是毛猪。上游东阳的毛猪用竹筏送到东江桥码头，每副筏放7个猪笼，每个笼放4只毛猪，送到东江桥头，交给义乌船户，集中起来，等有一定数量时，再转送金华、兰溪等处，或者上火车出口香港。外地转运到东阳的大批货物，也由义乌船运到东江桥码头，存放在"过堂行"，再由竹筏运输到东阳各地。

因为转运的物资实在是太多，所以东江桥码头的挑夫、搬运工每天有干不完的活，但又领着很少的苦力钱，有一首民谣很生动地反映了这一现象：

> 上磨肩头皮，
> 下磨脚板底，
> 一日两头吊（吃两顿），
> 入冬破棉衣！

浙赣铁路通车后，东江桥码头逐渐冷清。抗日战争时期，义乌沦陷前，由于陆上交通中断，东江桥码头又曾一度繁华。抗战胜利后，由于义乌江上游山林砍伐严重，加上1942年"壬午大水"，导致航道淤塞，东江桥码头逐渐消亡冷清，只有那些生活在江边的老人，每天看着缓缓流淌的义乌江水，独自一个人咀嚼过往的岁月。

依江而下，就是中江桥码头，即历史上的盐埠头。

盐埠头，也叫下埠渡。今址约在中江桥和南门大桥之间。嘉庆《义乌县志》载："下埠渡，县南三里龙潭山下。旧有广益桥，后改为渡。"义乌江至此江面变阔，水流放缓，官盐和自流放运的木材、毛竹等均在此起岸，所以这个渡口称为盐埠头。

关于盐埠头的记忆，除了广益浮桥，大部分都随流水而逝，只留下空空的无奈。

盐埠头的下游就是西江桥码头了，位置在如今的丹溪大桥上下游。丹溪大桥是在原西江桥的位置新建的。古时候，西江桥码头是官船码头，专门停泊官家的船只。无论是文官还是武官，均在此上岸，然后坐轿到县衙。

民国后期，由于上游江道淤塞，河道渐渐南移，到1949年，民船已不能到达东江桥码头和盐埠头码头了，西江桥码头便成了民船的起讫点。

在西江桥码头经营的船运公司，近代历史上，最著名的就是稠城青岩刘人经营的"美池快船"。这家公司的老板叫刘美池，所以叫"美池快船"。快船，也没有今天的快。但在那时，只要定时发船，定时到达，都可以叫快船。

美池太公的嫡孙叫刘良荃。1997年，老人已经70岁，有些耳聋，不善言辞，但回忆起美池快船，老人脸上顿时有了光彩，他说："那是我爷爷的船。我原来也是撑船的。"刘良荃是最后一代美池快船的船主，他从小就跟着父亲刘景云撑船。老人说，1949年前的美池快船，除了他和父亲，还雇了4个人撑船。在他手里，美池快船仍然是附近最有名气的民船。他们往返于稠城和佛堂之间，除了运货，还帮商店进货。但不赚差价，只赚运价。由于美池快船牌子老，信誉好，客商都很信任他们，由他们进的货价钱也便宜些。当时稠城镇内不少杂货店都找美池快船进货，佛堂的客商有卖不动的货，也愿意找美池快船帮忙。1949年后，稠城至佛堂的公路通车，民船逐渐没了生意，刘良荃便回家休息了。

正在建设的塔下洲游轮码头，位于老西江桥码头下游。

◎ 江湾码头

城区码头与佛堂码头之间，最著名的就是江湾码头了。

我们说水是财富，还真的一点都不假。江湾因有义乌江水的滋润而曾繁华一时。

江湾处于稠城和佛堂两个重镇中间，虽没有两镇繁华，却沾染了两镇的"商气"。来往船只经常在江湾码头停靠歇息，再加上这里人流密集，本身也是集镇所在地，所以也可以说是地理位置的重要性造就了这里的繁荣。据万历《义乌县志》载：当时义乌全境共有集市16个，江湾古镇集市属于"第一方阵"。1986年出版的《义乌县志》载：延陵郡后裔，"造桥专家"、被嘉庆授予"乐善好施"双龙牌匾的庠生吴周士，于乾隆十六年（1751），架设曲江（江湾）大桥。因经济发达，清朝后期，这里曾开设江湾邮政代办所，当时义乌全境仅佛堂、上溪、江湾有邮政代办所。

上了年纪的老人都记得，中华人民共和国成立之初，江湾码头还很热闹，往来客货商船及竹筏在江面上来来往往，桅杆林立，白帆点点。江的两岸，白布凉棚盖着的各种摊点一个连一个，茶、烟、酒、烧饼等店铺传来阵阵香味，来往行人很多会驻足小憩，补充补充能量。据民国时期重修的《延陵吴氏宗谱》记载：当时"四里滩有货船十几只"，而江南村的"号船、货船、码头船就有卅六只"。打鱼船，几乎家家户户都有。当时，江沿还出现了修、造船的业务，就像如今的修车铺一样多，可见当时的繁华。

据资料载述及老人的回忆，江湾码头，有南、北码头之分。南边码头紧连江南的沙滩，是斜坡形，无法停靠商船。北边码头，江深岸直，并有草坪固岸，均为顺岸、壁岸形式的天然码头，商船停靠可延伸数百米。江边码头，搬运工都有上百人，因此，1949年前后，江湾码头的运输业达到了鼎盛。另据不可考证的传说：原江湾码头，也曾有过茭白船的行踪，由"长毛"（太平军）的余部控制经营，船停江心，从事色情娱乐行业。1949年前后逐渐移船严州一带，后来国家"严打"，才销声匿迹。

由于水运发达，集市繁荣，附近方圆十里甚至更远的村民都会赶至江湾参加集市交易。就是不交易，去凑凑热闹也好。

老人们回忆，在靠江湾一侧的岸上，逢吴氏宗族三甲大年，或二月二迎龙灯，两岸的"灯头老爷"都会分别停在南北码头，互受香案，互相庆贺，但整条龙灯很少过桥。老人们回忆：最是盛夏时节，人们成群结队地来到码头边的石阶上，或坐或躺，享受着江边的凉风。每当夕阳西下，月上梢头，岸边灯影婆娑、人声恍惚，条条竹筏停靠，升起缕缕炊烟……撑筏人在酒足饭饱之后，还会跟后人说起"撑船撑筏好，撑筏日日砌新屋"的俚语闲话！

◎ 佛堂码头

嘉庆《义乌县志》对佛堂的描述是这样的："县南，南负云黄，北临大溪，跨以浮桥，船只泊岸如蚁附。""四方辐辏，服贾牵车，交通邻邑。"

好一个"泊岸如蚁附""服贾牵车，交通邻邑"，简简单单的几个字背后，又是怎样一幅桅杆林立、人来人往的生动图画！

原就职于佛堂镇政府的王春生老人为我们描述了他小时候对佛堂码头的记忆：从市基埠头到新码头二三百米的距离内，许多木船头对头、沿靠沿停了大半个江面，足有三四百只船，如果碰上集市，有时候会超过500多只，小孩子在这些船上可以自如地跳来跳去地玩耍。另外还有一些埠头停靠着零零星星的船。1950年，有关部门曾作过统计，在佛堂镇登记的一船一主就有200多人，有的一户还拥有两三只船，外地来的货船就更不计其数了。

佛堂镇下市村老船翁郑道回忆，他自幼随父在义乌江上拉纤、撑船。佛堂的船大多停在盐埠头、浮桥头地段，这些船大小不一，形式各异。衢江过来的船，船尾高翘，形状与水鸟相似，被人称为"常山鸟""江山鸟"。从新安江来的船，一般都是"六仓头""八仓头"甚至是"十仓头"，他们运来丝绸、棉布、竹木器、生漆、徽纸、徽墨等，运回去的是食盐或义乌的土特产、粮食、生猪等。

民国后期，佛堂码头从南到北共有六个埠头，它们是竹园埠头、新码头，盐埠头、浮桥头，市基埠头、石柱埠头。1958年，义乌县人民政府修建了佛堂的友龙公祠、老猪市、浮桥头三个码头。据说在佛堂的最繁盛时期，沿江一公里左右的码头有16处之多。在这些码头上下的人们，把货物运送到西街直街的各家店铺，又把各家店铺的货物通过水路运送到各地。这些码头，是佛堂连接外面世界的枢纽，从某种意义上说，它们是门，是佛堂这个触须伸向浙江各地乃至江苏、安徽的商业小镇的门。从佛堂出发的欸乃的橹声，从各地摇动来的长途跋涉的疲惫的身影，都在这里找到了落脚点和憩息地，各地来的商贾生意人，都把他们的希望像这些船只一样，系在了这些码头上。

在这些码头中，除了盐埠头是以码头的功能命名外，其他码头都是以地址命名的。所以这里有必要说一说盐埠头。

顾名思义，盐埠头就是主要用于装卸官盐、私盐，买卖食盐的场所。与稠城的

盐埠头功能是一样的。

　　在古代，盐是一种很重要的战备物资和民用物资，由国家控制，私人不得擅自经营。有一首民谣很形象地反映了这一"走私"现象：

　　担私盐，勿倒霉；官要抓，琼（我，佛堂土话）勿瓜（不怕）；日眠夜走过关卡，赚点苦力钱，过过日子脚。

　　传说那时候，用150斤米，到临海就能换回来1000斤盐！而在佛堂，1斤盐又可以

佛堂的江沿，如今是一个宁静的世界。

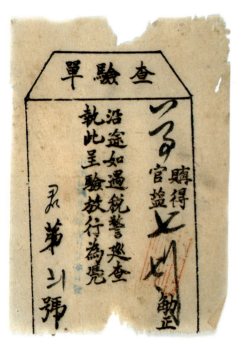

卖3斤米的价格，整整20倍的利润！（简直就是暴利啊）而官盐，因为运输、税收、卤耗等原因，价格自然比私盐还要高。在市场上，私盐卖得更快。在如此厚利的吸引下，广大村民抵挡不住诱惑，成群结队地铤而走险，干起了私自贩卖食盐的营生。"想赚钱，担私盐，赚到铜钱苦不见。"

当然，这生意也不是谁都干得了的。因为，毕竟是"走私"，不能堂而皇之过水路，要翻山越岭走山路，而且白天睡觉，晚上赶路。要有一身的力气才行，"有力气，赚铜钱；没有力气，不能担私盐"。而且一路上的辛苦，难以言说，"担盐长路没轻担，穿破草鞋堆成山，翻山过岭脚起泡，肩头担肿还要担，一路发誓不再来，卖了盐后数铜钱，路上发愿全忘见，又上路叩（去）担私盐"。

私盐俏销，官盐也是不愁买家。宋朝，官府垄断了官盐的经营，做的是"批发"的生意，散户经营者只能到衙前批点盐零卖，赚点辛苦钱。明万历年间，义乌官府在台州临海设"广储仓"，作为派出机构，用义乌的粮米换取产盐区的盐。盐运回义乌后，在佛堂镇盐店脚（今佛堂新华剧院旧址）建了储盐的"官仓"，派了8个盐兵驻店守仓，并把盐卖给需要"整船整船"的徽州盐客（盐商）。盐商把盐运到安徽内地后，获利自然是十分丰厚。这些徽商，亲带亲，邻带邻，朋友带朋友，到佛堂来经商的也就越来越多。清朝乾隆年间，捐白银四百两造佛堂万善浮桥的富翁之一吴生，就是安徽人。

这个吴生，靠着经营盐生意，成为了当地的"富豪"。他还在佛堂码头盐埠头这个地方，买下了土地，建起了五间坐北朝南的店面房，称为"盐栈"（约今盐埠头

34-36号）。在他的带动下，这一区块成为经营盐生意的"集散中心"，于是这个码头就干脆被称为"盐埠头"。

有生意，就有争斗。据曾经在佛堂镇政府工作的老干部朱和塽回忆，中华人民共和国成立初期，佛堂街头有一位双目失明的乞讨老人，年轻时他就是佛堂盐店的盐兵，因好出风头，仗势欺压担私盐的脚夫，结果双眼被私盐客挖掉，成了瞎子。

在这个商业繁荣的码头边，其实每天都在发生着许多明争暗斗的故事，只是这些故事随着时间的流逝而被人们渐渐淡忘罢了。

◎ 倍磊埠头 马渚渡 何店码头

义乌江过佛堂后，因为有吴溪、环溪、铜溪等支流的加入，自舟墟段开始，水量大增，江面也变得特别开阔。江水被何店东的陆地一挡，折向南流，流出了一个"S"形，因而水流也变得平稳，形成一个天然码头的良好条件。在何店与候芹之间、马渚与湖滨之间、马渚与埠头之间，都有过码头、渡口的历史。也因为江面开阔、水深平

义乌江最下游段卫星地图。

稳、村落众多，这里形成一个"码头群"。特别是倍磊，因为地处交通要冲——处在义乌、东阳到金华的水路、陆路交通要道上，处在各个码头渡口的聚焦点上，使得历史上的这里，是一个车水马龙之地，商业兴旺，文化发达，灯红酒绿（见本章第五节第五小节"倍磊及周边：记忆深处"）。

义乌江该段江边上的村名，许多与江有关。如舟墟村，在义乌江南岸，历史上义乌江上商船来往频繁，经过舟墟时都要停泊靠岸装卸货物。村前原来有舟墟湖夹在中间，地形像只船，故村名为舟墟；如隔湖村，因为村子与义乌江之间隔了一个舟墟湖，所以叫隔湖；如湖滨村，因为村子在义乌江畔，所以叫湖滨。"湖"，说明当时义乌江像湖泊一样，一眼望不到边；如埠头村，原来只是倍磊市的一个埠头，后来由于定居的人多，慢慢就发展成了一个小村。这个村有700多年的历史，却几乎没有历史记载，都是因为人员流动性太大的缘故。

义乌江在这一段，改道也是非常频繁。原来的义乌江在马渚村北，从枧畈和杭畈两村中央穿过。马渚，渚者，江心岛也。枧畈也是义乌江上一个小小岛屿。后来义乌江改道向南而去，枧畈和杭畈中间的江水断流，两村村民把这段江两头堵住，变成了湖，即如今的枧畈湖。

冲积平地，取水方便，土地肥沃，是绝佳的生存环境。于是人们纷纷到这里，结舍开田，繁衍子孙。马渚到枧畈、到义亭，义亭经枧畈和马渚到倍磊、到埠头等，因为交通，马渚繁荣起来，靠近义乌江的岸边出现了渡口和木船，渡口自然叫马渚渡。

马渚渡不仅仅是渡，还是一个码头，并且有过一段时间的辉煌。马渚村向北2.5公里的缸窑村是个制陶专业村，出产的陶土制品，除一小部分从陆地上走外，绝大部分从马渚渡运往各地。因为陶土制品笨重，从水路走更加方便。据史料记载，清末民初，缸窑的产品运往兰溪、衢州、杭州、安徽等地。春夏两季，江水滔滔，泊在马渚渡等货待运的船只每天有十几艘，多时达30多艘。陶土制品在岸边垒成一道道"缸墙"，甚是壮观。

江北岸的人赶倍磊市，或去南岸地里干活，都得摆渡。每天太阳刚升起，赶市上地的村人陆续结伴而来，摆渡人忙忙碌碌，来来回回地将他们载向对岸。散市回来，人

被冷落的义乌船，是否还记得先前的辉煌。（摄于古舟墟码头）

们又在这里聚集，说说自己的遭遇、见闻、感受，然后回家，生活过得忙碌而充实。

江南岸的倍磊埠头，更是名副其实的四方通衢之地：水运，沿义乌江经富春江七里泷直至杭州，另一路经新安江直至徽州。陆路，往西沿官道"金华大路"到金华、兰溪；往东是"东阳大路"到东阳、嵊县、宁波；往南是"永康大路"到永康、缙云、丽水；往北渡过义乌江则是"义亭大路"，到义亭、上溪……倍磊市、倍磊街等名称，还有村内大量的古建筑，都是这个村曾经繁荣的见证。

再说说稍上游的何店。

何店东朝义乌江，西靠缸窑，东北有铜溪流入义乌江拐弯处，是一处土地肥沃、交通便利的理想居住地。据家谱记载，何氏祖先从南宋绍熙五年（1194）左右开始择此地而居。明朝中叶开始，何店人从事商贸业的日渐增多。除了经商，何店也与缸窑一样，在农耕之余，利用当地丰富的黏土资源，发展制陶业。何店制陶起于明初，到

1949年时还有3条龙窑，直至2007年，最后一条龙窑才停止生产，留下两座荒芜的窑场，让人们凭吊那逝去的岁月。

因此，何店的码头除了上下来客，便以运陶器为主。据老人们回忆，大船采用大缸套小缸的方法，一般可运10吨缸。运陶器一般在何店埠头，因为这个埠头大，离窑场近。村民家里造房子，石灰多在石灰埠头上岸。两个埠头均属何店村。

这一带，曾经辉煌，如今却是一片安静的土地，就像那沉稳的水流，经过岁月的沉淀，要静下来好好回顾一下前半生，思考下一步该怎么走。

水太丰富了，因此在马渚与埠头村之间的义乌江上修建了一座半月湾水轮泵站，把水拦下，为我所用。水轮泵站其实带有水库的功能，集灌溉、发电、防洪等功能于一身。泵站建好后，库容450万立方米，上游各机埠和2.83万亩农田的灌溉水源得到有效的解决。左岸的电站布置4台发电机组，装机容量1800千瓦。水轮泵站的交通桥，长255米，宽8.5米，设计荷载为汽—20，挂—100，极大地方便了两岸群众的来往。工程从1999年12月9日开工，2002年7月竣工，至2006年4月底，完成总投资4224万元。

第三节　船来船往是缱绻

来来往往的船只，日复一日在江上航行，看似平静的生活背后，透着难以言说的艰辛。义乌江边，流传着这么一首《撑排歌》：

撑排（筏）乌鸠，兰溪码头，吃得去，用得好，撑到急水滩头变乌鸠。

说的是船夫（筏夫）日晒雨淋风吹，全年在江边生活劳作，皮肤被晒得如乌龟一样黑。逆水撑筏，背绳拉纤，急水滩上拉纤夫，匍伏行步如乌龟爬行（乌鸠，即乌龟，生长在旱地洞穴内，身上臭气很浓）。

这里要说一下义乌江的航运条件。其实在整个钱塘江流域，只有杭州到桐庐的一段航运条件最为理想，其次是桐庐经建德到兰溪段。"钱塘江自淳安、永康、常山以下，可行轻舟，自兰溪以下，舟楫畅达，自桐庐以至杭州，可驶汽船。"（陈言《浙江省交通计划说明书》，《浙江省建设月刊》1929年7月）其余地段或河道曲折，或浅滩密布，或水流湍急。历史上，义乌江因为大灾不断、小灾频繁，改道是经常的事，淤泥浅滩更不用说了。江东街道一带流传着这么一句古话："早起撑船出赵宅，晚饭仍吃在赵宅"，用来说明下朱到梅湖这一河段的曲折难行。义乌江如此的航运条件，更增添了船夫（筏夫）水上生活的艰辛。

古人认为，撑船、打铁和卖豆腐是最苦的三个职业。因为这三个行当都需要坚强的意志，都要起早摸黑，都要一身的力气。撑船排在第一位，因为撑船的环境更加恶劣，日晒雨淋，风雨无阻，还要跟各色各样的人打交道。船夫（筏夫）的船上生活，在动荡的行旅中，在夜深人静的野外，还会时不时碰上一些风险。

而对于行色匆匆的旅客，这条水上交通线也不是如晴空下的江面那般平静。

1931年出版的《浙江省建设月刊》第五卷第六期"一阅月之交通"中记叙了这么一件事：

8月24日，有一个名叫程尚咸的人，从金华启程，在兰溪乘上了钱江公司第四号驳船，顺水而下到桐庐。25日下午8点，在离桐庐还有3里地的时候，站在船头的程尚咸因为船的摇晃，不慎落水。同程尚咸乘同一只船的，还有他的堂弟程尚俊。程尚俊苦苦哀求船主，赶快停船救人。这艘船是用人力撑驶的，船的速度并不快。船长以及站在船头撑篙的船夫，竟然理也不理，撑起船照样行驶，以致于程尚咸被水淹死。

举手之劳就能救命的事，船长竟然不干，实在是伤天害理！更何况是从你的船上掉下去的！

相类似的事情，应该不在少数。同年11月20日，一艘由杭州回到绍兴的船，因为超载，旅客挤挤挨挨，以致一位叫宋银秀的旅客在扬汛桥附近落水，而这艘船的船主起初也是不肯下水救人，后在众人的谴责下勉强停船救人，但为时已晚，救上来时这位旅客已被淹死。

在铁路未通车、陆路不方便的古代，水上交通，是出行最便捷也是使用人数最多的运输方式。从某种意义上说，水路就是古代的公路。这一水上交通要道如果不管理好，那是要多是非、多口舌的。可偏偏不和谐的事，屡屡发生：

查钱江上游，为本省与赣皖等省往来要道，旅客众多，在萧常铁路未经全部通车以前，自兰至杭，全恃水上交通，而兰桐间尤依是项驳船，为唯一之利器。各该公司及船上职工等，对于旅客安全，自应负责维护。……至勒索酒资，虐待乘客，冒险张帆，贪多载重等事，均为乘船者目所亲见，若非从严制止，尤足使乘客发生危险，请令县依法严办，并饬各快船公司严加取缔等情。

在同一期杂志中，刊登了一篇《严禁船夫需索小费》的短文，对船员向旅客强行索要小费的行为提出了强烈的谴责，同时要求省政府相关部门出台规定，制止这一行为：

本厅据建德县县长陈政呈称，本县第二届行政会议案内，据民厅特派员周良临时提议，航行建（德）兰（溪）桐（庐）淳（安）各快船，每向乘客强索小账，不遂所欲，且有侮辱情事。迹近诈欺，应请县政府会同兰桐淳各县政府出示禁止，以安行旅，而遏习风一案。当经议决通过记录在卷。查建兰桐淳各快船，非但确有上项情事；且满载货物，致旅客行李，无从安置，可以逞其敲诈手段，言之殊为痛恨！呈请本厅鉴核，准予转令第一区船舶事务所暨兰桐淳各县，一律切实严禁，以安行旅。本厅以取缔船夫需索小费，早经於修正浙江省管理船舶规则第廿三条内（凡船主对於船内职工，须按月给予工食，不准向乘客需索小费、及有侮慢欺骗情事等语）明白规定公布施行在案。兹特通饬各区管理船舶事务所，并检发修正浙江省管理船舶规则分令兰溪桐庐淳安各县县政府，一体出示严禁。

超载、乱收费、服务态度差等，可是古代与现代交通中的通病？

一条大河波浪宽。水上航行时间长、速度慢，水路长长，夜路茫茫，再加上人民生活困顿，什么样的事都会发生。

◎ 夜宿碰上成群的老虎

往来于义乌与东阳之间的东阳歌山镇林头村的撑筏老人何新尧，在回忆过往的岁月时，心情并不轻松：

撑筏人往往要在外面宿夜。宿夜时，要提防小偷，货物如损失是要撑筏人赔偿的。

　　有一年冬至后，有个筏组从兰溪装上了两件特殊的货物：一排是东阳同乡会乐善堂托运的安厝死人的棺材（客死他乡者，寄柩乐善堂内，冬至后才可运回，成为习俗），共有二三十口。另一排是某戏班子托运的服装行料戏箱。戏箱里面装着贵重物品。江面上行走，肯定会被惯偷发现并盯梢。这一天，我们在义乌稠城镇未到的一个下游埠头边宿夜。撑头担忧戏班子的服装行料戏箱被偷窃，叫我们将戏箱行料与棺材对调了一下，也即贵重一些的戏箱靠岸，在最里面，搁浅不好动一些。而没人会偷的棺材靠在最外面的江上。这样，要偷戏箱就必须将其他三节筏先拉出，才能偷走，显得不方便些。结果，还是出事了，窃贼偷走了江水中的那一节筏。第二天一早，即停放三四十口棺材的筏被拉走不见了。这是窃贼早经侦察好，雇佣筏夫行窃造成的。按正常的停放方法，戏箱应该在江中的，而撑头稍用心机，调换了位置，就保护了戏箱。但是，撑头还是慌得不得了，棺材要赔很多很多银洋，而且尸体是永远赔不起的，谁也无法赔偿别人祖宗尸体啊，而且是这么多尸体。不管怎么多的赔偿都不能解决问题。

　　但偷走棺材者可能会弃尸取棺也说不定，要加紧寻找。于是，我们把筏停在原处，派新手守着。我和撑头分头溯小支流而上去寻找。谢天谢地，棺材筏终于在一条小支流上找到了。偷窃者拉到这里交货后，窃贼见是棺材，肯定是发了火，骂了人，所以竹筏被扔在江边，被我们发现了。终算有惊无险，却活活耽搁了我们一天多时间。不用赔钱物，没有麻烦，是我们撑筏人不幸之大幸。从此之后，我们每每宿夜，更多了一个心眼。[①]

　　像这样有惊无险的故事，在撑船人当中流传很多。

　　东阳吴宁镇东郊斯村斯以海回忆：

　　义乌江边有许多水手休息的地方……三根竹篙，支起三脚架，撑起地垫（簟箪），当作房顶，内铺蓑衣作床，和衣躺下。夜间能听见"哗哗"的流水声，还时不时有动物

① 郭承豪：《义乌江上的竹筏运输》，《义乌方志》2011年第1期 。

怪叫声。一次，我们夜宿义乌佛堂下游的一个地方，晚上竟然有豺狼十七八只出没，让人好恐惧。我们点燃起火把，一边挥舞一边叫喊，才把狼赶跑，但后半夜再也不敢睡了。又有一次，在黄田畈入义乌的地段，我们居然碰上了20来只老虎，真把人吓死。大家齐心协力，又是喊叫，又是敲击竹篙，终于吓走了老虎。好长一段时间，我们都不敢在这些地方过夜了。①

因为生活艰苦，所以，在民间曾有个约定，在战争时期，船夫（撑筏人）可以免抽壮丁。其实，他们已时不时地充当着壮丁的角色。

东阳歌山镇林头村的何新尧说："16岁那年开始，我就和东阳江、义乌江打交道了。为逃避壮丁，我才去学撑筏的。因为撑筏人有水上营运执照，平时要随身带着。我们有时要去贡米、军米，有时要运送前线抬下来的伤病员。其实，我们就是军队的后备军。我就运过军米多次，运过伤兵两次。运伤兵每次三四十人，时间一天一夜，从义乌江开始，径直送到兰溪埠头，由部队医疗队接收。"

◎ 船夫与船娘

古代船夫与船娘的生活，过得极其艰苦。义乌市志办的施章岳先生在《义乌船娘》一文中写道：

俗话说，靠山吃山，靠水吃水，沿江两岸的不少义乌穷苦百姓，凭借这水域优势，操起了撑船拉纤的行当。撑船的一般以一家人在一条船上生活的居多。丈夫在船头手持竹篙，力顶江中岩石，防止船只与岩石相撞；妻子在船尾操舵，指挥岸上的纤夫子女拖船。

1918年的某天，一个小女孩在义乌江畔大湖头村的一艘船中出生了。随同父母在船上生活的这个小女孩就是金香。长到16岁时，金香已出落成一个健壮的大姑娘。这一年，她接过父亲的竹篙，成为船上的主角，担当起"护头"的角色。所谓"护头"，就是在帆

---

① 郭承豪：《义乌江上的竹筏运输》，《义乌方志》2011年第1期 。

船行进时，手持竹篙，伫立船头，全神贯注地观察航道情况，引导船只避开暗礁，颇似如今的领航员。

金香家的船是一艘"小八仓"船。当时称得上是一艘大船。其船两头平，船尾有船篷，用竹篾编织，中间夹进棕叶，以遮蔽风雨阳光。这船篷就是一艘船之家的居室。金香的父母、弟弟、从龚大塘村领养的童养媳，以及从邻村长年雇用的4个单身汉纤夫，都长住船上。船篷后面还有一只烧饭用的炉子，称"风炉"。船的前后竖有两根高约八九米的桅杆，两张风帆，一趟可运载八吨货物。因义乌江水域不适应5吨位以上的船只航行，金香一家只好前往兰溪谋生。时兰溪是金、衢、严三州最富庶的地方。"白昼沿江帆墙林立，码头人声鼎沸。码头上上下下的脚夫、苦力、行号栈司（旧时行栈专门雇用的搬运工、勤杂工）义乌人十居七、八也不为过。"义乌人撑篙背纤，起落货物，肩扛背驮，流血流汗的艰辛，早在清末窦镇的《兰溪竹枝词》中就有形象的描绘："义乌老少尽堪怜，个个撑篙齐用肩。百货往来须纳税，巡丁高喝还停船。"可是，16岁的金香不畏艰难，挺立船头，昂然走向船上生涯。

天边刚露出了点鱼肚白。远山、近水、村舍、田野……都还在睡梦之中。"小八仓"却早早地醒来了。烟雾朦胧中，高高的桅杆挂满了晶莹剔透的水珠，船尾的"风炉"忽闪着红红的火焰，袅袅的炊烟随着升腾的雾霭飘向空中……众多的景致配置在长长的镜面里，是那样的质朴，那样的悦目。可是，船家的生活却远不是这样的爽心。金香起床后的第一件事，就是把一块厚厚的乡间土布，裹在腹部，然后用一根长长的布带，把身体牢牢地捆扎起来。形成一条宽厚硬实的腰带。一个轻盈灵巧的姑娘，偏要用这种方式来打点自己，如同旧棉袄里裹夹着一个灵气外溢的俏女子。这种反差真让人不好受。可是金香必须这样做。作为一领航者，她立于船头，手操竹篙，全神贯注观看水路航线，逆水行舟时，就必须得让篙尖顶在腰部，手、腰并用，使劲往船前进的方向走，将船一步步地向前推进。

"小八仓"醒来时的乡野逸趣与金香醒来后的内心痛楚，就这样牵扯到了一处。

"船娘"束好腰带，便轻手轻脚地走动了起来，连与父母、伙计的讲话也是轻声细语。因为这是船家的规矩，早上起来开船前，不许大声讲话，走路也得轻手轻脚，猪肉不能炒着吃，碗筷都得自个洗。船只起锚时，还要点燃五支香，摆上三杯茶、六杯酒，一块煮白肉，举行祭拜神灵仪式，祈求顺风顺水，一路平安。

......

至于行船安全，那更不是神灵能保佑的。一次，"小八仓"从建德逆水而上驶往兰溪，一艘下水船顺风水斜着直撞过来，金香使尽招数无法阻挡，"嘭"地一声，船头被撞出个大洞，她险些掉进江里，船只急速往下飘。父亲掌舵使劲往岸边靠，岸上的纤夫背弯成了弓，头贴着地，双脚使劲往后蹬，几乎一步一叩首，像家狗一样爬行。真正应验了船家编唱的"撑船佬是神仙老虎狗，急水滩头变家狗"的顺口溜。几经拼搏，"小八仓"飘了一里多路，好不容易稳住。但船仓中装载的花色布却被漏进的江水打了个透湿。"小八仓"走不动了。只好临时雇只船，把货运回兰溪，赔给货主二百多元钱。"小八仓"在原地修补，又花了一百多元。一趟下来，赚不到分文运费，反倒贴了三百多元。

像这样人无生命之忧的事还算幸运。而每每去新安江行船，都让金香心惊肉跳。经新安江去安徽屯溪的干流都穿行在低山和盆地之间，落差相当大，峡谷险滩一个接着一个，水流十分湍急。古人称新安江是"一滩复一滩，一滩高一丈；三百六十滩，新安江在天上"。其中尤以金滩、望滩为最，上行船须请当地纤夫三十人拉纤方能行进。有一次，金香撑船从屯溪回来，行至新安江，前后共十艘船，在一个个湍急险滩中，连续8艘被撞，眼见凶多吉少，金香就请了熟悉这条水路的当地知名艄公陪自己立于船头操篙护航，才幸免纤断船翻人遭殃。

义乌船娘就这样一年又一年地在江河中闯荡。久而久之，江上一红颜，身子骨却是十二分的轻盈灵巧。临风挂帆，撑篙击岩，避礁过滩，身手竟也十二分地自如。他们运进荔枝、桂圆、布匹、红糖，运出石灰、木板、面粉、米粮，赚取每趟不足百元的运费。20世纪40年代初，日本侵略者进攻金华、兰溪的风声日紧，金香一家被迫无奈，卖掉"小八仓"，回到义乌。23岁那年，出嫁青口村，相夫教子，结束了船上生活。①

---

① 原载文学内刊《枣林》，2016年第2期，有删节。

据不完全统计，20世纪30年代至20世纪40年代初，是义乌江航运业的鼎盛时期，在义乌江上，最繁荣的时候有五六百艘船、1000余对竹筏在江面上来来往往地穿梭，很是热闹。

◎ 在兰溪的义乌人

这些船筏，有的登记在义乌本地，有的登记在金华兰溪等。兰溪档案馆有一份义乌人丁国华向兰溪县政府要求开设"兰佛交通船"的案卷，抄录如下：

具呈人丁国华，年三十四岁，籍贯义乌，商业（现住城北镇三清庙前）。为筹办义华公司兰佛交通船，恳请准予备案，以利商运事窃。我军抗战胜利，失地收复，商界恢复营业。民筹办兰溪埠至义乌佛堂镇组织交通船六艘，承运商货，理合呈请钧府核准备案，并请示批至遵俾，得开始筹备以利商运。不胜恩感，待命之至。

谨呈
兰溪县政府
县长　范钧　鉴

具呈人　丁国华[1]

案卷09页附了同意批复的批文。

从这个档案可以看出当时的义乌人在兰溪开设船运公司的事实，而且规模还不小。

---

[1]《本府关于水陆交通、浮桥、渡船、溪西大桥、地图、指令代电》兰溪档案局，全宗号015，案卷号020，10页。

1939年，经营兰溪义乌线的航运公司还有太平货运航船公司、大通航船公司、浙赣航运公司等，船只约在10—20艘左右。②

我在南江上游的钟村采风时，了解到2016年已经81岁的老人陈樟寿，他的爷爷叫陈贤江，年轻的时候就曾在兰溪开设船运公司，旗下拥有9只船。在兰溪赚了钱之后，回老家造了一栋木结构的排三两插厢的大房子，该房子至今还保存良好（见下图），精

美的雕刻彰显了主人曾经的富裕。另据《兰溪交通志》（第640页）记载："在钱塘江上上下下的民船主要有三种：江山船、徽州船及乌篷船（义乌船）。其种数分别为：江山船约50艘，徽州船约300艘，乌篷船约2000艘。"乌篷船又有大中小的区别，大船1000担，乘组人员8—9人；中船600—700担，乘组人员6—7人；小船300担，乘组人员3—4人。

关于乌篷船，兰溪徽商耆老、《兰溪商业志》主编方念裕先生写过这么一句诗：

---

② 兰溪档案局，全宗号015，案卷号030，第15—16页。

乌篷一叶兰江上，载得兰溪一半秋。

当时的义乌人在兰溪的实在是太多了！据老一辈人的口述，"码头上上下下的脚夫苦力、行号栈司（旧时行栈专门雇用的搬运工、勤杂工），义乌人十居七八也不为过"。义乌人在兰溪谋生，初期从事的大部分都是撑乌篷船的行业。他们以兰溪为基地，行驶于金华江及其支流义乌江、武义江和衢州、严州（现建德）间。撑船的大多是一家人，丈夫在船头持船竿，妻子在船尾操船篙，子女在岸上拖船。义乌人撑篙背纤，起落货物，流血流汗。清人窦镇所著的《兰溪竹鼓词》中，有一首词便是描写不吝惜劳力、善于吃苦的义乌人的：

义乌老少尽堪怜，个个撑篙齐用肩。百货往来须纳税，巡丁高喝还停船。

义乌人在兰溪诚实经营，吃苦耐劳，以航运业起家，创下了很好的声誉。如穷苦出身的丁光银，原随父亲撑义乌小八舱乌篷船为生，后靠自身努力成了"驾长"。他在行业内的声誉很好，货主不随货同行，也放心地把货交给他。有一次，一严州周姓粮商，委托丁光银运白米200担，事先讲好将白米运到临浦（旧时浙江省最大的米市所在地），货主三天内到船上来提货。可想不到的是，五天过去了，却始终未见货主身影，丁光银到处打听也毫无音讯。因船难以卸货，不能接货返航，丁光银一直等了半年多，导致生活陷入窘境。眼看白米就要霉变，才不得已将米出售。得到售货款后，他给临浦多家米行老板留下地址，让他们带话，如遇到周姓老板让他随时来取款……义乌人的经营理念在此可见一斑。

当时的"义乌帮"主要停靠在兰溪的南门码头。南门码头设有利运公司（合记有限公司）、衢兰快船公司等。

利运公司，是一个从事金华、兰溪间民船航业的会社，总局设在兰溪，金华南门外小码头有分局。它建立于民国初年，在金华的经营者是丁阿顺和陈小康二位。他们又是船包头，从运费中分得五分利益，经营的船只有300余艘。

以上事实充分说明那一时期义乌人凭借着义乌江的馈赠，有着不怕艰辛走天涯的商业基因。

◎ 向西出发

近代义乌至周边航运线路、里程等，主要有这么几条：

义乌东江桥—东阳麻车埠。义乌江上溯，到下骆宅、船埠头、何宅，到东阳前村、棣坊、河头、麻车埠。义乌境内长11.5公里。

义乌—武义—永康线。义乌稠城、金华、武义、永康，长115.5公里。

南江的"佛堂—东阳西堆线"。自佛堂、中央村、石壁、画坞坑、王坎头、黄田畈、南马、湖溪到西堆。此条线路经过塔山的石壁村，所以这一带撑筏的人较多。1954年8月29日，义乌县航管处批准成立以陈章根为组长的石壁竹筏组，时有竹筏13对，39名工人，每对竹筏可载货2.5吨。

稠城—佛堂。停靠江湾码头。稠城至江湾需运行2.5小时，至佛堂3.5小时。

佛堂—兰溪。沿途停靠倍磊、低田、孝顺、洪村方、金华、石柱头、兰溪；交通船有"惠商"6艘（惠商一号李芝产、惠商二号郑樟湖、惠商三号王启成、惠商四号朱忠云、

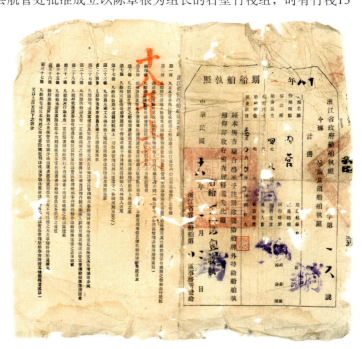

民国时期浙江省船舶执照。

惠商五号王老五、惠商六号金四安），"六和"6艘（王惠泰、郑三牛、郑新泽、陈小奶、王惠富、郑老二）。佛堂在上午8：00、兰溪在上午7：30，两地对发。

佛堂—金华。来回一般需要两天时间，有风的时候，金华至佛堂七八小时就到了。据资料记载：1937年，佛堂的"佛金交通组"有快船14只，沿途停靠低田、孝顺、洪村方、金华码头。佛堂至低田20华里，低田至洪村方40华里，洪村方至金华30华里。抗战胜利后，佛堂至金华的4艘交通船（只运客不运货）"振华"停运，另外4艘船（客货都运）代替了"振华"。此间运行的船只三丈八尺，限客人数20人，载重限重8000斤。

义乌江下游方向，金华兰溪是主要的航线。当然，如果船的吨位足够大，还可以到达淳安、建德、桐庐、富阳、杭州，衢州、龙游、江山和屯溪等地。

1930年代钱塘江流域水路里程表

单位：里

流别	航行地点	区间距离	距一定点距离	船别
	义乌县		距稠城距离	
婺江	佛堂镇	31	31	民船
	金华县	78	109	民船
	兰溪县	44	153	快驳
衢江	龙游	65	218	快驳
	衢县	68	286	快驳
干线	（兰溪—）建德梅城	77	230	快驳
	（梅城—）杭州	217	447	快驳

资料改编自《浙江省水路交通一览表》，《浙江省建设月刊》1931年9月

另据《兰溪市志》记载（水路通航里程）：义乌—兰溪85公里，兰溪—杭州180

公里，兰溪—安徽屯溪210公里，兰溪—开化165公里。

在航道方面，兰江为浅水汽船航线，而婺港（金华江）则属于民船航线。东阳江（义乌江）水深1—3米，枯水期只有0.5米，只能行驶竹筏。（《金华市交通志》海洋出版社1997年版，第88页）凡东阳义乌两县输出之货物，均由南北两江用筏运至佛堂镇，再换装民船，运入婺港，运至兰溪后，换装大船经钱塘江而达杭州之闸口，或经钱塘江而入浦阳江。（《浙江省建设月刊》1933年3月，"报告"第6页）

历史上，竹筏为义乌县境内重要的水运工具，它吃水浅，制作简单，装运方便，便于在河流上游及支流河床狭窄、水流浅缓处行驶。水少撑筏，水多行船。1932年，义乌全县有竹筏1000余对。

义乌境内的竹筏均购于武义县，每对竹筏有2.5吨位。运货筏上置有一木架以隔水，运柴草则无架，称为柴筏。

撑筏人按技术等级分三个层次：撑头、副手、学徒(或叫新手)。撑头的上司是甲长，就是我们现在所说的小包头。甲长两头接洽生意，从来不到筏上干苦活。他坐车

日本侵华期间，义乌江上的竹筏。（选自《亚东印画辑》。该画册是日本执行对华殖民政策的产物，但其记录了当时中国的历史面貌，具有很高的史料价值）

先到目的地，又接收新业务；撑头管掌舵，接受业务，负责运输安全；二筏是不计工资的新手；三筏是身体强壮的副手，相机协助；四筏只装货而没有人。撑头因病因事不能工作时，则由副手顶替。撑头一年忙到头，全年工资只有1200斤米；副手每年仅700斤米；新手即学徒没有工资，只管吃饭。

筏三节、四节、五节不等，义乌江上的筏多数是四节。头筏放锅灶、被铺、生活用品等，由24根毛竹串联，两边则各有9根原竹连结；二三筏通常用5根或7根原竹连结。三个板块，都是能拆能拼的活动板块。既可拼成装运货物，也可拆散拿到岸上晒干。晒干后可以减轻竹筏自身负重。一般每副竹筏每次装运货物2.5吨。

除了竹筏，义乌江上的另一交通工具就是义乌船了。

义乌船，本地人也称"义乌通"或"快船"。船为木造，两头尖式，上盖箬篷，中立桅杆，船尾用舵掌定航向，船弦有桨，划水前进。有风时张帆提高航速，溯流时须由纤夫拉纤绳。纤夫拉纤，生活极其艰苦。寒冬腊月，如果船走不动了，纤夫必须

义乌江佛堂段，宽阔的水面，曾是那热闹的舞台。

跳下船，下到寒冷刺骨的水里，把背弯成了弓，拉船出浅滩。

关于义乌船，前人也有一些生动的回忆：

据史料记载，佛堂那时每天进进出出的船筏上百只。我记得，解放初，每当夜幕降临，义乌江两岸，浮桥两边，到处是船筏（江的浅水处停的是筏，深水处停的是船），桅杆林立，船尾炊烟缭绕，人声鼎沸，十分壮观。船的大小，是以"舱"来计算的。小型的两头尖货船，仅三舱四舱；载人运货的大型船，是六舱八舱，最大的有十舱的。田心乡舟墟村周华潘，家有十舱大船。他家名气大，经济实力强，还有两个虎背熊腰的儿子当帮手，并雇有好几个拉纤撑船的伙计。听说他家的十舱大船到过上海，经过钱塘江出海口，用汽船拖带，到了海上就不是仅凭人力能撑的了。有名气的大船户还有竹园村王惠泰、王惠友兄弟俩，他们家人手多，船大且运价合理，所以生意很好。

载人的船，一般是四舱、六舱的帆船。以到金华、兰溪为主，每天两地对开，定时定期，与现在公交车一样。货主自己择雇也可以，这种船一般是人货混载，随叫随开，方便灵活，运价面议。①

1949年义乌有快船29艘，船的种类有"半通佬""两头尖""橹玉"3种，载重吨位多在5吨以下，一般仅在稠城、兰溪间运输。土地改革后，旅外船民陆续回义乌成立航运组织。1953年有金佛、兰佛、稠佛交通船10艘，共20人；1956年5月，航运社成立，有交通船7艘；1962年4月，竹筏组解散；1967年，水上客运业务（不含渡口）消失；20世纪90年代，渡运业务也逐渐消失；2003年底，全市航运已基本不存在。

义乌江，彻底地归于宁静。

---

① 王复兴：《船、码头、过堂行》，载《义乌方志》。

第四节　千叶扁舟传音讯

现代人的通信传输方式非常便捷，互联网、手机、微信、电话、快递等，许多方式做到了"即时到达"。那么，在没有电力、陆上交通工具不甚发达、交通主要依靠水路的古代，信息传递、物件投送是怎么做到的呢？

邮驿，统称驿站，年纪大点的人都听说过。一般说来，邮驿是指中国古代社会历代王朝设立的以传递文书、信件等为主的官方通信组织。它除了传递官方文书外，还要为过往的使臣和官员、递送公文的通信人员以及经特别批准的民间人士提供车马和食宿。同时，它还负责运输官府急需的少量物品（如贡品），晚唐诗人杜牧的诗"长安回望绣成堆，山顶千门次第开。一骑红尘妃子笑，无人知是荔枝来"，大家或许听说过，这个妃子吃的荔枝就是通过邮驿快速传递过来的，但是，没人知道是送荔枝，还以为是紧急的公文呢。邮驿一度还承担押送罪犯等任务。

邮驿是官府设立的，主要为官府服务，不为民间服务。义乌有史以来记载的最早的驿站，是在唐朝时，在县城东面四十步，叫"双柏驿"，宋朝改名"义乌驿"，后改名"绣川驿"。据清嘉庆《义乌县志》记载，清朝时有"急递铺"11处。

那么，民间的通信又是谁在做呢？

民信局。当然，它不一定有正式的名称。有称民局、信局、差局的，是专营私人信件、物品的通信机构。据《中国集邮大辞典》的解释，它是"办理民间书信、物品、汇兑等业务的商办民用通信机构"。古代民信局的功能，相当于如今的邮政局和快递公司。

研究者认为，民信局约起源于明永乐年间，肇始地为沿江、沿海及运河沿岸城市，特别是浙江，河系发达，交通便捷，为民间通信提供了便利。浙江民信局的出现有其特殊的原因：经济发达，到全国各地经商的人很多，需要有传递书信、银两、汇票、物品等的机构，互通商业信息，联系家人；文化发达，尤以绍兴为最。绍兴人到官府衙门充当幕僚者很多，他们需要写信、汇款给家人，也需要传递私人物件的机构。民信局经营的线路有陆上的，也有水陆结合的，有的甚至是专营水路的（见右图）。

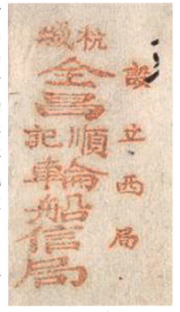

因为有市场的需要，义乌江沿岸的许多商船公司、航运公司、托运部和集镇中的商号等也附带做起了传递信件、物品的生意，它们是民信局的补充。

义乌的民间通信以佛堂为中心。佛堂地处义乌江下游，人口稠密，商业发达，又处在交通要道上。镇边蜿蜒而过的义乌江江面开阔，佛堂埠是义乌境内历史最悠久的古码头之一。它是物流中心、邮件转递中心。据《大清浙江实寄封片考》[1]："光绪三十四年，杭州至桐庐，用小轮邮路；桐庐至兰溪，为民船邮路。由金华邮局派差步行至佛堂，再交民船带运至义乌县城。"据考证，佛堂当时有许多"过堂行"（相当于现在的托运部、快递中心），比较有名的有丁荣茂的"东南运输行"，由傅实福、陈南

---

[1] 浙江大学出版社2005年版。

星合办的"永隆",有"绍兴麻子",有盐埠头的"李恒达"等。过堂行的任务,就是接收老板的货物信件,特别是本地土特产,如红糖、火腿、南枣、大米、药材之类,再通过义乌船,托运到金华、兰溪、杭州等各地,赚点托运费。

其实,当时的一些"南货栈""烟酒部",因为经营的需要,除了要托运自己的货物、钱财、信件等外,还捎带替民间收发、托运货物、信件等,起到了民信局的功能(见第133页图)。

通过下面一些实物,可以对义乌江的通信作一些推断:

东阳徐松涛收藏有一件民国时期的信封(见下图),是兰溪"赓和镇烟栈"托带200条香烟和广告一扎给"佛堂李恒达宝号"。信封背面有木刻印两方:"佛兰王启成码头船"和"佛堂李恒达"。显然,这些物品是通过来往于佛堂与兰溪之间的"王启成码头船"运输的,而"王启成码头船"应该是以佛堂为起点的。"佛堂李恒达"是收讫印,就是货物已经收到的证明,相当于现在收快递的签名。

而在另一件信封中,佛堂的"吴德兴烟部"(住中街二十九号)托带大洋三十四

元、外灯□□一扎给兰溪的"赓和镇宝栈"。

这里，有必要介绍一下兰溪的"赓和镇"商号。

抗日战争前，兰溪实力最雄厚的22家商号，被人称为"四大金刚""十八罗汉"。据《兰溪市志》介绍，"赓和镇记"号列为"四大金刚"之首，其实力可见一斑。其商业信函、信件往来之多也就不足为奇了。

1924年，美国南星颜料厂杭州赓和靛油号在兰溪开设分店——兰溪赓和靛油公司，由原来的美利煤油号经理韩镇炜任经理。到了1929年8月，韩镇炜以15800个银元盘进该分店独资经营，为区别原公司，更名为"赓和镇记"为号（取其名字中"镇"字）。韩镇炜去世后，其子韩立钧继承。地址先在兰溪县城南街探花巷，后迁至南门里城弄，是上海美南星颜料公司在金、衢、严三府的经理机构，在上海、杭州均设有办事处。主要经营美国南星的牛头牌靛油颜料，兼营美商的雷电牌煤油，中国福新公司的嘉定、红金、福尔摩斯牌香烟，宁波正大公司的采桑牌火柴，杭州东南皂厂的船牌肥皂，上海益昌橡胶厂的橡胶制品。还代理英商太古锦隆，中国天一、平安保险公司的保险业务。1942年5月28日，日军攻占兰溪后，公司撤到衢州常山、江西上饶等地，直至1945年8月31日兰溪光复后，才回到旧址复业，并在赓和镇记号内设和丰煤油公司。

从现有的一些资料来看，沿着义乌江、金华江这条船路经营通信业务的义乌民船其实还不少。在发现的一个实寄封中（见右图），有"金华大新杂货颜料号"

带"三对空桶"给兰溪的"赓和镇宝公司"的，带货的船就是"金兰通商公司小义乌船"，该公司驻扎在金华，由义乌人经营。而另一个实寄封则是东阳"傅XX号"寄出，带给兰溪"赓和宝号"的。

金华集邮爱好者傅樟星收藏有许多来往于义乌江、金华江、兰溪江的"船递封"，信封上的戳记非常明显地记载了当时的船递情况：佛兰郑樟湖码头船、佛兰朱忠云码头船（见下图）、佛兰金世安码头船、佛兰王启成码头船，等等。这些船只登记在佛堂，来往于佛堂和兰溪之间。

据浙江省档案馆馆藏资料记载，1941年前后，来往于佛堂兰溪间的船有12艘：惠商一号（李芝产）、惠商二号（郑樟湖）、惠商三号（王启成）、惠商四号（朱忠云）、惠商五号（王老五）、惠商六号（金四安）。另外还有"六和"的6艘（王惠泰、郑三牛、郑新泽、陈小奶、王惠富、郑老二）。它们除了载客、运货，还兼做传递信件的业务。

当时的信件按性质分，一类为"公函"，也称"公信"，是政府部门、商号、客户、伙计之间往来的业务公函。另一类为"私扎"，是家人、家族成员、友人之间往来的私人书信。无论是哪类书信，对了解当时社会的商业、生活、人情往来、为人处事等，都有很大的帮助。

民信局（民间收寄行）的出现，填补了民间通信没有正式渠道的空白，加上其收费方式较为灵活，资费标准也不太高，商、民称便，因而发展较快。

光绪四年（1878），在近代邮政以天津为中心诞生后，民信局不断遭到排斥挤压。光绪十八年（1892）十二月，总税务司呈总理衙门的邮章称：民间所立信局，若有书信有通商此岸，欲送径通商另一口岸的，应交由新关邮政代送……并按章付给新关邮政资费。光绪二十二年（1896）二月，正式开办国家邮政——大清邮政。在总理衙门奏议开办邮政的折中，称"凡有民局，仍旧开设，不夺小民之利"，但需"赴官局报明领单"。光绪二十八年（1902）十二月，义乌设立代办邮政分局（铺商），隶

属宁波邮政总局。光绪三十三年（1907）驿传取消。光绪三十四年（1908）设二等邮局，辖上溪、江湾、佛堂三处邮寄代办所。

　　1921年农历十一月，大总统令颁布的邮政条例指出，"信函、明信片之收取、寄发及投递为邮政事业"，"无论何人，不得经营"。政令一个接着一个，民信局的经营每况日下。1934年底，所有民信局逐步停止营业，终被淘汰，全国邮政遂告统一，义乌江民船捎带信件的历史退出了运输的舞台。

第五节 我家住在水边上

一、何宅，爱在溪边

东阳江从东而来，逶迤流入义乌境内，流经的第一个村子叫何宅。在这里，她拐了一个弯（现在直了，不拐了），又从容西去。这条江，村人都把她叫作爱溪。

爱溪，有的人说是村庄的名字，顺便也把旁边的义乌江叫作爱溪。为什么叫爱溪，有多种版本，但我宁愿相信这是祖先表达的对义乌江的喜爱之情。何氏祖先居住在这里后，何宅学堂被称为"爱溪学堂"，何宅浮桥被称为"爱溪浮桥"。还有谁比他们更爱这条义乌江？

据《爱溪何氏宗谱》，何宅，古地名"界牌"，又称"界牌何"，意思大概是和东阳分界的界碑边的何姓村子。在何姓祖宗搬来之前，这个村子又叫"爱头"。

金华人何宗瑜是南宋著名理学家何基（朱熹理学传人）的孙子，因有"经文纬武"之才，被朝廷任命为卫戍部队司令员（殿前都指挥使司"都司"）。1276年农历五月，元兵南下中原，何宗瑜跟随大将张世杰"转战于浙、闽、潮、粤之郊，颇立战

爱溪上的石板小桥。

功"。1279年春,元宋两军决战,宋军大败。何宗瑜与张世杰率船队从海上逃走,张世杰命丧海浪。何宗瑜溯江而逃,到了义乌爱溪地段,优美的风景令他愁眉舒展,郁闷的心情也渐渐开朗起来,遂决定在此隐居,并改名为"何定"。何定公活了83岁,成为何宅村的始迁高祖。

祖先的精神决定了爱溪何氏以耕读传家,以节义爱国。

先说"耕读传家"。耕读传家的一个重要标志是"买田起屋读书"。"置大片田园使后代有自足之本,建高厅楼屋免儿孙遭风雨之忧"。他们在家庙前的溪边创建了"西园书屋",著述吟咏,教书育人,后来又改办为"永昌书院"。设贤田贤租,用于后辈的读书专门费用;信十四公造豪华庭院一幢,西厢为"图书府",一楼专用于读书;明嘉靖进士虞守愚是何宅的外甥,后来官至刑部侍郎(相当于今天的司法部副部长),为家乡题写了堂额"理学名宗";民国初年,何氏家族议定"奖学金规约",鼓励子孙苦读;直到20世纪40年代,何氏仍然有免费供子孙读书至小学毕业的奖励措施。如今，何宅的子孙获得硕士、博士学位，评上教授、高级工程师的不在少数。

虞守愚的堂哥虞守随，是四川道监察御史（相当于今天的四川省纪委书记），他为何宅子孙建设美丽家园的精神所感动，特意作了《爱溪八景诗》赞美何氏子孙所生活的优美环境。"爱溪八景"是指水阁清风、松轩明月、渡头渔唱、界首农歌、北圃流觞、西庵古木、杏林春色、山寺晓钟。（载《爱头傅氏宗谱》）

何宅村的古建筑众多，集中体现了耕读传家的精神。

走在村中，看着两旁这些有些破败的古屋，感觉岁月一下子被拉得好长。不要小看这些不起眼的古建筑，当年的它们也曾经是非常风光的。这从大量的精美雕刻中可以反映出来。这些雕刻，不但说明了主人的富有，也反映了他们对风雅文化的欣赏。

沿河诗抄

总咏八景
佚名

爱溪溪上景偏稠，
闲咏成题品膰幽。
山寺杏林相掩映，
农歌渔唱两优游。
松轩明月婆娑影，
水阁清风气味秋，
古木西庵成美绩，
觞流北圃栽风流。

"花厅"已被拆除。这里只剩了一些条石与泥土。在洪秀全起义期间，花厅的主人不怕把小命丢在路上，天天跑进跑出，继续着他的生意。因为有着与别人不一样的胆识，他很快发了大财。后来他花巨资造了一个花厅，整座房子雕梁画栋，除了人物绘画，还有篆书刻字。据村人说，他家的雕刻木工，先后有师徒五代参加，所以村中至今流传着"五代画匠"的说法。

"森玉堂"是一幢五进两厢三开间的房子。它初建于清乾隆年间，后毁于火灾，重建于清光绪二十年（1894）。雕刻精良，梁、枋、檩皆雕上了历史故事、花鸟草虫，线条流畅且有力。连石础也刻上了精美的雕饰：蝙蝠、梅花鹿、仙鹤、喜鹊等象征福禄寿喜的吉祥物，牡丹、竹子等象征富贵平安的花木，处处显示出浓厚的文化气息。它是何宅目前所保存的最精致的厅堂建筑。

"二十四间"建于清宣统元年,二进两厢两廊。门厅、堂楼和厢房山墙均设五花马头。该建筑保存较好,绣闼雕甍,有较高的文物价值。特别是最大的两个牛腿,雕着狮子戏球等图案,雕功细致传神。

"何氏宗祠",初建于明正德年间,曾于顺治、雍正、乾隆、道光、光绪年间多次整修、扩建,前后三进三开间。现在的建筑主体,乃光绪年间所建,雕刻美轮美奂。

"慎修堂",建于清道光二十二年,三进三开间左右厢房各12间,共33间。正厅敞开3间,中堂悬挂有礼部侍郎(相当于今天的中宣部副部长)李品芳题写的堂匾。整幢厅堂雕刻精美雅致。

"船会厅"的命名,可以联想到何宅紧邻爱溪,或许房主的发迹与这条义乌江有关?

"何仁普民居"5号、6号,分别建于1933年和1935年,布局均为三合院。绕宅有小溪潺潺,院中的天井以青砖铺就,雨水由屋檐滴下便可经水渠排走。隔扇门的绦环板上雕有精致的兰花,栩栩如生;格心则饰有梅花纹、连环纹、方胜纹等,抹头上还雕有"苍月联知己""传家砚一方""诗书结静缘"等诗句。该房子的主人是做火腿及酿酒生意的何仁普,是义东地区第二大地主,曾经担任过义乌中学的校董、总务处主任。

除了上述的这些,何宅还有继善堂、十三间、仁常厅、彰美堂、世德堂、祝寿厅等20来座古建筑,我们能说这些建筑与何氏子孙的勤耕好学、与义乌江的哺育没有一点儿关系吗?

再来说说"节义爱国"。

在祖先精神的感召下,何氏子孙保持着民族的凛然正气。

明朝万历年间,何志元参加了戚家军,在抗击倭寇、保家卫国的战斗中屡建奇功,后官至衢州把总。

该村1937年参加抗日战争的有何能夏、何能梓、何槐卿、何维修、何维球、何维银(曾任浙中纵队第四大队大队长)、何维钱(在与日本侵略者搏斗中牺牲)七人。1938年参加吴山民县长组织的抗日武装"义乌营"的有何天德、何守菊、何守初、何显武四人。参加远征军的有何祖基、吴广响、何正义、何金福、何正明五人。在抗日战争中牺牲的还有何益民（何惠民胞弟）、何维添（国民革命军74军58师代理连长）等。还有不计其数的人参加了本地的抗日武装力量。

中华人民共和国成立后，据初步统计，参加抗美援朝战争的何宅人共有22人，其中何志明、何策雯、何浩文都曾获朝鲜民主主义人民共和国勋章，回国后受到毛泽东等党和国家领导人的接见，升至副师职干部。何志泉受到叶剑英元帅的接见。

所处的环境是优美的，居住的房屋是舒适的，人心都是正义善良的，这不正是我们追求的生活目标吗？

爱溪，就是爱家乡，爱生活！

二、稠城，历史文化中心

稠城，作为义乌的历史文化中心（在明朝后期商品经济开始发轫，到中华人民共和国成立初期的很长一段时间里，商业中心的"头衔"，似乎应该授给佛堂），如今留存下来的除了有大安寺塔和西门街的一段，其他的似乎在历史的典籍中才能寻找一些记忆了。一直荡漾着春波的绣湖水，更替了不知多少朝代。

明万历《义乌县志》是义乌目前发现的最早的志书，在"县治图"中，稠城东起朝阳门金山岭顶，西到绣湖东的迎恩门（如今的大安寺塔稍往西），南起今约南门街城中路交叉口稍北，北至今仓后路一带。在"城池"一节中，有如下的记载："……自秦历经千余年，故址遗砾，漫无稽考。有城守之名，而无雉堞之迹。""考县旧无城。北依山麓，西带绣湖，前左因地形为濠。民庐之滨濠而居者，十有三。相传城址周三里，一十五步。无兴筑岁代。旧设四门，东曰东阳，西曰金华，南曰绣川，北曰会稽。宋大观三年，知县徐秉哲重建。开庆元年，知县赵必升重修，门各有亭。东曰迎春，北曰迎辂，西曰渌波。寻废。元至正十三年，达鲁花赤亦璘真创金华门楼。""国朝（明朝）嘉靖五年，知县林文焯重建四门；十九年知县张拱北重修朝阳门；三十四年，知县曹司贤始用石筑为门楼，颇如城门之制，便于守望。东曰朝阳……东北更创一门，曰金麟，南曰南薰，西曰迎恩，西北曰湖清。又复设二门于东北，曰

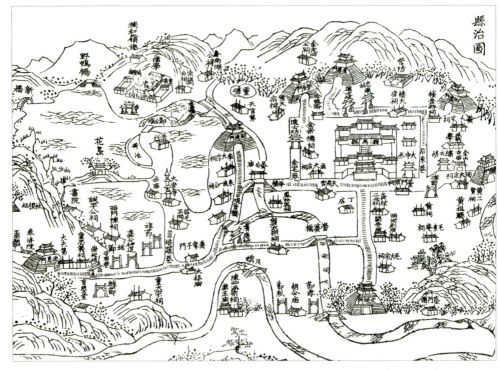

嘉庆义乌县志中的县治图。

槐花。"

这一大段文字，基本说明了作为县治的稠城大概的轮廓和范围，与改革开放前的稠城相比，变化不大，只有二三平方公里！

但就是这二三平方公里，层层叠叠，厚积了丰富的人文历史。

作为一个人口集中小镇的直接明证，就是"春秋古井"了。（第一章已作介绍）古井的发现充分说明，至少在汉代，这里已经是一个人口比较稠密的繁华之地。

如果不繁华，东汉光武帝太孙刘辉的封地就不会在"乌伤"了。

据史料记载：东汉建武三十年，光武帝太孙刘辉被封为"义阳王"，封地就在义乌。刘辉去世后，他把自己葬在了义乌东平山，也就是"八角坟"。"八角坟"后改名"八角文"，就在老朝阳门往南不远处。1928年，一张刘氏各派子孙在八角坟祭祖

的照片，非常珍贵地记录了这一时刻。（见下图）

据1927年重修的《金氏宗谱》卷三记载：刘辉（50—100），字日著，为长沙定王之后。凡七世，均以"乌伤郡王"称之。东汉亡，刘氏占籍于县治南门金山，改号为"金山刘氏"。八角坟为明代修的墓，现博物馆有八角坟的残碑，上刻"东汉皇孙始封祖乌伤王之表"。

小小的金山岭南面是八角坟，西向岭脚是春秋古井，向北延伸就是朝阳门所在地。

在老人们的记忆中，约有三层楼高的朝阳门，向上有43级台阶，出城门后，向下有五六十级台阶。说是古城门，其实已经没有一点古城门的模样。走上高高的台阶，两旁的古民居层层叠叠错落有致，一屋比一屋高，斑斑驳驳的墙体，昭示着年代的久远。

刘氏各派子孙在八角坟祭祖。

上文已说，义乌的城区只有城门，而没有围墙。东门，曾经叫"东阳门""迎春门"。哪一年开始叫"朝阳门"已无可考，反正明朝嘉靖十九年（1540）的时候已经叫"朝阳门"了。在这么多城门中，义乌人民为什么唯独对"朝阳门"记忆深刻？因为它是最迟拆除的。

还是直接上图吧，直观。

朝阳门是吉祥的象征，朝阳，象征着早晨八九点钟的太阳。古时官员升迁往来，

20世纪60年代的朝阳门。

嘉庆《义乌县志》中的朝阳门。

必在这里迎送；普通老百姓嫁女娶媳，也要"到此一游"，图个吉祥圆满。因此，在义乌人的心中，朝阳门是一个象征、一段记忆、一种情结，是对生活的美好祝愿！

既然是城区的东大门，人来人往是必须的。于是，在这狭窄的通往城门口的弄堂两边，出现了一些店面摊贩，虽然是简陋的，但孕育着商品经济最初的萌芽。

当然，小打小闹的小农经济是敌不过城门外的商品经济大潮的。20世纪80年代后期，城门外的城中路建成，箓园市场搬迁到这里，没有贯通的县前街、朝阳门、金山岭顶似乎成了商品经济的"障碍"。

"朝阳门工程，整个工程拆迁民房2.3万平方米，破金山岭顶挖土4.8万立方米，改造朝阳门古建筑300平方米，沿街两侧建4-5层商品房1.59万平方米。道路宽16米，长240米，混凝土路面，自1988年3月拆迁民房开始至1990年8月天桥建成竣工止，历时2年半。"①

一段历史，一段深刻的记忆，就在这一节《义乌年鉴》的叙述中，灰飞烟灭，又开启一段新的旅程。

改造后的朝阳门成了义乌最繁华的地段，白天人流如织，夜晚灯火通明，热闹异常。可好景不长，隔壁的工人路建成后，热闹的场景便移到了工人路上，朝阳门逐渐冷清。1999年，义乌旧城改造暨绣湖广场改造全面启动，朝阳门20世纪80年代的建筑被拆了三分之一。

一被冷落，就是14年。在断断续续的拆迁中，2013年7月8日，朝阳门最后几幢房子随着定时爆破的烟尘，彻底在人们的视野中消失。定向爆破的头几天，"老义乌"们唏嘘不已，纷纷到这里合影

① 《图说义乌》，上海人民出版社，第182页。

沿河诗抄

朝阳门

（明）熊人霖

鸡鸣山气上岩峣，
晓拥红轮出海峤。
为有宵衣勤圣主，
始知曙戒动臣僚。
千寻雉堞丹霞蔚，
万井龙鳞绿墅遥。
东作方殷军国计，
敢忘匪懈报中朝。

1994的朝阳门。

留念。

如今，在这块写满沧桑的土地上，已覆盖上了成片的草坪，种上了生机勃勃的绿色植物。这地底下，还埋藏了多少故事，只有让后人去遐想了！

老城区范围，最让人遐想的，还属绣湖！

到过义乌的人，很少有人不知道绣湖的。但知道古绣湖之美的，可能就屈指可数了。

笔者做过估算，1997年时，绣湖湖面约为190年前的四十五分之一！说明古绣湖是何等壮观，几乎可与西湖相媲美了。2002年，绣湖公园扩建改造后，建造了一批仿明清风格的建筑，以承袭大安寺塔与绣湖的历史文脉，同时将绣湖水面拓宽两倍左右，建造了"新绣湖八景"。

古之绣湖，东南起自湖清门（现北门街新马路之间），西南至原义乌师范学校（现绣湖公园）一带，东北至石桥头，西北至湖塘西。

明朝时，大学者宋濂曾记载绣川湖"广袤九里又三十步"，而当时城区只有"周三里，一十五步"。嘉庆《义乌县志》则说："县治西，有湖广数顷。群峰环列，云霞掩映，烂然若绣，湖因以名。"

美丽的绣湖公园和广场。

这个时候，湖面有1300多亩。

我们是冲着元朝金涓的那首《绣湖重游》诗而去寻找心中的绣湖的。诗写道：

绣湖八月景堪题，
士女扁舟尾尾齐。
白水青山图画里，
淡烟疏雨夕阳西。
芙蓉濯濯斜临岸，
杨柳依依密护堤。
满眼波涛终古事，
华川望断意都迷。

　　我们看到，"云锦重湖烟水平，僧钟隔岸晓闻声"（吴馀庆诗），"绛彩氤氲迷阆苑，红光晻霭接蓬莱"（王仲序诗《花岛红云》）的绣湖之上，文人雅士、乡绅权豪聚会宴饮，他们在绣湖湖畔岛堤之上构建亭榭楼阁，又广植花木，宋元时游赏之地达到24处。明正统年间（1436—1449），知县刘同等人在湖畔宴饮，趁着酒气发作的时候敲定了"绣湖八景"，这些富有吸引力的名字引得后人浮想联翩：驿楼晚照、烟寺晓钟、花岛红云、柳洲画舫、湖亭渔市、画桥系马、松梢落月、荷荡惊鸥。单以"烟寺晓钟"为例，就有龚水吉、吴馀庆、刘杰、陈思任等纷纷作诗，把一个大安寺塔的钟声描绘得气韵生动："一百八声初歇处，满湖烟霭气氤氲。""杨柳轻风吹不断，楼台残月梦初惊。""应知百八初敲罢，万户千门次第开。"写"花岛红云"更是热闹一片："随波片片胭脂落，夹岸重重锦绣堆。""湖心琼岛植名花，烂漫如云簇绛葩。更得楼台相掩映，游人争道是仙家。"绣湖湖心岛的数千株桃树，每到阳春三月，灼艳如火，像红云锦簇。一阵轻风吹过，又似胭脂片片落，随波而去，好一个醉人的世界。

20世纪30年代的绣湖。

花岛又叫"孔公墩"，明洪武十一年（1378），知县孔克源"集八乡二十八都之民，量地定徭"，浚治绣湖，从正月到三月，用工23.2万余，将浚湖之土堆积，因名"孔公墩"。学宫即义乌中学旧址（现义乌四中所在地）。郑公墩在今绣湖小学地段。1496年，知县郑锡文"募民浚治"，积所浚之土，种松树其上，因名"郑公墩"；万历年间，知县俞士章"复令沿湖居民垒石筑底以防侵占"，于是又多了一条"俞公堤"（堪与杭州苏堤、白堤媲美了）。从明初宋濂的《重浚绣川湖记》，到清雍正年间的《浙江通志》，以及各种地方志中的记载，我们初步统计，在绣湖公园全面改造前，绣湖共疏浚了15次。

沧海桑田，如今这些地方已立起幢幢高楼，找不到一丝当年的痕迹了。

有水的地方，文化蕴积往往是丰厚的。特别是水如能在这里歇一歇，停一停，那么这里的文化积累定当不错。在原绣湖的土地上，曾经一度是义乌的文化中心：义乌师范学校、义乌中学、实验小学、电影院、文化馆、图书馆、博物馆等，而且，现在仍然散发着它的书卷气。

绣湖边，有一座古塔，即著名的大安寺塔，建于北宋大观四年（1110）。关于此塔的来历，有一个传说。据传，很久很久以前，绣湖里生活着一只水牛精，时常兴风作浪，使湖水冲毁堤岸，淹没四周农田，打翻渔船，沿湖的百姓们叫苦不迭。一天，湖边来了位白发道人，沿湖走了一圈后，对众人说，这是湖底的水牛精在作怪啊，要想过好日子，只有除掉这害人精。于是，他带领众人，趁水牛精睡觉之机，车干了湖水，架起了木柴，烧死了这个水牛精。为了永镇妖魔，在水牛精的骨灰上面，又建造了一座七层的宝塔，在塔旁边又修建了一座寺，称大安寺，于是塔就被叫作大安寺塔。

孝子祠、骆家塘、西门街，古城留给我们的遐想还有很多很多。在这片美丽的土地上，在这个江边的小城里，永远都会上演精彩的故事，一代又一代。

三、江湾，相爱相亲

在江湾村曲江王氏宗祠正门前的两根石柱上，有一副对联：曲水一泓可饮可灌，江村数处相爱相亲。

这一副藏头联，生动形象地描绘了古代江湾（曲江）义乌江畔秀丽迷人的景色和老百姓安居乐业、和睦相处的景况，好一派和谐的田园风光。

古代义乌江从西江桥起至如今稠江过路山止的九里河段，又叫"九里江"。因为这一带的沿江两岸土质细腻肥沃，要水有水，要干就干，水旱作物皆宜，一年能种"三熟"，是义乌的重要粮仓，因而老百姓亲切地把这一段叫"九里江"。江湾刚好处在九里江的下游，江水在崇山岩头岭被正面阻挡，在曲江祠门前改向东南，形成了几个大弯，弯来拐去，好像被这片土地深深地吸引了，不忍离去，一步三回头。舞文弄墨的江湾先祖，就把这一段命名为"曲江"，与上一段的九里江相衔接。（1978年开始截弯取直工程，从此"江弯"不弯了，详见第六章第三节。）

据《廷陵宗谱》，元代文学馆学士齐基（1311—1375）有一首《题曲江吴氏谱》，从中可以推断，曲江之名，元末已经出现。

还有一个传说，说江湾原来叫姜弯，是后人利用谐音改的。相传六七百年前，傍着洲边那条弯弯曲曲的河道居住着几户姜姓人家，于是将陆洲取名姜弯。这姜弯还出了个美若天仙的美女，有顺口溜唱道："姜弯姜，姜弯出了个美姣娘，三寸金莲移步走，过路行人回头看三看。"姜弯出美女，姜弯也就出了名。后来，姜姓人家没落了，人口越来越稀少，于是有人把"姜"改成了"江"。

江湾古镇水陆交通便利。陆路，旧有"义邑大路"可至稠城、佛堂，西可达义亭、上溪、金华，东联东阳、永康。沿义乌江就更方便了。因此，江湾古镇自古贸易繁华，集市兴旺。

因水运而繁荣的江湾古镇，在明朝的时候就已经有一定规模了。

明朝万历的时候，义乌全境有集市16个，江湾古镇名列前茅。清嘉庆时，共有28个"市"，江湾也是其中之一。清朝末年，全县开设邮政代办所，当时只有4个：义乌局、佛堂所、上溪所、江湾所。在老人们的记忆中，每逢集市这一天，赶集的人肩挑、背扛、用车拉货物，从四面八方涌向这里。交易的高峰期，人挤人，老直街挤得水泄不通，买卖的吆喝声，直冲耳鼓。

从"市"与"所"的设立，可以看出江湾古镇的繁荣。

江湾老街分上、下街，全长约六七百米。最兴盛时，两旁店铺林立，剪刀店、银店、铜店、铁店、肉店、荤店、茶馆店、剃头店、小木店、照相馆、糖坊糕饼店、酱坊酒店、染坊布店、馒头散面店、安寓客栈、树德堂药店等商铺作坊林立，生意兴隆。每逢农历二、五、八、十，方圆几十里的村民纷纷赶到江湾参加集市交易，其繁华毫不逊色于当时的佛堂古镇。据老人回忆，解放前后，江湾古镇就分设米市、柴市、猪牛市、糖市、菜市、杂货市等，老街上的猪肉铺最多时竟有17个，中药铺最多时有9家，打铁铺、木业店、篾业店、裁缝店和各式杂货铺，饮食小吃店等鳞次栉比，集市时老街上赶集的人是摩肩接踵，人声鼎沸。据传，当时江湾的油酥、糕点制作特别出名，生意也特别好。其中一家糕饼店为与同行竞争，每天营业到中午11时就关门，这样做的目的据说是为了造成这样一种声势，即他们这家店制作的糕饼味道最好，糕饼一上柜台，不用半天时间就可售罄，每天只好提早关门。这从一个方面说明了江湾老街曾是一块商贾云集、竞争激烈的商贾之地。

江湾老街的辉煌史中，有一家剪刀店不得不提及。当地艺人在道情中经常唱道："有名剪刀出江湾"。这"有名剪刀"说的就是江湾上街68号的应广兴祖传名剪。据传，"应广兴"这个店号距今已有近400年历史。到现在为止，应广兴祖传名剪已有13代传人。据2016年已经80多岁的第12代传人应炳生老人介绍，应广兴祖传名剪店最兴旺时曾开设5家分店。剪刀通过义乌江销往金华、兰溪、东阳，甚至苏州及江西等地，其名声也随着江水流淌而远扬。如今在应炳生家门口，"应广兴祖传名剪"这个老字号黑色字体依然清晰可辨。只可惜，随着现代工业的兴起，靠一双手锻造打磨剪刀已完全跟不上时代的发展，如今应炳生老人子孙辈当中已很少有人重操祖业。昔日的应广兴名剪，其光亮也已日渐黯淡。

在下街28号，住着一位老人名叫赵锡清，2016年已经83岁高龄，解放之后就一直住在江湾，干了一辈子的裁缝。赵锡清老人说，他亲眼见证了江湾老街的繁华，想当年生意最兴盛时，方圆数十里的村民都会专程来到他的裁缝店定做衣服，生意忙的时候全家人齐上阵帮忙也来不及。现在老街冷清了，很多店面都租给别人了。集市交易日，也很少有人会光顾老街了。

每逢过年过节"二月二""兴好看"，江湾古镇也非常热闹，旧时有斗牛、"放旗秆火"、"抬阁翘"、"翻九楼"、"迎龙灯"等风俗，记忆犹新的是"吴三角大年"（井头山、上廊下、下廊下吴姓居处），家家户户，杀猪宰羊、披红夹口（含一种蝶形的木雕饰具），立翠竹挂红灯飘带，香案排排，集中摆祭；待到收祭时辰，爆竹震天响，人声鼎沸，人们抬着猪羊等祭品，争先恐后地抢运气争头彩，场面十分壮观。追逐围斗，一片欢腾，热闹异常。当地著名文人俞不眉先生曾有联吟："地有花灯天有月，灯光却比月光明。"盛景可见一斑。

江湾民宅多为明清建筑，黛瓦白墙、锯齿马头，古朴风雅。古建筑群体有：吴、王姓族宗祠六座、牌坊三座、厅堂四座、古井五口，花厅、乡贤祠、吴（浮）桥厅各一座。这些宗祠厅堂均为雕梁画栋、大方美观，只可惜除延陵宗祠和曲江祠已修葺一新外，其余大多均因年久失修而逐渐破落湮没，或失火，或破坏而不存。难能可贵的是，至今在江湾行政村范围内，还保留着三座市级文物保护单位，即曲江宗祠、后湾田祠堂和新园十六间。一个村内就有三处市级文保点，这在义乌并不多见，也从一个侧面反映了江湾昔日的富裕繁华。①

---

① 综合施章岳《九里江：一条被人敬重的河流》、陈红盛《江湾：那深情的驻足与回眸》、吴武文《曲江记忆》。

四、佛堂：商业王国

稍微上了点年纪的人都知道，在20世纪50年代以前，义乌最富庶、最繁荣的地方不是稠城，而是佛堂。1931年出版的《中国古今地名大辞典》非常明确地指出："佛堂镇，在浙江义乌县西南三十一里东阳江东岸。县境各市镇，以此最为繁富。"

佛堂的"繁富"，得益于母亲河——义乌江的滋润，是义乌江的滔滔江水，让这个百年小镇人来船往，买卖吆喝声此起彼伏。

以前，陆路交通极为落后。1933年前，虽有几条2—3米宽的路分别通往县城等地，但也是有路无车，陆路运输基本上靠人肩挑，费时费力货运量又不大。因此，水上航运凭着它四通八达的天然优势，在古代交通中占有很大的优越性。旧时佛堂是东阳、永康、武义等邻县乃至钱塘江流域主要的通商口岸。有一则史料，能充分说明佛堂在古代钱塘江航运中作为中转站的重要地位："凡东阳义乌两县输出之货物，均由南北两江用筏运至佛堂镇，再换装民船，运入婺港……运至兰溪后，换装大船经钱塘江而达杭州之闸口。"（1933年3月《浙江省建设月刊》之《杭州铁路沿线物产暨水陆运输概况》）

航运，带动了佛堂工商业的发展，也带动了修理、搬运、仓储、酒楼、茶馆等服务业兴旺起来。一业兴百业旺在这里找到了最好的注脚。最繁盛时期，佛堂镇光开茶馆酒肆、钱庄当铺、田料百货的殷实商户就达400多家。因为佛堂当时没有自来水，镇上甚至出现了专门以挑水为生者，他们挑水卖给各商店居民饮用。夜幕降临时，数以千计的船员上码头下馆子、找住店，整个佛堂鱼肉飘香，沉浸在灯红酒绿、笙歌弦舞中。这些船员从外地带来了各种各样的商业信息，从而大大推动了佛堂商业的繁荣。

佛堂工商业的发达程度远远凌驾于县城之上。1949年以前，佛堂每年提供的税收占全县各集镇税收的一半！当时，佛堂有棉布店14家（不包括10多家布摊），布厂6家，袜厂8家，专卖或兼卖的田料店18家，山南货店22家，中药店12家，私立医院4家，树（木）行13家，火腿行10家，油坊10家，肉店35家（不包括牛羊肉摊），铜铁五金店20多家，金银首饰店3家，盐店1家，当店1家，钱庄3家，茶馆22家，酒饭店

40多家，还有造船厂等。全县各地烧饭用的锅、耕田用的犁头耙齿，全部由佛堂镇的3家锅炉厂浇铸。

外地人在佛堂经商的、办企业的很多，并且都有他们自己的专门组织，如绍兴人有绍兴会馆，安徽人有新安会馆、徽州会馆。这里还是全县土特产的集散地，义乌的红糖、火腿、南枣、黄酒，均在这里收集并船运到外地。"在义乌，每年有六万担粳谷、两万担木柴、两万只猪皆以船运方式行销杭州、兰溪等地。"（1933年4月5日《工商半月刊》之《浙江各县物产调查·义乌县》）

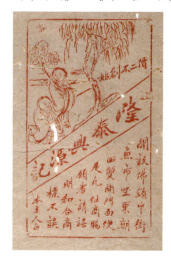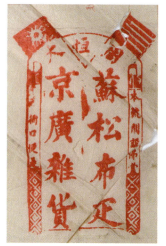

佛堂商号印制的包装纸，是现代广告单的雏形。

在东阳电信局工作的收藏家徐松涛，收藏有大量的佛堂商业史实物，下面列举一二：

一、鼎盛时期，佛堂共有商号几百家。民国初期，部分参加"稠州旅婺学会"。在《稠州旅婺学会一览》（1918年农历十二月印）的"旅婺会员通信处"查到佛堂商号48个：

佛堂协丰号、佛堂丁吉记号、佛镇陈日新号、佛堂协大号、佛堂宏裕、佛堂洪源、佛堂王仁号、佛堂王本丰、佛堂王鼎亨号、佛堂冯大昌号、佛堂朱瑞兴号、佛堂益和号、佛堂张三茂德记、佛堂丁恒丰、佛堂何种德堂、佛堂沈太和堂、佛堂汪精兴、佛堂潘恒昌号、佛堂王萃丰号、佛堂王鼎号、佛堂朱万茂号、佛堂义和盛记、佛堂吴大成号、佛堂同裕、佛堂叶顺泰号、佛堂吴德兴号、佛堂恒顺兴、佛堂丁长兴、佛堂陈聚兴、佛堂同和衣庄、佛堂丁廷盛、佛堂王源泰、佛堂大盐仓、佛堂德裕、佛堂同和号、佛堂元兴协记、佛堂隆泰兴号、佛堂龚本和号、佛堂恒太兴、佛堂利记智号、佛堂刘顺号、佛堂吴厚记、佛堂德余、佛堂丁长新号、佛堂王裕顺号、佛堂潘乾泰号、佛堂陈聚兴、佛堂陈天泰号。

二、铸造钱币。据1987年版《义乌县志》记载："佛堂镇商会用锡铸造金属币，通行到与本县交界的东阳、永康两县的山区。"在任何时期，私自发行货币都是违法的。佛堂私铸币的出现，有当时的历史原因：时值抗日战争或解放战争时期，时局动乱，通货膨胀加速，为了保护当地经济和商品流通，为了自己的商业系统免遭外部的侵略或破坏，佛堂商会不得而为之。

三、包装单印广告。佛堂的商家在自己用的包装纸上印制广告，商品由客户带到各地，从而起到商号宣传的作用。这些包装纸有的用毛边纸印制，有的用油光纸印制。上图所列的是隆泰兴源记包装纸、周恒大包装纸、锦盛和号包装纸。

隆泰兴源记包装纸长44厘米，宽32厘米，以"和合二仙"为商标图案。上书"始创不二价　开设佛堂镇中街鱼市　坐东朝西双间门面便是　凡仕商赐顾者请认明和合商标不误　本主人白"。

周恒大包装纸长46厘米，宽47.5厘米，五色旗连星旗交叉，平行书"周恒大"三字。中间直书"苏松布疋，京广杂货"。边为花纹门框，框左右分别书写"本号开设佛堂，□□街口便是"。

锦盛和号包装纸长54厘米，宽50.5厘米，上方印有"佛堂"二字，印在五色旗同连星旗交叉的上方正中，旗的下方印有"开设上街员洞门外"。下方正中直书8个大字：锦盛和号，京广杂货。大字左右两边分别有4个小字：剪断折纸，概不退换。

以上的史料可以充分说明当时佛堂商业的兴盛和繁荣。

佛堂镇在全县的几个第一，或许还可从另一个侧面说明佛堂商业的繁荣：全县第一个商会；第一家钱庄；第一块当铺；第一盏电灯；第一个印刷厂；第一辆汽车；第一个动力碾米厂；第一个基督教堂……

佛堂古镇街巷的规划布局，充分反映了这个集镇是因了水运而发展起来的。一条500多米的"直街"呈南北走向，就像一条中轴线把古镇划为东西两半，这条不长的"直街"从南到北又分为上街、中街、下街三段（好复杂啊）。与这条中轴线平行的，东有一条"东街"，西有一条"西街"。这条中轴线的北头，是"老市基"，是一个米市，也曾做过猪市，同时也是义乌江边的一个码头。东西两街在北部呈两条弧线向中轴线靠拢，与老市基码头连通。中轴线的南头，是"新市基"，是一个柴市。与中

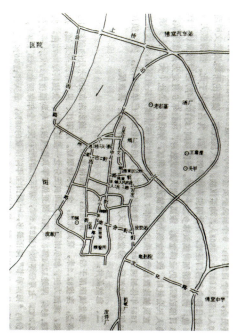

《义乌地名志》(1984年编)中的佛堂老城区图。

佛堂老城区卫星图。

轴线十字或丁字交叉的，是几条副街。它们分别是商会街、新码头横街、盐埠头横街、浮桥头横街、市基口横街和大成弄、金宅弄等。有一句顺口溜，很形象生动地反映了佛堂古镇的布局：

佛堂直街南北向，上中下街分三段，

东街西街在两旁，一东一西不一样，

西街店铺生意旺，超过直街日夜忙。

沿街整齐美人靠，灯红酒绿通宵闹，

东街无店也称街，巷弄横向直街连，

疏散街客通行便，沿街古宅墙靠墙。

新码头、盐埠头、浮桥头、市基口，

四条横街朝江走，茶馆酒楼到处有。

新市基、老市基，设在直街南北头，

各有香樟当帐伞，"伞"下买卖生意旺。①

　　古镇的老街，两旁全是明清建筑，那透着岁月风尘的木板和窗棂，那别具匠心的木雕、石雕、砖雕，都在述说着那个年代的故事，让人产生穿越回那个年代的恍惚

佛堂义乌江边的一组群雕，述说着那个年代的故事。

---

① 资料引自贾沧斌《佛堂古镇》，中国文史出版社2006年版。

感。街的中间是青石板，两侧用鹅卵石拼花铺成。这些青石板和鹅卵石，历经几百年的风雨侵蚀、人世沧桑，早已被人们的脚底磨得光滑透亮。它们，见证了这座古老小镇的兴衰更替、阴晴圆缺。

也许是因了商业的繁荣，佛堂也获得了"小兰溪"的美名，在宋朝以后名声也越来越大，一些文学作品中屡屡出现佛堂的名字。《金台三打少林寺》（浙江文艺出版社1986年版）中说，金台，北宋年间的"天下拳王"，是义乌佛堂金庄人。金台的弟子是周桐，周桐的学生有岳飞以及《水浒传》中的林冲、武松、卢俊义。金台，是名副其实的中国武林界的"祖师爷"！还有一位《水浒传》中的好汉叫蒋门神，也是"金华府义乌县佛堂镇人"。虽然他们是小说中的人物，具体的史实无从查考，但最基本的，说明佛堂在小说作者心中的印象是不一般的。

水运的发达带来商业的繁荣，商业的繁荣带动文化的传播，这或许是一个城市发展的必然脉络。

五、倍磊及周边：记忆深处

金鹁鸪，银鹁鸪，飞来飞去飞义乌。
义乌山脚栽根蒲，
大蒲小蒲都摘了，剩点蒲蒂请丈夫。
丈夫嫌我蒲汤苦，清水炖茶嫌我混，
白米做饭嫌我乌，细纱织布嫌我粗，
剃头落发做尼姑。
尼姑做不成，花花家狗咬布裙，
布裙咬个缺，衣裳老师补不转。

这是义乌的文化工作者采集于倍磊四村的一首歌谣。这首歌谣不知传唱了多少代。小时候，我们就听奶奶唱过，但除了第一句，后面的基本上是唱不全的。

这首歌谣说出了这样一个现象：义乌人是恋家的，无论出现什么状况，都是不会离开家乡的。就像歌谣中的主人公，做这个讨人嫌，做那个也不对，就连当尼姑也当不成。但就是这样，也是不会离开家乡义乌的。

　　歌谣像北方的信天游一样，采用了比兴的手法，用动物的恋家，来比喻义乌人离不开生我养我的这一方土地的情结。义乌有什么好呢？值得这么留恋吗？歌谣作者的回答是：家乡不好吗？就像我的家乡倍磊街，山青水美，处处都是值得留恋的。

　　我们姑且相信，这首歌谣就是从倍磊创作出来而后传唱到义乌各地的。

曾经的辉煌

　　现代人对于倍磊的认识，多停留在明清以来倍磊所处的交通环境、兴旺的家族、辉煌的建筑上面。的确，这是值得自我炫耀一番的：

　　倍磊地处义乌、金华交界处。村子的北面，沿义乌江西去，有一条"金华大路"通向40公里外的金华府；北面的义乌江是浙江中部的水上交通要道，扼东西走向的义

塘下洋村东的"往东阳大路"碑石。

古代的石板大路。

乌江的咽喉。因江面宽阔，成为天然的良港。商船如梭，客运繁忙，是义乌、东阳等地区到金华、兰溪、衢州、建德、富阳、杭州的重要通道；北向，渡过义乌江，可到义亭、上溪直至浦江；东面，出村往塘下洋、田心方向，是东阳大路，可到东阳、永康、义乌赤岸、武义等地；南面是葛仙山、八宝山，从塘下洋村东的"往东阳大路"碑石。 山上下来的两条水，即东溪、西溪越过田野，在民居间蜿蜒流淌，既提供了人们的生活用水，又灌溉了千亩良田。

这样一个背山面水、东西交通发达、土地肥沃的风水宝地，难怪吸引了倍磊的先人在此居住了。

交通的发达，让倍磊成了有名的商业集市。从最早的万历《义乌县志》，到民国初期的县志，"倍磊市"都是义乌十几或者二十几个集市之一。

在老人们的记忆中，倍磊集市是这样的：

一华里长的街道两侧，挨着各种各样的店铺，如酒肆、茶店、饭店、客栈、酱坊、豆腐坊、盐坊、火腿坊、肉铺、当铺、铁店、布店、杂货店、南货店等。据说在倍磊街上，光是铁店就曾开过18家。每逢二、五、八集市日，街上熙熙攘攘，人头攒动。

倍磊在明代中叶就已发展成一个重要商业集市。倍磊先人们腌火腿、酿黄酒、种糖梗、榨红糖，并直接参与市场贸易，有的则把生意做到金兰、苏杭、山东，乃至京城，赚了不少钱，出了一批大财主。

交通的发达，促进了商业的繁荣，从而积累了财富，这是一方面。另一方面，倍磊从建村以来，对文化的重视，也使倍磊成为蜚声遐迩的一方重镇。自南宋咸淳年间（1265-1274）百五府君陈廷俊迁居倍磊以后，陈氏宗族与原居民一道，以耕读传家，村里坊间崇文尚武，因而倍磊在历史上出了不少文臣武将，仅明清两朝，以太学生、国学生、贡生入学最高学府的青年学子就有150余人，入仕者有50多人，明嘉靖后因军功而升都督同知、都司、守备、千总、把总的有70多人。而同一时期，隔壁的佛堂才刚刚起步。

经商发财、升官发财后，人们的第一个愿望就是"买田起屋"，建造起心目中的理想家园：

在封建社会，人们将土地视为永续财富的根本，包括倍磊的家训也是说："祖谷钱万万年，生意钱六十年，做官钱一蓬烟。"所以，在这一带，当官发财后总是广置地产，大兴土木。难怪，至今在这里还保存着不少堪称"中华民族骄傲"的古建筑瑰宝，如仪性堂、敬修堂、德生堂、简能堂、九思堂、天吉堂、敬慎堂、懋敬堂、新德堂、玉田堂、崇义堂、高明堂、凝德堂、集义堂、正义堂……此外还有街心殿、过街楼、龙皇殿（龙王庙）、旌烈石牌坊、下金殿等建筑。这些古建筑，造型精巧，气势雄伟，结构严谨，古朴典雅，至今风采犹存，工匠们的慧心灵性和独特的艺术趣味喷薄跃动，酣畅淋漓地释放为造型和线条。每一幢古建筑都是一阕生命的欢歌。（《走进倍磊》，上海人民出版社2015年版，第8页）

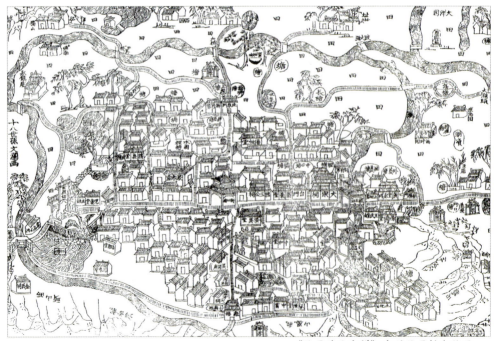

《倍磊陈氏宗谱》中的倍磊村全貌图。

倍磊这些有堂号的厅堂一般规模都很大，诸如建于明中叶的集义堂，建于清乾隆年间的敬修堂、仪性堂和建于清嘉庆年间的九思堂，落地面积均接近1000平方米。其布局和排列也甚为方正对称，以九思堂为例，座北朝南，前后依次排列着前堂、正厅、后堂三进主屋，西边是龙虎弄堂和重厢房，前门正对中央大门，龙虎弄堂则直通边上两个龙虎门，三进主屋和西边厢房之间有两个大天井。这些厅堂还具备多种功能。据说为了防火，不仅厅外挖有池塘，厅内备有小井，还筑有防火墙。为了防盗，除门窗特别坚固（有的还装有铁栅）外，有些房间的墙内侧还专门构有"木重壁"。有些厅堂门前还有明堂，屋后有花园，四周有高墙，并开有大敞门，

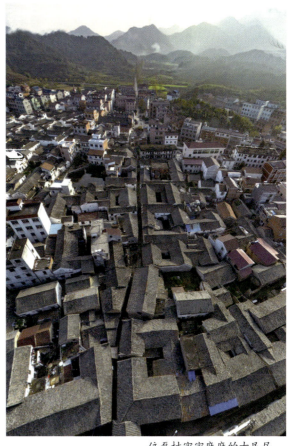

倍磊村密密麻麻的古民居。

颇有一股豪门大族的气势。村里人称这类厅堂为"全园"。九思堂和仪性堂就是这种全园式的厅堂。（陈炳光《倍磊的古民居》）

这30多座有堂号的厅堂是倍磊古民居的主体，建筑年代为明朝中叶到清朝中叶。这些厅堂，加上散落在山边水畔，隐没于历史深处的那些雅苑小居，以及远近闻名的"十八祠堂十九殿"，让倍磊这个古村落，竟拥有明清古建筑上百座，延续时间之长，厅堂之多，实为义乌境内甚至浙中地区所罕见。

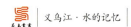

南江从倍磊村前而过

要探究倍磊繁荣的记忆，光从这些明清以来的家谱记载、辉煌建筑上来认识是不够的，是不是还可以把眼光放得更远？

首先，我们来看一看倍磊千年以前所处的环境：

清朝初年顾祖禹撰写的《读史方舆纪要》(卷九十三浙江五)记载："《志》云：画溪与东阳江合流处，为培磊市，在县西南四十五里。市盖与金山相近。""(赤岸双尖山)南有茧岭，俯瞰深谷，一名平山涧，水经其中，西入画溪。"在倍磊旁边的后阳村，至今老人们之间还流传着"以前义乌南江是从我们村里经过的"说法。

顾祖禹所引用的是什么"志"，我们也许已无法探究，但《读史方舆纪要》这本著作，在我国地理界权威性还是比较强的，因此可信度应该是比较高的。

以上资料显示，千年以前，南江从如今的梅林村、江南街村之间向下，沿如今的佛堂大道—金义东公路的走向，一直到西南角的倍磊，在这里与北江汇合。

那么，在当年，倍磊是义乌北江与南江交汇处的一个村子！如今倍磊北边、义乌江南边的大片土地，在当年很可能是北江与南江之间的一些沙丘，这从这片土地上有数不清的湖、塘、堰镶嵌其间，可猜个大概。

也就是说，在明清以前或者宋以前更早的时期，倍磊周边的水上交通环境比明清时更好。

文化早已滥觞

《倍磊陈氏宗谱》记载，始祖陈氏名廷俊(1246–1323)，字彦英，南宋咸淳年间从东阳安文迁此定居。

从史料的吉光片羽中，不难发现，倍磊的历史应该比此更长，据宋《鸡肋编》记载："婺州义乌县有叶炼师者，本蓓蕾村田家女，随嫂浣纱于溪中，见一巨桃流于水上，乃取以递嫂。时方仲冬，嫂以其非时，又若食余，因弃不取，女乃啖之，归，遂绝粒。逾年之后，性极聪慧，初不识字，便乃能操笔，书有楷法。徽宗闻之，召之都

下，引入禁中，赐号'炼师'。"（庄绰《鸡肋篇》卷下第47页）

（陈）炳，字德先，婺州义乌人。自言其从姑得道，徽宗朝，赐号"妙静炼师"。结庐葛仙峰下，平生不火食，唯饮酒，啖生果。为人言祸福死生，无毫厘差。每风日清和时，辄掩关独处。或于户外窃听之，但闻若二婴儿声，或歌或笑，往往至中夜方止，莫有能测者。年九十，正旦，自言四月八日当远行，果以是日坐逝。（南宋·陆游《渭南文集》卷45 "入蜀记" 第276页）①

　　文章说的是：有一个叫叶炼师的人，是义乌倍磊村的农家女。有一次，她随嫂嫂到义乌江去洗衣服，看见一个很大的桃子从水上漂过来，她就捞上来交给了嫂嫂。这个时候已经进入冬天了，嫂嫂认为不是桃子收获的季节，这个桃子看上去又好像被人咬过的，就把它扔了。叶炼师却捡回来，把它吃了。从此以后，叶炼师就颗米不进。一年之后，她变得极为聪明，原先是不识字的，这个时候却拿起笔就会写，各种字体写起来像模像样。宋徽宗听到这个奇闻后，就把她召入自己的麾下，赐号"炼师"。

　　有一个叫陈炳的，字德先，义乌人。他自称是跟从他的姑姑(叶炼师)学道的。徽宗的时候，被赐予"妙静炼师"的称号。他在葛仙峰下修了一幢房子，在这里练功。他平生从不吃烧熟的东西，只是喝喝酒，吃一些水果。他预言别人的生死祸福，非常灵验。在风和日丽的时候，他就把自己一个人关在屋子里。有人到窗户外去偷听，只听到里面好像有婴儿的声音，有时唱歌有时在笑，往往到半夜才停止，没人知道里面到底发生了什么事。陈炳90岁这一年，刚刚过完年，他说四月八日自己就要出远门了。果然，就在这一天，他仙逝了。

　　这个故事颇具神话色彩，就像我们在第一章中说的"徐登赵炳"的故事一样，而且都是发生在义乌江边。从陈氏姑侄两人学道的故事中不难发现，当时在倍磊一带，宗教文化已颇为盛行。

---

① 转引自《走进倍磊》，上海人民出版社2015年版，第2页。

为什么会有这么多的"殿"

在倍磊，有"十八祠堂十九殿"之说，"殿"的数量超过了"祠堂"的数量。倍磊为什么会有这么多的"殿"？有什么历史渊源？

殿，指的是供奉神佛的地方。在倍磊，有街心殿、龙王殿、下金殿（永镇庵）、德星殿、观音堂、五圣庙、土地庙、西街庙、灵司庙、胡公庙等"殿"。这些"殿"，除供奉龙王、观音、土地等神佛外，还供奉关公、胡则、妙静炼师等人间"神"。除佛教文化外，受附近葛仙的影响，此地道教文化也十分深厚。

葛仙山，又称葛公山，属八宝山余脉，群峰矗立。前排第一高峰称葛仙公尖，海拔364米，又称葛仙峰、葛峰、炼丹岩。山下，一条小溪逶迤而下，向北汇入义乌江。

嘉靖《金华县志》记载："葛公山，县东七十里，一名葛仙峰，卓立霄汉，下二石笋，如华表，抱朴子（葛洪）炼丹之处。"万历《义乌县志》："葛仙山，县南五十里，高一百五十丈，有炼丹石，相传葛仙翁炼丹于此。"嘉庆《义乌县志》述义乌形胜："武岩聚八景之秀，龙门挺双尖之奇，大士遗喂虎之岩，葛仙存炼丹之窟。"

葛仙村、葛仙屏、葛仙山、葛仙峰、葛溪……这些地名的由来，我们能说与葛洪无关吗？葛仙峰上至今还保存着葛洪当年炼丹的遗址，村口的配峰庵里还留有葛洪及妻子鲍姑的塑像。虽然说这些是后人的杜撰，但文化的力量是无穷的，一代传一代的的可能性不能说没有。在《葛峰陈氏宗谱·卷四下·艺文》中，就有"葛仙十咏"的记载，其中有4首诗的题目都叫"葛仙仙踪"，写的都是关于葛洪炼丹的故事。

中国社会科学院研究员胡孚琛专门从事道家与道教文化研究，他在代表作《魏晋神仙道教——抱朴子内篇研究》中写道："晋成帝咸和四年（329）葛洪46岁，感隐士郭文之死，无意仕进，又复归隐，领弟子在浙江兰凤山等地修道炼丹。"

"咸和后的年号就是咸康，葛洪到义乌的时间应该在公元329-342年间。"中学退休教师陈如楠对葛仙深有研究，"村口的配峰庵里面供奉着一对夫妻神像，右边是葛洪，手里还拿着装仙丹的葫芦；左边手里拿着银针的是他的妻子，叫鲍姑，擅长针灸。葛洪在峰顶炼丹著述，她在峰下筑屋而居，传医治病。其居所正对峰顶，取阴阳二气和合相配之意。夫妻离开义乌后到广东罗浮山炼丹修道，她的针灸术被誉为'南海（广州）第一针'。后人感鲍姑传医治病之德，在其原址修庵，称之为配峰庵。"
据悉，每逢正月初一，葛仙均有集体迎旗朝山的习俗，全村男女老少举着各种旗帜，
从村口一路敲锣打鼓到葛仙峰顶，朝拜葛洪后，再集体返村祭拜配峰庵的鲍姑。

六、葛塘与缸窑：烧制岁月

先来看一则有关碗窑山的民间传说：

北宋仁宗时期，国运昌盛。乌伤大地，义乌江两岸，商贾云集。

义乌东部廿三里的葛塘村，有一个远近闻名的陶碗窑，这里出产的陶器美观实用、
胎质细腻，生意红红火火。

很不幸，这里出了一桩人命案。有一个叫丁大勇的本地窑工被人杀害了，并且还
被焚尸灭迹。当地官府查无线索，就封了窑口，还命令窑主不允许解散几百名窑工，
说是要继续调查取证。

三个多月过去了，官府终因找不到有用的线索而对此案不了了之。窑主也在无奈
之下宣布破产。

有一天，为碗窑送柴火的山里老农来索要柴钱。窑主确实拿不出现钱来了，就把
窑中最好的那个碗给了他，当作柴钱。柴夫仔细端详着那个碗，只见那陶碗白璧无瑕，
舀满水则微露粉红，质薄而轻，外部花纹细腻空灵。想必是葛塘碗窑中的极品，恐怕
还是御用珍品呢！柴夫窃喜，忙不迭地回家去了。

话说窑主，看着那一大批没卖出去的白陶碗，想着不久前的红火生意，不禁怒火
中烧，拿起一根棍子，将所有的碗统统砸碎。不久就生了一场大病，一命呜呼。

且说那农夫拿了白陶碗回家，刚一进门，就听见有人叫他，声音有些悲凉。农夫
四处查看，不见有人。这时声音响了一些，农夫循声看去，只见捧在手上的那只白陶
碗正一抖一抖地："你要替我伸冤啊！"老农吓了一大跳，再仔细一瞧，那声音的确来
自那只白陶碗，就壮起胆子问："你是谁？你在哪里？你有话就说，可不要吓我啊！"

"同年伯，我就是在碗窑里被人谋杀的那位窑工丁大勇啊。虽然我死了，但这个碗里却溅上了我的热血，我的魂魄就附在这个碗上了。其实我是大将军狄青部下的一位密探头子。前不久，我的手下查到了庞太师与辽国勾结的证据——庞太师写给辽国国君的书信。结果因为目标暴露，我就遭到庞太师手下的追杀，我从开封一直跑回老家葛塘，并躲进了碗窑做苦力，想不到他们还是追到了这里，杀我灭口不算还将我烧得骨肉模糊。制造这起令人发指惨案的正是庞太师。你要到包青天那里替我伸冤啊！"

　　老农听罢，惊奇不已，对白陶碗的述说深信不疑。可是包青天远在开封府，几千里路啊，怎么去呢？正想着，白陶碗又开口了："同年伯，你无论如何都要将我送到包青天包大人那里，只有他才能为我伸冤啊！"老农想起了丁大勇一路被追杀是为了把庞太师的阴谋告之于天下，现在死了，连他的阴魂都这样执着，自己如何能够坐视不管呢？

　　于是老农就用黑布包裹起那只白陶碗，一路上风餐露宿，盘缠用完了就沿路乞讨，经历了重重磨难，终于来到了开封府。

　　老农向包青天讲述了他的离奇经历，然后打开黑布让白陶碗自己向包青天诉冤。老农呈上碗，放在案前。一阵白气从人前闪过，包公有些惊奇，急问："白陶碗，你有何冤情？本官为你做主！"可过了大半天，那只碗也没有开口，大家面面相觑。包公思忖道："看来有些蹊跷。"想着刚才那一阵白气，猛然省悟，他已经变成了鬼，而我身上的一股阳气，他如何能够承受，就命人将碗用黑布包裹。那黑布里面果然响起了声音，同样是一阵悲凉，但更显气壮。

　　包青天按白陶碗的述说，取到了庞太师与辽国私通的密信。直奔金銮殿，面见圣上。圣上早已对庞太师日渐庞大的势力感到不满，今日一见真凭实据，就彻底下了决心要将庞太师铲除。

　　刑场上，庞太师面对着包公的虎头铡，仰天大笑："黑包子，我庞太师一人之下，万人之上，一生享尽荣华富贵。就是铡头，也是用虎头铡。哈！哈！哈！"正在此时，忽传一声："圣旨到！包拯接旨。"皇帝诏曰："庞太师欺君罔上，私通外国，意谋造反，罪不可恕，削职为民，立斩不候。钦此！"

包公谢旨起身，大声喝道："王朝马汉，换狗头铡！"[1]

阴魂固然不存在，故事的真实性自然也值得怀疑，史书中也没有查到有关丁大勇的事迹记载。但流传在葛塘老百姓中间的这个传说，却记录了葛塘曾经是一个陶碗生产地的事实！

义乌境内的义乌江，一头一尾，古时候都是重要的陶器生产基地。"一头"是指廿三里的葛塘，"一尾"是指义乌江尾的何店、缸窑。

其实，在义乌境内，窑址是比较多的。据《义乌县志》(1987版）文物卷古遗址篇记载："古窑址，据查，全县有窑址37处，均属宋、元遗址。分布在廿三里、联合、路东、华溪、徐村、苏溪、楂林、杭畴、赤岸等乡。产品系以碗为主的日用品。其中保存较完整、规模较大的有廿三里葛塘窑址、联合乡范家碗窑背窑址。"窑址虽多，但比较出名的恐怕就是葛塘的碗窑山和义亭的何店缸窑了。

碗窑山遗址是一座宋代遗址，位于义乌廿三里葛塘村以东约200米的碗窑山上，属婺州窑系。如今我们穿过丛林来到碗窑山山顶的时候，只见地上密密麻麻地散落着数不尽的碎瓦片，从形状上判断，大部分是陶碗，也有小部分是杯、盘子和花瓶的碎片。该窑依山势而建，砖砌拱顶，现存窑床长40余米，堆积层厚约3米。这些碎瓦片胎色为灰白或深灰色，施半釉，釉青色或月白色。纹饰外以篦纹、内以花卉为多。

这座龙窑，1981年5月被公布为义乌县级文物保护单位。葛塘出产的陶碗在民间已无存，只有博物馆里还躺着几只缺了口的，在静静述说着先辈的发家历史。葛塘村口，碑坊上写着一联"源远流长古陶有胜迹"，在原址述说着先祖的繁荣。

江尾的缸窑，却是另一番景象。

村口放着一只巨型大缸，村中的民居，有的墙体是用陶坛或碎缸片叠成；陶片砌成的千年古道人来人往；参观村中800年前的龙窑的人络绎不绝；"陶艺体验中心"陈列着大大小小的各种大头缸、龙缸、酒坛、茶壶、花盆等，孩子们在这里玩陶艺玩

---

① 吴旦：《义乌道德教育中小学读本》。

缸窑的民房。

得不亦乐乎；"丰记酒坊"周围酒气飘香……村两委班子积极挖掘缸窑历史文化资源，做足"陶"文章，开展"陶文化体验游"，把一个村子搞得有声有色，再现繁荣时期的热热闹闹、风风光光的景象。

缸窑最风光的时候是在二十世纪六七十年代。那个时候，缸窑有6条龙窑！6条龙窑是什么概念？每次点火，每条龙窑可生产上千件陶器！繁忙时，一年点火10次！每当一条窑开炉的时候，在缸窑通往何店、马渚、倍磊埠头等渡口的道路上，在通往义亭火车站的机耕道上，一车一车的坛坛罐罐在搬运工的手推车上互相碰撞，叮当作响，源源不断地运往全国各地。有的客商甚至常年驻扎在义亭，每月要采购好几个火车皮的陶器运出去销售。

当时的陶器使用量也是惊人的。记的小时候，家里的坛坛罐罐起码有二三十个，三四个半腿高的是装冻米糖的，两三个是装霉干菜的。吃的、用的，只要是需要防潮的，都装在坛子里。在老家低矮的阁楼上，坛坛罐罐堆了半间屋子；还有米缸、水缸、酒缸、盐罐等。那时的农村，家家户户如此。可见当年陶坛、陶罐的使用量了。

在这样一种形势下，缸窑能不风光吗？那时候，缸窑村的小伙子讨老婆是不用愁的，在路上看中哪家漂亮姑娘，只要骑上锃亮锃亮的自行车，戴上明晃晃的手表，拎上礼物去提亲，没有几家是不答应的。那时的缸窑姑娘也是不愁嫁的，一听说是来自缸窑村，对方的眼睛就会发光。如果家人在缸窑厂上班，那婚事基本已成了一半。再如果家里有一条龙窑，那……

制陶的、烧窑的、修窑的，差事是苦了点，但工资高啊。

先说制陶。

制坯前要先备土。这里有取之不尽的红壤黏土，古话说的"十里红山出缸窑"就是这个意思。十里红山，自义亭黄林山起，向南直到缸窑，延伸约5000米，红壤资源丰富。这种耐火黏土，色如黄金，为中生代火山岩系之流纹岩风化残余产物，当地人称红金泥，是制陶的极好材料。红金泥配上一定比例的黄沙、水，锻打，像揉面团一样，用脚踩，或用牛踏，把泥中的韧性拉出来，备土就算完成了。

第二步是制坯。制坯比较复杂，小的陶罐坯用"捏塑"或"陶车轮"转动制成。"捏塑"法，凭制坯师傅的高超技艺，能捏成任何的形状。"陶车轮"制作，一般用于制作圆形的器物。如果要制作大缸，工序要复杂得多。首先要做一个泥饼成为缸的

制陶拍打工具。

艺人在制作陶罐。

底部，在工台上撒上灰土以防泥饼粘台，放上泥饼，用泥条接上缸身，用竹或木制的工具拍打，使缸的底部与缸身完全粘连在一起，接头处不漏水。接好后晒半干，然后用泥条一段一段接上去，接一二段就要晒半干，使下面的能站得住"脚"。下面的工序全部完成后，再做缸沿，叫"收口"。在整个制坯的过程中，用拍槌锻打是很重要的工序，它使缸更加结实，图案花纹也是这个时候拍打上去的。

第三步是上釉。就是把调制好的釉水涂在各种陶器、陶缸的表面，有各种手法，在此不赘述。陶釉上好后，也要晒干，方可装窑烧制。

缸窑几百号制陶师傅各有千秋，素有"八位大缸师傅""专做小货师傅"之说。在当时，缸窑村成年男子几乎人人都会这门手艺。

陶制好后是烧窑。

烧窑是整个工序的关键。掌握火候是非常不容易的事，温度过高或过低，都会把

龙窑外景。

陶器烧坏，前功尽弃，所以烧窑师傅的工资是全厂最高的。

首先把陶坯装进窑坑，大缸套小缸，从窑底搁到窑顶，一层一层往上摞。然后把干松枝放进窑坑里，点火，关窑门。

村里最早的龙窑叫"鹤窑"，相邻的还有"老窑"和"新窑"等。如今现存的一条窑，全长约60米，宽约2.3米。它由炉膛、窑室和窑铺三部分组成。窑室呈隧道形，东高西低，顺山势而建，头部有根直径一米左右的烟囱。拱顶呈弧形，两侧和上方有数百个投柴孔，要添火时，就打开这些孔往里面扔柴火。有两个窑门，用于装卸、进出。窑铺建于窑室之上，

龙窑内景。

为人字形屋面，用五柱八檩分十间依次抬高，从远处看，仿佛是片片龙鳞。从外形看，老窑就像一条昂首待跃的中国龙，故称"龙窑"。

烧一次窑一般需要一周左右的时间。烧窑时，温度高达950℃。一开始，烟囱冒的是黑烟；火大时，从烟囱里往外蹿的是红火；当冒出来的是酒火，就像酒精燃烧时的绿莹莹的火苗时，窑就烧好了。即使是在炎热的夏天，烧窑师傅也要没日没夜地守候在几百度高温的龙窑旁边，来不得半点马虎。

在熊熊燃烧的窑火背后，还有一个人要提起，那就是建窑、修窑师傅。窑建得好，省柴火，温度升得快，烧出来的窑品质量高。工资，当然是他的最高了。

20世纪70年代，连任20多年村支书的陈泽洪在全国的陶器研讨会上，向与会嘉宾介绍缸窑的制陶烧窑经验，想起来是多么风光！

缸窑村，先有窑，后有村。相传在南宋时，杭畴人开始在这里开挖陶土、制坯烧窑了。杭畴祖先每天早出晚归，中饭在窑厂凑合着吃，晚上回杭畴住，感觉太不方便了，特别是天气不好的日子。为免来去之苦，大约在1793年的清乾隆年间，陈维恒（1765-1840）从杭畴移居缸窑村，在这里办陶器厂兼种田，全家人勤劳苦干，艰苦创业。缸窑村就是由陈氏的缸窑厂工人定居而逐渐发展起来的一个村落。

陈维恒的曾孙陈隆隆，把祖先的产业发扬光大，除了制作陶器，还开设酒坊，自己酿酒，生意做得红红火火。1915年，陈隆隆用赚来的钱建造了一幢砖木结构的"十八间"。像陈隆隆这样的生意人，在缸窑村有很多很多，于是为我们留下了众多的古建筑。

这20余幢徽派风格古建筑，工艺精湛，保存完整，具有较高的历史研究价值和文化保护价值。"谦受堂"，即"十八间"，就极具代表性。它建于清朝后期，坐北朝南，两进三开间，两边厢房各6间，全通走廊，共计18间，砖木结构，二层十余米高。门面上阳刻"南极呈祥"四字，屋内雕梁画栋，大小牛腿104只，有古人骑狮子、骑鹿、骑麒麟，刘海戏金蟾，秦琼拿双锏，尉迟恭举双锤等木雕，天井两旁的16扇隔堂门的花窗中刻有罗马字的时鸣钟，大厅内挂有玻璃丝、竹丝、羊皮等材料制作的古老宫灯，别具一格。

民国时期，在兰溪城里，缸窑陶器业主还与兰溪老板开起了"晋兴"陶器大商行，专营批发零售陶器与瓷器。中华人民共和国成立初期，缸窑制陶业闻名于江浙，人称"小宜兴"。

缸窑东面的何店村，其制陶业也存续了数百年，2007年最后一个龙窑才停止生产，古窑址在村后的龙山上。

何店村的制陶业始于何时，家谱资料中没有明确记载，其他资料也无据可查。受传统观念的影响，在世人看来，制陶业是一门养家糊口的小手艺，不值得记载进家谱。

柯山何氏宗谱中："何钦（1568-1614），字汝立，号瞻峨，邑庠生，娶沈氏，合葬瓦缸窑山。""瓦缸窑山"在哪里？后人推断，应该是工场所在山坡，或是废弃的缸窑遗址。由此断定，何店制陶业至迟在明初已开始。晚清民国时，村民平时以农耕为主，农闲时到窑场烧缸制陶。《柯山何氏宗谱》载："公讳安清（1870-1931），字子河，号波臣，别号绿堤，太学生……族祖独持己见，特注意于实业，经营货殖，步武陶朱，'同裕'之号、横街（指佛堂的横街）之窑，价廉物美，至今犹脍炙人口。从事生产以义为利，家境赖以充裕，社会蒙其福泽。"说明何氏的祖先曾经在佛堂开设陶器店，专营缸窑何店生产的陶器。

1949年以后，陶器生产经历了一个发展壮大的时期。20世纪八九十年代，缸窑陶器厂还研发生产了工艺陶瓷，如彩陶灯座、装饰摆件等，重新辉煌了一阵子。后来随着铝制品、塑料制品的出现，陶制品走向末路。2005年，这个村的陶器厂彻底停办，成了矗立在人们心中的一个历史博物馆。

第四章 南江重春红叶处

《钱塘江志》中，对义乌南江的描述是这样的："南江是东阳江的最大支流，发源于磐安县大盘山北麓双峰乡仰曹尖……向西北流经画溪，在佛堂镇以北的中央村汇入东阳江。"①

　　作为婺江上游的最大支流，南江，不仅仅在东阳境内被称为"画水"，在义乌境内，她也是以非常漂亮的姿势开头的。

　　南江从东阳经佛堂镇塔山片画坞坑村流入义乌。流入义乌时两岸夹山，江面变窄，江水弯弯曲曲地在山中穿行，风景如画。特别是在夏秋之交，嘉庆《义乌县志》说它是"五色相映"，红、黄、绿等各色树叶倒映在溪中，天空蓝蓝，白云悠悠，青山如黛，波光粼粼，简直就是世外桃源。因此，南江从入境到洋滩段（今江南街村一带），又叫"画溪"。画水、画溪，这都是画中的美景了！

　　南江流经佛堂的中央村之后，同北江汇合，浩浩荡荡地奔西南而去。

　　这是我们现在看到的景象，千年以前可不是这样的，据清朝初年顾祖禹撰写的《读史方舆纪要·卷九十三·浙江五》记载："《志》云：画溪与东阳江合流处，为培（倍）磊市，在县西南四十五里。市盖与金山相近。""（赤岸双尖山）南有茧岭，俯瞰深谷，一名平山涧，水经其中，西入画溪。"在倍磊旁边的后阳村，至今老人们之间还流传着"以前义乌南江是从我们村里经过的"说法。我们可以想象，千年以前，南江从如今的梅林村、江南街村之间向下，沿如今的佛堂大道—金义东公路的走向，一直到西南角的倍磊，与北江汇合。北江、南江在佛堂境内，双双西南而下，这是何等壮观的景象！也就是说，以前的双江口不在中央村，而在如今的倍磊地段！

　　在佛堂大道—金义东公路这条路的两侧，发现了许多古代石器（石器多在沿河地带发现）以及旧地名，可以佐证这条古河道的存在：

　　1979年，佛堂镇燕里村村民贾有正，在村东红泥山背掘地时，发现了五枚新石器时代的石镞(石箭头)；1981年，王元兴在佛堂镇东的道院山上发现了一把新石器时代

---

① 方志出版社《钱塘江志》1998年版第72页　。

历史是一枚风干的叶子，夹在发黄的古书中，留存千年。

的石斧；1987年，义乌大成中学学生贾占峰在梅林村采集到了一把新石器时代的穿孔石刀。据上海古籍出版社出版的《中国禅学思想史》第94页记载："梁普通元年（520

年）傅翁二十四岁泊于稽亭塘下，遇梵僧嵩头陀。"据考，"稽亭"原是一个对江上过往船只缉私食盐收税的稽查亭站，它证明了在1500年前的南朝梁代，"稽亭"在南江河道边；在后阳村村边至今还保留着一处曾经叫"溪滩"的旧地名。（贾沧斌《佛堂艺苑》，第68页）

浙江大学的杨达寿老师在他的《喜怒哀乐义乌江》一文中写道："然而千百年前的佛堂位于义乌江的江心中洲，而今在镇东的亭山和镇西的湖山崖壁上尚留有行船纤

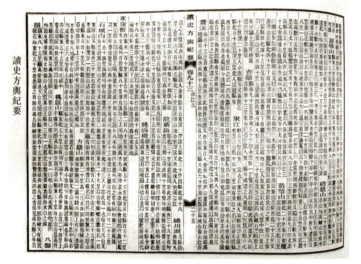

《读史方舆纪要》

绳拉磨的痕迹。"可以看出，镇东的亭山在历史上的很长一段时间是位于江边的，据以上的记载推断，这条江应该是南江。

南江又叫洋滩江，《名胜志》说它是"群山萦连，草木如画"。这条美丽的溪竟然连1500年前的地理学家郦道元看了也非常心

动，他在《水经注·卷四十·浙江水》中这样描述："谷水又东经乌伤县之云黄山，山下临溪水。水际石壁杰立，高百许丈。"能在《水经注》中占有一席之地，南江的地位可见一斑了。

但有一点，郦道元也许不知道，他所提到的"石壁"，又叫"画坞涵碧"，是古代义乌的八景之一。十多年前，当我们走在石壁至画坞坑的江沿时，望着透亮的江水，碧绿的青山，心里一直有种没有把这美丽的江展示给世人欣赏的遗憾。如今，这遗憾已不在，一条公路从石壁村，经坑口、画坞，一直通到东阳的画水镇。这是一条

嘉庆《义乌县志》中的南江。

致富路，连通了山区人民和外界的交流。但另一遗憾也永留心中，南江，圣洁的南江，义乌的"香格里拉"，已不存在。

但"摇石里"还在，"挂网山"还在，"画岭"还在，"松溪"还在，"将军岭"还在，"千年古道"还在……就让我们从上游顺流而下，领略一下这条"画溪"的万千美景吧！

摇石里

南江进入义乌后，经过的第一个村子叫画坞坑。画坞坑村向北，沿着一条南江的小支流，走大约5里山路，就是摇石里村。摇石里，顾名思义，就是有一块石头会摇动。

摇石，在通往村子的必经之路上。它横卧在山道边，中间大两头小。我们上去想摇一摇，可动的是我们，它纹丝不动。据嘉庆《义乌县志》记载："摇石：县南三十

摇石里瀑布。

五里。大数十围，巉岩崩崖，似空中坠者。摇之微动，隐然有声。下有深谷，水从石罅出，望如帘挂。"如今石头不会摇了，但"帘挂"——瀑布，却依然水流潺潺，飞流30余尺，直泻而下。此瀑布名为摇石里瀑布，名列义乌四大瀑布第二位，仅次于松瀑山瀑布。

在摇石里，除了石头会摇，还有一奇，就是两株千年古樟树，它们竟然还有名字，叫"朱宝钗"。我们找遍了村子周围，不敢断定村头的那株古樟就是"朱宝钗"，问村里的老人，他们也不知道。当然，这是20多年前的事了，现在村里的老人也没有了，因为整个村子都下山脱贫去了。

但有一位老人默默关注着这块世外桃源近800年了。他就是南宋时期榜眼朱质的第二个儿子朱镛。据《洪门朱氏宗谱》记载，朱镛迁到了画坞居住，成为画坞摇石里朱姓的始祖。传说他死后就葬在了摇石里。

挂网山

挂网山，因其形像一张挂着的巨幅渔网而得名。

什么时候有了挂网山这个名字？它是如何得名的？翻遍了县志、有关的家谱，都没有相关的文字资料，只在嘉庆《义乌县志》的"画坞图"中，有"挂网山"这个名字。

但传说还是在村民中一直流传着，世世代代。传说，石壁一带的村民，靠着南江边零零星星的土地，种着玉米、高粱、番薯、小米等旱粮作物，维持着艰难的生活。大部分时间，他们靠山吃山、靠水吃水，以打猎砍柴、捕鱼捞虾为生，把这些山里的、水里的"特产"，艰难地背着、用手推车推着，到十几公里外的集市上去卖，换点油盐酱醋等生活必需品。

但是，小小的一条南江怎么经得起沿江村民祖祖辈辈的折腾？虽然，每次大水过后，下游的鱼虾等会大量地游到上游来，但那终究不过是暂时的，经不起捕捞的。特别是枯水季节，水流特别的小，往往是十网九空，不空的那一回，也只有几条小鱼小虾，根本就不够自己塞牙缝的。这种情况下，一位王姓太公感到心神不定，该如何为大家寻找一条生路呢?

一次偶然的机会,王姓太公到佛堂集市买日用品。他走在江边,望着停在码头边的密密麻麻的"义乌两头通"和竹筏,突然眼前一亮,心想,我们石壁不就在江边吗,为什么不搞些竹筏运输的营生呢?一可以把山里的东西运出去卖,二可以以运输为营生赚点辛苦铜钿。

想到这里,他快速地买好东西,速速回到村里。他要召集宗族代表商议商议此事。族人听了,大部分表示赞同,也有一部分提出了疑问:我们沿江也用不了几只竹筏啊,大部分人还是没有营生的。王姓太公说,我们可以走出去啊,可以到东阳去撑,可以到佛堂去撑,只要不怕辛苦,赚钱的机会还是有的。大家说,对是对的,就是要离开家去打工啰,先回家商量商量再说吧。于是散去。

一出门,迎面碰上一位从江里打鱼归来的小后生,大家问他:有收获吗?后生无奈地摇摇头:打了几个时辰了,只捞上来几只小鱼。说着把裙笼口朝给大家伙看看,"只能烧一碗鱼汤了。"大家自嘲地说道。

当天晚上,王姓太公把家里那张鱼网晾挂到后院里,原想着晾干后收拾掉不再打鱼了,谁知第二天一早,那网竟不见了,延伸出去成了一座网状的大山。于是大家便把这座山称为"挂网山"。

从这个时候开始,石壁一带的村民走上了一条拉纤放竹排跑码头的新路子。义乌江航运消失后,他们又跑到义乌城区,干起了拉黄包车的营生,这是后话了。

挂网山。

画坞涵碧和将军岭

碧石日初上，春山风乍晴；偶随黄犊出，闲傍绿溪行。幽鸟淡无语，落花如有声；回看飞瀑下，树杪白云生。

这首题为《石碧》的诗载于嘉庆《义乌县志》卷二，它是明朝时期义乌人，太常博士，吏科、兵科给事中，大理寺右丞李鹤鸣所作。

这李鹤鸣是稠城人氏，在那交通不便的年代，他到石壁去看一看"画坞涵碧"这古代义乌的八景之一，想必也是花了一番功夫的。这首诗作于何年，我没有去查考，但无论是偶然路过还是特意去"旅游"，能令这位官员提起笔来写下一首优美诗章的地方，必然还是有其价值的。

画溪流经石壁地段，江面变得开阔，水流在这里也平稳下来、稍作休息，形成一个巨大的深潭。周围碧绿的群山，倒映在水中，像江水含着一颗巨大的翡翠。江北岸的巨大石壁，也在波光粼粼中时隐时现。难怪，嘉庆《义乌县志》中的"画坞图"标注的是"碧石"而不是"壁石"。"画坞涵碧"果然名不虚传。

据史料记载："溪北岩立如壁，洪涛急湍，萦回冲出，有铿金戛玉之声，村舍傍溪而居者名'石壁'。"这大概就是石壁的由来吧。

再翻翻古书，写石壁的诗歌还真不少：

画坞涵碧，是古代义乌的八景之一。

一片虬松搂女萝，微风鼓荡忽生波，潮翻树杪江初涨，龙吼天门雨骤过，葱倩已分蛟色影，孤标久著岁寒歌，缘知峭壁尤奇绝，石韵松涛两不磨。

这是一首载于《钟墟傅氏宗谱》中的题为《石壁松涛》的诗歌，歌颂了石壁松树的高洁品性，描述了石壁的自然环境。

结庐投老睏群峰，隐隐松杉曲径通；剩种地边千亩竹，近营林下一巢凤。欲眠静绝春来梦，趺坐闲看月坠空；……

这首诗名为《题石壁精舍》，是南宋刘祖尹所作。我们在石壁村参观了这所老房子。三进64间，形成三个大回廊，三个天井。从两条视野贯穿的纵向的弄堂看出去，可以看到南江那碧绿的水和对岸青青的小山。从房屋的规模推测，这是一个大家庭。可以想象，当年这里是多么热闹和繁华。能生存一个大家庭的地方，它的灵气，它的毓秀，可见一斑。

将军岭就位于碧石之上。将军岭其实是一条古道，据嘉庆《义乌县志》记载，这条古道是乾隆、嘉庆年间，八岭坑村人王为本为方便村民的出入而修筑的。"王为本：字振起，诚谨孝友，家世业眼科，本独兼理大小方脉，广施药饵，以济乡邻之贫不能治者。修将军岭、王坞岭等路，倡建石松桥。"至于为什么叫将军岭，大概是"昔有陈将军追（傅）大士至此，忽遁迹不见"（民国《义乌县志稿》）的缘故吧。

金台和金庄

20世纪80年代，由著名评书艺人楼云和编写的精品评书系列《金台三打少林寺》在《今古传奇》连载，因故事情节生动被人们纷纷传阅。1986年4月，话本小说《金台三打少林寺》出版单行本，第1版就印了13.95万册，一下子风靡全国，形成了一股武侠热。

《金台三打少林寺》是根据评话《金台传》改编的。讲述的是宋代贝州捕快金台，为救劫皇纲的绿林好汉郑千、张其而离职，与众好汉结义，先后打擂台、反武场、行走江湖、少林寺习武、与少林寺僧比武、淮安打擂等的故事。故事情节曲折、生动，打斗场景痛快淋漓，让人读了不忍释手、意犹未尽。

如此一个绿林好汉金台，作者说他是"佛堂金庄人"：

皇诏贴到河北贝州，惊动了一位出类拔萃人物。此人姓金名台，时年22岁，乃浙江金华府义乌县人氏，现住贝州梧桐庄他寄母家中……列位一定要问：金台家在浙东金华，因何住此贝州梧桐庄？……原

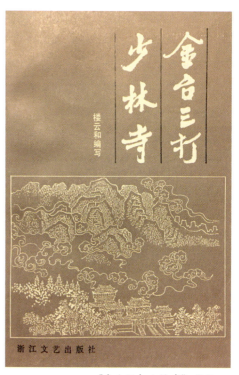

《金台三打少林寺》封面。

来，金台生父名叫白成恩，生母张氏，世居浙东金华义乌县佛堂金庄。22年前，白成恩有个比邻好友名叫金元，字沛然。金元膝下有一个未足岁的婴孩名唤金立，有一天忽被虎叼去。金夫人悲痛万分，几次欲寻短见。白成恩成人之美，将自己安人刚产下之幼子送给金家，并发誓终身守口如瓶。金元夫妇大喜，收下此子，取名金台。金台长到十岁，金元夫妇先后亡故，剩下金台孤零零一人。金台自幼喜好练武，义乌又是武术之乡，如今没了双亲，少了管束，就遍请乡间武师，习练武功。小孩子怎懂理家，师傅请来，任其吃喝，不到两年，本领未曾学好，家中薄产耗尽。十二岁上，金台离乡出走，浪迹江湖，一面打卖街拳度日，一面依旧寻访名师学艺。

这金台可是了不起的人物，周侗是他的入室弟子。周侗的学生有八十万禁军教

头林冲、打虎英雄武松、玉麒麟卢俊义、抗金英雄岳飞等。俨然是这些英雄的祖师爷！

《铁臂金刀周侗传》中说：金台在先朝是一名赫赫武将，原系武林出身，河北贝州府梧桐庄人氏，祖籍乃浙江金华府义乌县佛堂金庄。自幼投师蛋子僧，学得一身出色本领。年轻时广交天下武林好汉，行侠仗义，曾偕同结义弟兄，力挫七十二座擂台，打遍天下无敌手，获"天下拳王"之称。

那么，故事中所说的"佛堂金庄"在哪里？据佛堂文史爱好者贾沧斌考证，应该就在南江北面的许宅村东！"许宅77岁的老人孙仁鑫告诉我们，他爷爷对他说，许宅村东的金庄原来是金台的家，后来金台出家以后，没有后人，这金庄就成了别的姓氏的家了！"①

云黄山和云黄寺

据嘉庆《义乌县志》载：

云黄山，县南二十五里，一名松山。梁傅大士于此行道，黄云盘旋其上，状如车盖，故名。有峭壁高百丈，广三十五丈，下临画溪，五色相映。有穿身岩，因大士穿石壁而出名。有喂虎岩，因大士以斋余饭喂虎名。《十道志》云："山多元熊赤豹，大士化之，后不复出。"又有饭石，乃喂虎余饭所化，青白而紫。

---

① 《金华日报》2011年3月4日。

云黄山远眺。

又有七佛峰、行道塔、旋狮池诸迹。

又云黄寺：

云黄庵，县南二十五里，云黄山顶，旧名"七佛庵"，明初更今名，有七佛阁。梁傅大士行道塔七级，大小三座。塔前有铁树，枝叶剥落，一干傲立，肤理不腐，顽黑如铁。永乐间，僧如松、里人丁彦明重修塔宇。国朝康熙戊午八月二十七日夜，怪风中塔仆。

沿河诗抄

云黄山

（宋）杨杰

山路崎岖山顶平，
兜罗云向下方生。
了知大士梦中梦，
更去如来行处行。

云黄山因为有了傅大士，增加了许多神奇的色彩，原有的多处景点，如穿身岩、喂虎岩、饭石等，都随着历史的风化而淡出了人们的视野。历史有时候就像一株刚刚长成的笋，任何人和事，包括地球表面的物像等就像是一张张笋衣，随着笋的成长，这些笋衣一点点剥落、腐烂，渐渐化为尘土，为人们所淡忘。而那株笋，则渐渐成长为历史本来的面貌。

远望云黄山，万绿丛中有一黑白相间的古塔高耸入云，在翠绿的山顶显得特别醒目，据说这是傅大士的舍利塔。相传，傅大士得道于双林寺后，为了六根清静，在此山顶的坳谷中建有净室三间，作为藏修之处，每月初一和十五两天，大士正坐给弟子说法，真言处见黄云如伞，盖于上空，故名云黄山。陈太建元年（569）大士圆寂后，骨灰分两份，一份安放在坟墓的塔中，一份安放在山顶的塔中。坟墓的塔也应在云黄山中，不过现在已难觅其遗迹了。

善慧傅大士塔下有云黄寺，内有建于清光绪二十三年（1897）的经幢一座，及残存的部分清代石柱木梁。寺院中有一株八百年罗汉松，至今郁郁葱葱，生机盎然。

此后的1400余年间，云黄寺和善慧傅大士舍利宝塔历经沧桑，几经废兴，康熙戊午年（1677），就曾被怪风吹倒，后又重修。三座塔中的其他两座塔遗迹至今无考。

云黄山因为有傅大士，在这里发生的故事注定与他有关，如螺蛳没有屁股的故事、"长生塘"里的虾半青半红的故事等：

孩提时的傅翕奇事不断。烈日下，他跟娘舅给粟谷筒苗，黑云会飘浮在他头顶，使他免受太阳的暴晒。每每出去捕鱼捉虾，同行的人所得无几，而他却总是鱼虾满篓，乡邻称奇。

南天竺的菩提达摩来到中国，途经义乌。一日，达摩见云黄山顶黄云盘绕不散，佛光暗露，便速速赶到那里。但见云黄山脚旁一池塘内，塘水清澈见底，一垂耳青年正在捕鱼。他睁开法眼一看："大士（即菩萨），大士！"在塘中捕鱼的傅翕抬起头来，只见一神僧双手合十，面朝自己，便搭腔道："大师，你唤何人？"达摩说："当然是唤你啦！你乃弥勒转世，还不快快登坛立教，代释迦坐道，岂有闲功夫在这里捕鱼！"傅翕不相信。达摩道："若不信，你回家去把你母亲炒熟的鱼虾，放到此塘中便知原委了。"

傅翕急急往家赶，只见老母正在炒虾。傅翕就把已炒得半边红的虾盛进钵头，一阵风似地赶回塘边，把虾倒进塘里。奇迹出现了，那半边红半边青的虾刚到水里，就活蹦乱跳起来。那些虾儿摆动着胡须，舞着两只大腿，向傅翕点了几下头，就向池塘的深处游去。

傅翕见状，便信达摩之言，遂请教修身立教之法。达摩环视云黄山下四周的青松翠柏，指着双梼树说："此可栖也！"傅翕乃携妻子（即妙光师太）在双梼树旁结庵修炼，创建了双林寺。①

---

① 综合《义乌地名故事》中傅大士的故事。

第五章 鱼米之乡棹歌回

第一节 久旱识得农家苦

毛泽东主席曾说："水利是农业的命脉。"在没有水库只有水塘、望江兴叹的古代，水，对农业来说，简直就是命根子，所以毛泽东主席的总结是非常到位的。干旱的日子、抗旱的农活，是现代年轻人无法想象也无法理解的。同样，人工降雨，向老天去要水，也是过去的人只能想象而无法办到的事情。

如今的义乌江，因为各段都造了水坝、水轮泵站，上游又建了水库，已经不会出现河底断流的情况了。沿义乌江又造了非常漂亮的江滨绿廊，整个城市就像一座公园。只有义乌江的最上游和下段，目前还保留着一些古朴的风貌，依稀可见原始的沧桑。

据《义乌市水利志》记载，义乌的干旱指数全省最高，水面蒸发量也是全省最高。再加上水资源在时间、空间分布上的不均匀，极易造成洪灾、旱灾。

下面是一些历史的记载，现整理如下：

明朝天顺年间，原毛店乡毛店村东的坞姑山一带连年干旱。现坞姑山西侧山脚一块岩石上，有摩岩石刻记载了这一事实，其文曰：景泰七年丙子（1456）至天顺三年己卯（1459），连年大旱，开通水甽于猫儿塘……

1914年，大旱。义乌江断流，人可来往。旱期70余天，沿江挖坑取水，何宅村16部水车"踏江车"，一层一层传递送水抗旱。

1934年，夏大旱50天，黄山一带颗粒无收，全县平均收成只有往年的五分之一。贫户野菜充饥，灾民典质无着，十室九空，哀声载道。

1944年，7月开始，40余天无雨，农作物基本干枯。当年救济灾民11122人。

1951年5月1日到6月23日，夏旱70余天，全县受灾农田1.36万亩。

1962年12月18日到次年4月16日，连续干旱120天，其中有39天，滴雨未下。

够了，不必例举太多。据统计，1949年以后至1985年前，平均每2—3年中即有一年是旱年！1949年以前是不完全记载，平均每8年必有一次旱灾，注意，是旱灾！

当旱灾来临，塘里、溪中的水都已用光，无水可以灌溉时，义乌江两岸的农民就会自发组织起来，你这个队出一条水车，我这个队出一条水车，大小水车一台连一台，摆成一条龙，从义乌江底到江岸，一级一级车水，村民们叫作"打江车"。

在靠天吃饭的日子里，抗旱浇水一直是重要的农活。自汉代发明水车以来，这个东西使用了近两千年，说明这个发明的伟大。

20世纪70年代前，水利设施条件差，地处丘陵地区的义乌，用水矛盾非常突出。

先来说说车水的工具。

水车的发明者真是一个天才啊，想象太丰富了。不仅结构精巧，而且造型美观，架在水塘与田垄之间，颇像卧龙。

水车。

水车由龙头、龙骨、龙骨板、车槽、车轴、车拐、牛机、架车轴机座、车杠等组成。水车的滚轴按上车的人数，分2人轴、3人轴、5人轴、9人轴等。水槽，木制，长4-8米，一头伸向水塘，一头伸向田垄。龙骨板由一组长长的取水的木板锁链叶子组成。几个人并排趴在架子上面踩动车轮子，车轮子带动取水的木板锁链叶子，水塘里的水就从那长长的木制水槽里被车了上来，再通过水沟进入田里。

车水是一种繁重的体力劳动，一上水车，脚步就不能停，一天下来，等于跑百十公里。上车不仅要跑，还要用力蹬踏，速度慢一点，水就会漏走。因为叶板与水槽两侧的木板是有空隙的，要达到力气与效果成正比，诀窍就是"快"。

车水都是男人的事。1949年以前，有的男人车水光着身子，车得满身大汗，歇下来时溜进塘里洗一把，那个爽。因此，那时候女人出门都带把伞，一挡太阳，二挡车水的男人。解放后文明多了，但大多也就穿个大裤衩。

繁重而漫长的体力劳动需要提神、鼓劲，因而一般地区就有了车水号子或车水歌。

从下面这些民谣中，我们可看出打江车是一种怎样的劳动状态：

踏水歌

日日西南风，长车短车水底龙。

踏水踏得背脊弓，肚皮空，脚底起泡一片红。

上丘下丘晒得如马鬃，胖肚晒得两玲珑。　　　　　（采集于北苑街道柳一村）

踏水歌（另一版本）

红白日头赤烘烘，

长车短车水底拢，

拢到脚筋弯，

脚底起泡一片红，

五爬四搔请农工，

辛辛苦苦买田料，

到头还晒一场空。　　（采集于北苑街道万村）

接龙（求雨）

甲辰年，晒得凶，

本数丘丘丫蓬蓬，

蜡（谁）晓得，一晒晒去无影踪，

田龟拆（裂缝），

稻闷筒（孕穗后出不了穗），

长车短车水底龙，

老老少少脚底踏得起泡红彤彤，

兴兴恢恢聚起一阵侬，

听讲深塘坞里京潭里有真龙，

接来一株（条）泥鳅作真龙，

哪里晓得仍旧无影踪，

接龙求雨还是一场空。　　（采集于城西街道夏演村）

打江车时，全村劳力统一调配，有力出力，无力出钱（请人）。车水时，停人不停车。一边车水，一边喊着号子。然后会根据你家农田的大小、水路的远近、土质情况等，来分配水量。

打江车时，要先考察地形，选择好引水的路线。然后是做好各级埠头，摆好各级水车，这些活都是需要经验的。试车、游水路后，就可以正式打江车了。

1914年，廿三里何宅村从义乌江中提水16级抗旱！

1953年，原合作乡山脚下村：沿江安排3台（三处三级），将水提扬5～7米，水流至山脚下村边，再安排13台，从山脚下提水6—30米，到石塔下、石麻车、陈塘、燕里等村，再浇灌农田。

最下面一台叫"水门车"，顾名思义，水的大小由这台车控制，相当于一级电灌机埠，这里如果没水了，上一级是无水可车的。所以，这台车的吨位一定要大，需龙骨车二丈四（鲁班尺），有9人的踏位，也有8人或10人的；第二台需6-7个踏位；第三台需7-8个踏位，基本上是最高的地方了。

东方刚刚露白，水门车就要开工了，这个时候干活很凉爽。第二台开工前，你先要蓄满一定量的水。水车一开工，基本上是歇人不歇车，一天到晚约踏4500转。有的农户劳力不够，怎么办？雇人。1949年前后，雇工的工资约每天20斤米（要包吃）；二十世纪二三十年代，雇工的工资，约为150个铜板（300个铜板可换一元银元）。

有人也许会说，干吗不用抽水机？先生，那时还没有。

义乌市志编辑部原副主编张金龙在《义乌文史资料》第四辑上面，发表了一篇《打江车》的文章，现摘录如下：

打江车

黑黝黝的天，稀疏的星，没有一丝风。热烘烘的空气，蒸腾着稻禾的气息，只有几点旱烟筒火一闪一闪的。几十丈宽的义乌江，变成了一条窄窄的带。陡峭的溪岸上，大水车头咬尾、尾咬头，连成一条长龙，把深深的江水翻上山头，这就是打江车。

"轮子转起来哟——"领唱的男子汉吼起了大嗓门，悠悠地拖着长腔，直到青松枝"啪"地一声打在地上，才刹住尾音。马上，"车子过一轮哟"，雄伟的和声骤起。这就是打江车的号子歌。号子歌歌词简单，一轮之后又一轮"哟"，接着是二轮加一轮"哟"，直到五轮加五轮，即水车转了十轮才算一大轮。轮者，大水车头上的木齿，嵌在一根粗圆木上，木头上钉着七八对十字交叉的踏脚，人踩在踏脚上，使木齿轮转动起来，带动了车板链条，大水车的尾部也有一小齿轮。"深深的池塘里有条长弄堂，弄堂里有走不完的小姑娘。"长弄堂就是车壳，小姑娘就是连成环形链条的车板，周而复始的转动，水就被一节一节的车板顺着车壳带上来了。"车子过一轮哟"后面的拖腔，刚好大齿轮转了一轮，轮轴一端缚着一根青松枝，车转一轮，松枝就"啪"地打在地上，这就是号子歌的节拍。号子歌的调与婺剧散板流水有点相似，比较自由。

"哗哗"的水声，就是天然的伴奏。四五辆大水车连成一条龙，几十个男子汉，就是一台大合唱，天当幕布，地当舞台，曲调雄浑，气势磅礴。

打江车是一种带有原始味道的重体力劳动。离江岸几十丈深的江水，就是靠人力车上来的。大水车有三四丈长，一架车就得十人八人踩，水车与江面是五十多度斜角，一车水足有千把斤重。车水的男子汉双手扶在横木上，双腿蹬直，如负重登山，有了号子歌，才能齐心合力。打江车往往是大旱时，连日连夜，换人不停车。人们疲劳加瞌睡，没有号子歌提提神，一不小心就会跌下去，那可不是玩的，不是头破，就是脚断。号子歌还是计时器，五十大轮换一批人，谁也占不了半点便宜，比点香点蜡烛计时科学。

打江车由来已久，据说江西的水车，就是义乌殿下村的楼杏春，清末在江西石城任知县时介绍过去的。义乌江纵贯义乌，有80来里长，江两岸万亩农田，旱年就靠打江车灌溉。这和小塘小溪里车水不同，那叫打溪车、打塘车，溪与塘毕竟比较浅，所以水车也短，车水的人也少，妇女儿童也能帮上忙。东阳江日夜冲刷，水位越来越低，所以堤岸又陡又高，水车就得特别长，光一只车脚毛重就有两百斤。江边上人说，背不动车脚就不配打江车，所以打江车都是青壮年男子汉。他们平时单门独户干活，难得聚在一起，精力充沛，就不那么安分。一忽儿把车踩得飞快，下面的水供应不上，上面的水则车不完，他们就会大喊大叫："松踏头（没用的人），饭未吃饱吧！"当然，他们自己也会有疲劳时，车速慢下来，下面的车和上面的车开始报复，也踩得飞快，结果出现下面吃不了，上面没水车的局面，于是就反讥他们是松踏头、饭桶。

打江车的劳力，一般按户或按田亩摊派，家里没有男劳力就得去外地雇请。一架车子夹进了生人，常常出洋相，一是车子踩得飞快，他们就会跟不上，甚至吓得双手抱住横杆、双脚缩了起来，谓之挂倒钩，就会惹人笑话。摆水车更是一项综合技术，摆得不平不正，不但车不上水，还会有翻车的危险。打江车的男子汉一律赤脚光背，草帽也不能戴，只穿点短裤遮遮羞，实际上无法穿长裤，车板上飞溅的水，会把衣裤都淋湿。火辣的阳光把背与腿烧成了腊肉皮似的，即使泼上了一盆水，也不会留下一星半点。十几条粗壮的腿，踩活了一条龙，龙尾吸水，龙口吐水，所以当地农民都把水车叫做龙车。车身上都请教书先生书"出则为农家淋雨，入则为汉室卧龙""始启车轮水即注，义乌鲁班巧运木""南山古木化为龙，一入江河雨便通"之类的词句。号子歌就是这些降龙手骑在龙身上吼出来的降龙曲。

1952年夏，义乌县文化馆王道等几位音乐教师到徐村乡荷叶口村采风。他们听到降龙伏虎般号子歌时，兴奋得不得了，就与当地农民一起打江车，跟着学唱号子歌，再谱上曲，教义乌中学的学生唱后，挑选唱得最好的一男一女两位歌手到杭州参加浙江省民歌会演比赛。他俩边唱边跳打江车舞，深受省文化厅领导的赞赏，认为可与黄河船夫曲、陕北民歌媲美。这年夏天，久旱下雨，农村中迎神接龙，拜佛求雨等封建迷信活动复活，曲艺人根据号子歌的调，编了首民歌，动员群众抗旱："不要相信迎神接龙，长车短车快向水府冲。找水源，挖水洞，人力一定能胜天公。迷信害人几千年，聪明人不要再被它愚弄！"

现在义乌江两岸，已是机埠林立，渡槽高架，打江车抗旱的时代早已过去了。但是，打江车集体劳动那种坚韧不拔、豁达乐观的精神，降龙伏虎般的气魄，步伐一致，同歌一曲的和谐，仍闪耀着金子般的光辉。如今江两岸的服装专业村西陈、五金专业村九联、塑料专业村如甫的农民，不是靠这种精神，率先富起来的吗？他们吼着时代进行曲，走在全县人民的前面。（稍有改动）

总的情况介绍完了，下面大家来领略一下车水（抗旱）歌，回顾一下在毒辣辣的太阳底下的"烘烤"生活：

车水抗旱歌

一位过啰！二位来啰！啊！

二位过啰！三位来啰！啊！

三位过啰！四位来啰！啊！

四位过啰！五位来啰！啊！……

（民国至中华人民共和国成立初期广泛流传于义南的佛堂、倍磊、赤岸、东朱、毛店等地，采集于赤岸镇黄路村）

数 车 子 歌

王益良等词曲
张 威 如配谱

辽阔、高亢、昂扬

‖: 3 5 6 3 5 — │ 5 6 3 6 5 — │ 5 3 5 6 3 5 — │ 3 5 5 6 5 — │
头 一 做 难 做　　　一 双 两 台 过　　　二 一 末 三 来 啰　　　三 双 四 台 过

5 4 3 6 5 — │ 6 6 3 6 5 — │ 5 6 6 4 5 — │ 6 6 3 6 5 — │
三 两 五 来 啰　　　三 双 六 台 过　　　四 三 七 来 啰　　　四 双 八 台 过

5 6 6 4 5 — │ 6 6 3 6 5 — │ X X X X X — │ 5 6 3 6 5 — :‖
三 六 九 来 啰　　　五 双 十 台 过　　　一 起 呼 号 哦!　　　一 回 零 一 啰

　　这首车水歌，是赤岸黄路一带的农民吸取祖辈车水歌的唱腔而创作的一首车水歌。唱着歌劳动，不仅可使人的精神振奋，减轻一些疲劳，还可计算时间和水量。如某户需要水量100圈，当脚轮转到100圈后，全体车水人会一起呼号，表示该户水已足，通知分水人（他们通常会在附近树荫下休息）注意，同时撒下谷壳作浮标。当这些漂浮着谷壳的水流进你的田里后，就有人把你家的"田缺"填高了，不再让水流进去。而用水户总会磨洋工，不让人来填"田缺"，总想着水流进去越多越好。

　　20世纪70年代中后期，基本上还是采取这种计量法，我们小时候就见识过。

　　一户车罢，换上另一班人，继续车水唱歌。如此循环往复。

数车子（一）

车子过一啰，车子一双两踩过；

车子一两啰，车子二双四踩过；

车子三两啰，车子三双六踩过；

三四来七啰，四双八踩过；

四五来九啰，五双十踩过。

车子一回另一啰，车子一双二踩过；

车子一回另二啰，车子二双四踩过；

车子一回另三啰，车子三双六踩过；

车子一回另九啰，车子五双十踩过。

车子一回另二啰，车子一双二踩过；

车子二回另三啰，车子二双四踩过；

车子三回另四啰，车子三双六踩过。 （采集于稠江街道官塘片下沿塘村）

数车子（二）

车子么过另一味，一味逢双两踩过；

一两未到另三罗，三味三还车子四踩过；

四另两三到五罗，五味两三六踩过；

六另三四到另七味，七过味两两四双八踩过；

八过四五三六九罗，九过来两两五双十踩过；

十过一来一踩过，十过逢双两踩过；

十过三还车子一两三踩过，十过四，两两四踩过…… （采集于稠江街道经发片黎明村）

踏水车数车子歌

车子过一，一双二车过，双一令三，二二对四，三三过五来，三双六车过，四三七来了，四双八车过，三六九来了，五双十车过。

车子一十一来了，一回一双二车过，一回双一令三，一回二双四车过，一回三二令五，一回二四六来了，一回三四七来了，一回三五八来，一回四五九来了，十双过廿来了。

二回过一廿一来，二回过双来，二回双一令三，二回双双四车过来，二回三二五来了，二四三双六车过，二回四三七来了，二回四四八来了，二回三六九，车子踏三十来了。

三十过一来，三回一双二过，三回一二三来，三回二双四车过，三回三二五来，三回二四六来，三回四三七来，三回四双八车过，三回四五九，车子踏到四十来。

四十过一四十一，四回一对二、四回一三三来，四回二二对四来，四回二三五不来，四回三双六车过，四回二五七来，四回三五八来，四回三六九来，车子踏到半百来。

（采集于江东许宅村）

水车车水，都是大片农田干旱的时候，一些规模不大或面积较小而又临近水源的农田或旱地，就只能用工具提水了，如竹木制的戽斗、戽桶等。当然，那是分户干活了。

1953年7—9月，全县大旱，县人民政府决定把一台4×4旧水泵（抽水机）修好，配上当时县城唯一的一台16匹马力的木炭发电机（当时电灯公司发电的动力），在稠城的篁园、东江桥两地轮流抗旱，各抽水6天6夜，灌溉农田1000余亩。这是义乌历史上首次使用机械提水灌溉。

《义乌市水利志》中的抽水抗旱示意图。

义乌江边的农田。

　　1954年12月，经浙江省人民政府农业厅批复，义乌开始建设石柱埠机埠（赵宅机埠），当时称为"义乌县人民政府佛堂抽水机站第一机埠"，安装抽水机2台，配装40匹柴油机2台，灌溉赵宅、石宅、稽亭、佛堂等村4000多亩农田；"义乌县人民政府佛堂抽水机站第二机埠"是下宅江沿机埠，安装20×20抽水机2台，配装40匹柴油机2台，灌溉山脚下、吴头、鸡脱凤、楼宅等村农田2000亩。同时配套建设机房、渠道、护岸、静水池、机器机脚、闸门、渡槽等。1955年4月，义乌有史以来第一个机械提水灌溉工程建成。同年5月1日在机埠工地举行抽水典礼，县区领导、附近村人民群众几百人参加，大家喜气洋洋，欢声鼓舞。当机器被发动，一股白白的水流从铁管中喷出来时，欢呼声、呐喊声响彻一片。大家惊奇于这个机器有这么神奇的能力，也为自己能够从这么繁重的、辛苦的劳力中解放出来而欢呼！

　　1955年下半年开始，机埠建设全面铺开：东江桥机埠，装60匹柴油机一台，灌溉农田3000亩；童店机埠，装60匹、40匹柴油机各一台，灌溉农田4000亩；抱湖塘机埠，利用原农场渠道及机埠机房，装40匹柴油机一台，灌溉农田2500亩。这些机埠在

1956年全部建成。

1956年到1958年，从上游的何宅起，义乌江沿岸有厚义、船埠头、下骆宅、义驾山、下傅、东山头、西赵、江南海云寺、杨宅、竹园、舟墟、后芹、陈店、陇头朱等地共30多处，建起了固定的机埠。义乌江沿岸的农田用水基本得到解决。

只是，除了海云寺、竹园两地用柴油机动力外，其他地方都是用木炭动力机。直到1967年才全部改为柴油动力机。柴油动力当然要比木炭动力来得大，抽水效率成倍地增加。

1964年，位于义驾山的"义乌变电站"建成。同年8月，义驾山机埠改为电灌站，这是义乌第一个电力灌溉工程。电闸门一开，水就上来了，比木炭动力不知要省多少事情。接着，义乌江边上的东江桥电灌站、西江桥电灌站、联合（舟墟）电灌站、稽亭电灌站、下骆宅电灌站、王宅电灌站、平畴电灌站、廿三里电灌站、官塘电灌站、畈田朱电灌站等相继建成，彻底解决了义乌江两岸大部分农田的灌溉问题。人力水车，终于退出了历史的舞台。

义乌江，为义乌的农业生产作出了巨大的贡献。

香溪与义乌江交汇处的电灌站。（摄于2017年7月）

第二节　翻波活鲤落日归

1949年以前，流传在义乌城区一带的这句"油口歌"，内涵真是太丰富了：

宗塘豆腐山口柴，东江桥（村），捞水柴，鲇溪补破鞋，金村樊村兜（捕）虾卖。

"东江桥（村），捞水柴。"我们在第二章"东江桥"那一节中，作了简单的描述。"金村樊村兜（捕）虾卖"，道出了义乌江沿岸的百姓，充分利用义乌江的渔业资源维持生计的事实。

一条大江两头通，鱼，是自由的，上游的鱼可以下来，下游的鱼可以上来。鱼，又

捕虾，义乌话叫兜虾，即用一个三角形的工具，把虾赶到网里面。（图片来自网络）

是不自由的，当被渔民捕获，就意味着生命的终结。

在义乌江，流传着一个传说，说的是海龙王的女儿月姬公主化身鲤鱼，顺着钱塘江朔流而上，沿着义乌江，到了钓鱼岩地段，被渔夫王宝钓上来。看着王宝，鲤鱼精流下了眼泪。王宝妈看着可怜，就让王宝把鱼养在家边上的小池中。

从此以后，每天早上，王宝家的锅里都会米饭飘香。王宝妈感到很奇怪，有一天天没亮，她就躲在锅灶边上，看见一位身披大红罩衣的年轻美貌女子，从水池中走出来，走进厨房烧饭。王宝妈壮起胆子，走出来抓住了姑娘的手。姑娘顿时慌了神，连忙道个万福，请求王宝妈原谅。

向往人间生活的东海龙宫二女儿月姬公主，就这样嫁给了王宝，过了一段幸福的时光。

沿河诗抄

清湖渔唱

（清）陈德珽

淼淼晴湖水，
渔舟向晚停。
歌残秋月白，
唱澈暮山青。
片席扬芦渚，
孤灯出苇汀。
酒酣横短笛，
隔岸有人听。

然而，同大部分的悲剧故事一样，龙王发现了这个非同类的婚姻，坚决要拆散他们。于是，月姬公主被虾兵蟹将抓回去了，王宝为了寻找月姬公主，纵身投入了义乌江中……

龙王的女儿没有来过义乌江，东海中的鱼类倒曾经溯流而上，到过义乌。

据县志记载，义乌江、大陈江中的鱼类资源非常丰富，除了青（鱼）、草（鱼）、鲢（鱼）、鳙（鱼）“四大家鱼”外，还有吻鮈、花䱻、马口鱼、棒花鱼、麦穗鱼、鮤鱼、鳑鲏鱼、青鳉鱼等小型经济鱼类；甲壳类有青虾，河蟹；爬行类有乌龟、鳖；腹足类有田螺、螺蛳、福寿螺等；瓣鳃类有河蚌、黄蚬等。

明崇祯《义乌县志》“物产”篇中，记载在“鳞之属”“介之属”之下的鳞壳类有30多种：鲤鱼、鲢鱼、鲫鱼、鳙鱼、鳜鱼、䲡鱼（泥鳅）、鳗鱼、黄鳝、鲇鱼、青鱼、白鱼、车鱼、乌鰦、金鲤、张鳊、彭皮、黄鸭、石班、步朕、穿山甲以及龟、鳖、蚌、蟹、虾、蚬、螺蛳、田螺、螃蟛、长蚬等。

有鱼就有渔夫。义乌江两岸，曾经有过一支几百人的渔夫队伍。1990年5月，在义乌渔政管理站登记的渔夫（为什么不叫渔民？因为这些人是半农半渔的，所以只能叫渔夫）有220人。这些人中，虽然有93人未年审，不能下水捕捞，但还有127人经常出现在义乌江的水面上，那些没有登记的、零零星星的捕鱼者也不在少数；1998年，义乌渔政管理站发放了80多本捕鱼证；2000年底前，只剩下21人左右还去江中转一转，捞点小鱼小虾。2001年开始，义乌江中已经全面禁止捕鱼，不再发放捕鱼证了。

生于1929年的王伟英老人是义驾山人，他在1983年从省某地质大队退休后，十五六年如一日，除了大年初一，天天划条小船到江中去捕鱼。他虽然是"半途出家"，但他说，对捕鱼，他是有情结的。小时候，他天天跟在太公后面到义乌江去捕鱼。那个时候，江中的鱼真是多啊，随便走到哪里，都可看到成群成群的鱼在江中游来游去，那些鱼，又肥又壮。一网放下去，除了鱼，还经常会打上来一两斤重的鳖，半斤左右的还嫌小，会把它再扔回去。在浅水边，那半透明的虾也是结队在水边嬉戏。一天捕下来，总能打到好几筐鱼。20世纪八九十年代，他们义驾山有4户农户靠捕鱼建起了3层楼房。

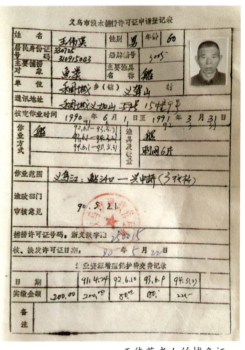

王伟英老人的捕鱼证。

捞鱼、捕鱼也各有绝技。如用网"粘鳞"，即把网放入鱼群出没的地方，总有一些鱼钻到网孔里，被粘住；如撒网，即一人撑船，一人撒网。不过这种网有七八斤重，每甩一次，再拉上来，没有一点力气还真是不行；如竹签钩鱼：义驾山村的王立勇家有一项绝技，他家从爷爷辈开始，就会用竹签钩鱼。用一根麻线拦腰系住一根牙签大小的竹签，把竹签拦腰弯过来，两个头并在一起，形成弓状，在头上插进一粒煮熟了又晒过的麦子。把同样的一些麻线和鱼饵，系在一根稍粗的麻线上，形成一串，放入水中。鱼一咬麦子，竹签便会弹直，把鱼嘴撑住。渔夫过一段时间去收一回"战利品"就行了；如钓黄鳝，这种活儿，我们小时候也干过：找一根比筷子稍长的细铁丝，一头弯一个小勾，一头绑在一根细木棍上。带小勾的那头，穿过一条蚯蚓，注意，要把铁丝穿过整条蚯蚓的肚子，铁丝千万别露出来。工具做好了，然后到江边，找比五分硬币稍大的泥洞，刚好在水面位子的，要新鲜的洞口，这样的洞里面藏有黄鳝的概率比较大。把这根带蚯蚓的铁丝伸进这个洞里，然后另一只手用手指弹击水面，一直弹，黄鳝听到水面上有声音，就会出来觅食，在洞口里面闻到蚯蚓的腥味，就会咬钩，就会往洞里拉。感觉有东西咬钩，你把它拉出来就行了。

捕鱼的方法还有很多，就不举例了。

渔政部门的人曾经作过估算，义乌江里的天然鱼，1950年产量约有50吨，1958年有75吨，1978年有55吨，1985年有25吨。到了20世纪90年代，就只有十几吨了，而且这其中还有许多鱼是发大水时从上游的水库里被大水冲出来的。鱼的产量呈逐年减少趋势。渔政部门发放捕鱼证，同时也规定了捕鱼的范围，如只能在"徐江桥—永和溪口""鲇溪口—兴中桥"段捕鱼等，是为防止渔夫们因争鱼而打架。因为，历史上鱼多的时候，确实有人因争鱼而打过架。20世纪90年代后，鱼越来越少，还不能吃。打架的事情自然就销声匿迹了。

但老人们还是对热热闹闹的义乌江念念不忘。渔政部门的管理人员也对这些曾经活跃在义乌江上的渔夫了如指掌。以1990年登记过的220人（其中含未年检的93人）为例，江南村40人，西江桥18人，合作晓联村12人，杨宅村10人，后成9人，中央村7人，塔下洲、佛堂竹园、何店、杭畴各6人，江湾的碑塘下、姓贾、下街、崇山、桥头山等共23人，义驾山、楼村各5人，下傅、桥西、龚大塘、童店、下宅江沿、荷叶口、舟墟、永和各4人，石壁、画坞坑、下朱、桥东、隔湖、葛仙等31个沿江村子各1-3人不等。

20世纪90年代开始，义乌的经济开始飞速发展，伴随着城镇化、工业化，生活污水、工业废水大量排入江中，义乌江的水遭受严重的污染。鱼越来越少，就是有鱼，也带有一股浓浓的柴油味。专家说，这鱼有毒，不能吃。不仅人吃了有毒，当水体被高浓度的酚污染时，鱼也会中毒死亡。于是，我们经常见到江面上一片一片的死鱼出现。

经济高速增长与环境承载能力的矛盾日益突出，人民群众对美好生活的向往越来越强烈。面对发黑发臭的江水，面对岸上一堆堆的工业垃圾，义乌人民开始觉醒，经济的高速发展不能以牺牲环境为代价，生活的逐渐富裕不能以失去美丽的家园作为交换。我们发展经济的目的，是为了提高生活质量。如今，经济发展了，生活质量却下去了，这还是我们的追求吗？

于是，从2013年开始，波澜壮阔的"碧水商城""五水共治"等行动实施，政府部门投入大量的人力、物力、财力：2013-2015年，每年投入10亿元，对生活污水、工业废水进行集中整治，每个镇街建设污水处理厂、开展雨污分流、基础设施重新建设，建立"河长制"、督考机制，对义乌江实施无投饲清洁养殖，修复生态；对义乌江捕捞垂钓、电毒炸、使用违规渔具等行为严厉禁止；开展"碧剑"行动，对制砂、洗车等行业的偷排漏排行为进行整顿；每年向义乌江投放几百甚至几千万的各类小鱼苗等，就是为了恢复水的自然生态环境。

经过几年建设，义乌江水变清了，鱼的臭味没有了，白鹭又开始在江面上盘旋，江中游泳的人也出现了。

2016年12月，《浙江画报》出了一期义乌"五水共治"专辑，这是对义乌几年治理污水的一次全面的总结。其中，有一位四年级学生写的作文，韵味深长：

一天晚上，我在梦境中游移，恍惚间，化身成了一只酣睡的白鹭。

睡梦中，我抖了抖尾巴，醒了。现在是春天的清晨，万物都还笼罩在一层薄薄的雾里，在义乌江畔还没有一点点人影。

我在义乌江畔徘徊，那里曾经是我的家乡。曾经的黑污水，侵蚀了我们生存的地方。突然，我闻到了一种特有的味道，啊，那是产自义乌江的，新鲜的鱼的腥味。

我展翅滑翔，心欢快地跳着，越来越快。渐渐地，在晨曦中，我看清了自己在义乌江中的倒影，看清了水面上的涟漪，看到了久违的同伴身影……翠鸟回来了，池鹭双双对对，伯劳忙着筑巢……

带着甜梦的微笑，我慢慢醒了。梦中的一切是真实的吗？我的伙伴们去哪儿了？

突然，一个飘逸俊美的身影静静地落在岸边的水面上，一只白鹭！竟然与我梦中的记忆一模一样！

我默默地看着白鹭，它也默默地看着我。突然，我笑了，卷起双手对它喊："欢迎你回家——"

白鹭轻轻一跳，飞了起来，划过了江面，也在我的心里划下了一道美丽的身影……

有一天，义乌江畔会成为人、动物、自然和谐相处的美丽仙境。而这一天，已经到来。

第六章 一波才动万波随

第一节 十年河东，十年河西

明朝末年的小说作家"西湖渔隐主人"是乘船来义乌的，因此，他在小说《欢喜冤家》第二回以住在"义乌县桥西曲水湾头柳阴之下"的吴胜为主人公，描写了他征战回来在路上遇害，然后托生报仇的故事。这个题为《吴千里两世谐佳丽》的故事写道：

一程竟到义乌县。问起吴家缘由，人俱晓得。悉道吴胜阵亡，其妻不嫁，真个是节女。何立道："吴家住在何处？"回道："桥西曲水湾头柳阴之下，小小门儿的便是。"何立别了，竟至门首。扣了一下，只见里面问道："是谁？"何立道："开门有话。"那门开了，恰是一个女子，有三十余岁光景。生得：

花样娇娆柳样柔，眼波一顾满眶秋。

铁人见了魂应动，顽石如逢也点头。①

---

① 《欢喜冤家》第二回，北京师范大学出版社1992年版。

桥西，是徐侨后代曾经居住过的佛堂桥西村，还是义乌城区某桥的"桥的西头"？我们已不明了，但作者告诉我们这样一个事实：义乌有一个地方，水是弯来弯去的。

400年过去了，如果是桥西村，那它早已远离义乌江，处在一片陆地中了。

与此相反，江东街道的下湾村，在1922年壬戌特大水灾前，离义乌江有好几百米远。壬戌水灾后，河道南移，江之南岸渐渐靠近下湾村了。1942年洪水后，更加靠近了。从此以后，下湾村已是"临江而居"了。

1922年前，义乌江流至大湖头村的北边后，曾经分为上下两条支流。南边支流在树金村（见本章第三节第231页"义乌江截弯取直示意图"，即图中标示的"如京"，现已冲毁）北边流过，北边支流在白岸头村南流过，两条支流在后张村北合为一条。这两条支流之间有一大块河滩，为了争夺这块河滩的所有权，1918年秋天，下湾村和白岸头村打了一场很大的"群架"，场面惨烈，白岸头村用"土炮""台枪"打死了下湾村3名村民。后来双方怎么平息了，这块河滩归谁所有了，历史都没有记载。让两个村都意料不到的是，壬戌大水把树金村冲没了，也把这块河滩冲没了，上下两条支流合二为一了。他们付出鲜血代价的争夺目标一下子无影无踪了，不知两个村的村民是什么心情？郁闷，失望，或者瞬间悟透了人生？

在佛堂镇老市基和赵朱村之间的义乌江边，有一个叫"下强"的村落。1922年壬戌水灾中，全村被冲没，只剩下了最后一户吴祖法的破败的房子。大水过后，吴祖法和他的儿子吴坤垚迁到了民主村（即现在的老市基村），下强村从此只剩下个名字，只有那些故事还留在老人们的记忆里。

"沧海桑田""十年河东，十年河西"在这里找到了最好的注解。

义乌江边，这样的村子，实在是太多太多。

在如今的莺歌燕舞、花红柳绿的背后，我们可否还记得先人们在洪水中的哀嚎与挣扎，可否还记得在这变迁过程中的辛酸苦辣甚至是生命的惨痛代价！

在国家水利部水利电力科学研究院保存的清宫档案中，从乾隆五年（1740）至光绪三十三年（1907）的167年间，在大量的地方官员上奏的奏折中，涉及义乌洪涝灾

　　2016年6月29日，由于连日暴雨，东阳江（义乌江）水暴涨，上游东阳市区江滨公园的一座连廊，被大水冲断，顺着义乌江漂来，卡在了廿三里街道何宅大桥的一个桥孔下。其中的一节冲过桥孔，漂到了下游东方红大桥下。（图片摘自《义乌商报》6月30日5版，盛英杰摄）

害的奏折就有41件！① 也就是说，平均每四年就有一次较大的灾害，至于小灾，几乎连年不断。嘉庆《义乌县志》"志祥异"中，在南宋绍兴十四年（1144年）到清朝光绪二十六年（1900年）的750年间，共记录了较大的水灾27次。如：

南宋绍兴十四年（1144）：五月丙寅婺州大水，民多溺死。《林泉野记》："婺、衢、严、处四州大水，民溺死数百万。"

南宋庆元五年（1199）：婺州水漂民庐，人多溺死。

南宋淳祐二年（1242）：七月，邑大雨，三日夜不止，东江石桥被水坏。

元至顺元年（1330）：婺州大水，漂没数千人。

明万历二十六年（1598）：九月，浙江水灾，义乌被灾七分。

明天启六年（1626）：县治大水，舟行衢中。

清乾隆二十七年（1762）：七月大水，城内通船。

清嘉庆五年（1800）：六月初，有水雀数十

---

① 陈江明《清代档案所见义乌洪涝史料综述》，《义乌方志》2007年第1期。

万飞绕绣湖。二十一日起大雨三昼夜，四乡山洪暴发，平原水高数丈，山崩者十余处，田坍庐漂，不可胜计，城中仅数处未被淹没。舟墟湖七十三亩被冲成溪二十余亩。

清嘉庆六年（1801）：七月十五日大雨，江水入城，船泊街巷。

清道光二十四年（1844）：七月初九日，狂风陡起，大雨如注，田禾房屋、城垣、桥梁、道路间有被水冲坏。……被水冲石压不能垦复田三十六顷四十七亩零，沙淤尚能垦复田四百三十顷四十亩零，被水歉收田一千一十九顷五十一亩零，冲塌大小瓦草房屋七百七十六间。

据1987版《义乌县志》记载，从1922年到1947年，25年中共发生水灾七年八次，洪水入城二年次。这期间有两次大水，给义乌人民造成的伤痛是刻骨铭心的。

第一次是1922年的壬戌水灾。这是义乌近百年来发生的一次特大水灾。这次水灾，洪峰来得突然、迅猛；洪峰次数多，一个月涨退七次，其中五次较大，史称"五过头"；损失非常惨重：溺死54人，冲坍房屋486间，两个村子彻底冲没，被毁耕地达11685亩。义乌江中甚至飘来整幢木头的房子！（见本章第二节"壬戌水灾"）

第二次是1942年的水灾，这次的灾情仅次于壬戌大水。更可恨的是，人为破坏加重了这次水灾的灾情。

1939年，国民党军队驻扎在佛堂"下宅江沿村"时，竟然在江堤上挖战壕，致使堤身损坏；1942年，日军占领义乌，又将沿江松树尽数砍伐，从而导致这一段江防完全失去作用。1942年水灾中，这块地段的良田全部消失。大水退去，目光所及，茫茫一片砂石，原先的百亩良田不知所踪，让人痛心不已。

1950年到1990年，全县（市）发生水灾11年次，局部性五次，洪水入城两年次。最严重的是发生在1950年和1989年的那两次。

1950年6月22日开始下雨，23日义乌江及沿岸溪沟开始泛滥，28日义东、城阳、佛堂、赤磊四区较为严重：溺死一人，受伤两人，被淹稻田56942亩，毁较大水坝12处，冲倒房屋25间。下骆宅、抱湖塘、东江桥、西江桥、新店对岸、江湾、合作第二劳动村、佛堂对岸沿义乌江堤岸，以及前溪、草湖塘、如甫、光明、西谷、义亭、上溪、市西、苏溪、辛乐、稠城六七八村等16处溃堤，可以说是全县告急，怪不得，当时的"义乌县治洪防旱指挥部"下了一道紧急命令：

治水如救命，治洪是水灾区压倒一切的中心任务。查我县八个区除山区地带，大部较平地区一片汪洋，隔绝交通，淹没稻秧，冲坏河坝，房屋，人民财产已遭受严重损害……

本部决定：

1. 所有干部及武装立刻动员起来，立刻召开紧急会议，立刻跑步召集群众……在会议上宣传治水如救命，治水如救火，人定胜天。男女老少齐动员，先救稻苗，堵水口，扒水洞，雨后立即修补塘坝。

2. 粮库干部昼夜巡逻，不使滴水漏入仓库以免受潮。

3. 治水方法不懂，多问群众，如稍有迟疑错过时机，将成为不可饶恕的罪人。

总　指　挥　冯苍生

政治部主任　红　士

1950年6月24日

东阳横锦水库在1964年基本建成，大大减轻了梅雨期间义乌江的洪水压力。义乌江流域灾害减轻了，但其他新的"涝点"又出现了。1989年的"7·23"洪水就是一例，这次洪水也是百年不遇的。由于受九号台风的影响，义乌绝大部分地区遭受暴雨袭击，最大日降雨量达到了210毫米，再加上前一天的降水使江河暴涨，后宅马交塘村被泥石流冲塌房屋120间，死七人，伤一人，洪水从东北角冲入城区。全市有22个乡镇、207个行政村被洪水围困，受灾人口25.16万人，死17人，伤201人，直接经济损失两亿多元，是1949年以来最大的一次洪灾。1990年以后，因义乌江水位暴涨而致水灾的情况基本没有出现。

1980年前的义乌江，水灾实在是太多了。民间有句俚语："三年不发大水，猫

1999年，义乌江治理前旧貌（远处为正在修建的宗泽路）。

狗也娶老婆。"意思是义乌江边是一个富庶之地，鱼米之乡，如果义乌江三年不发大水，连猫狗都娶得起老婆。但偏偏没这么幸运，大雨大灾，小雨小灾，猫狗是永远娶不起老婆的。

义乌江的水灾大都发生于5-9月间，适逢梅雨天气及台风季节，如果在较短时间内的次降雨量超过100毫米以上，就很容易发生洪涝灾害。加上义乌的溪流源短坡陡，两岸沙土不固，一遇连日的降雨，容易形成洪峰，破坏性很强。

在第二章"东江桥"一节中，我们曾经说到，南宋以来，东江桥屡毁屡建有30次，小修小补更是无法计数，从中也可以看出义乌江水患的频繁。

第二节 壬戌年的特大灾难

悲惨的记忆

1922年壬戌水灾是义乌百年未遇的特大灾难，造成的损失是前所未有的。1984年，当时的政协义乌县委员会编辑出版了《义乌文史资料》(第一辑) (见右图)，以"壬戌年水灾史料"为专题，组织部分老人对水灾情况作了调查和回忆。为保留史料的完整性和当时的面貌，现将专辑文章原封不动辑录于下：

壬戌年水灾史料

壬戌年（一九二二年）水灾是百年来我县

最大水灾。由于时隔六十多年，中间几经变乱，当时留下来的灾情记载寥寥无几。为将这次灾害史料尽可能的留给下一代借鉴，最近，我们请水电局张威如同志实地作了调查，又请在城的几位八十老人写了回忆资料，连同何菁老先生遗稿，县府大楼西侧当时华洋义振会振济纪念碑铭，刊印如后，并盼持有当时灾情史料或亲身经历过这次灾害的人士继续给我们提供这方面资料。

——编者

壬戌年水灾情况调查

张威如

公元一九二二年八月至九月，岁次壬戌年（即民国十一年）六月至七月，我县曾经发生过近百年来特大水灾。

这次水灾的特点是：一、东阳江洪峰来势凶猛，到来迅速。农历六月十四半夜开始下雨，十五日晨洪峰已从东阳到何宅村。二、洪峰次数多，一个多月内，涨水退水共七次。受灾面广，全县大小溪流，包括大陈江流域，灾情之严重，都是历史上少见的。特别是东阳江沿岸，涨水时，白浪滔滔，汪洋一片。几里路宽的水面，漂浮着房架、树木、家具和尸体，还有哗哗的水浪搏击声，伴随着凄厉的呼救声和岸边的哭泣声，此起彼伏。退水后（每次涨落水，都有五六天停顿），又是茫茫沙石，房子倒塌，堤坎溃坍，地貌变形，尸体横陈，一付凄凉景象，不堪目睹。

那种境况，灾民的生活，都是缺衣少食，无宿无住，病、饿、死者多，不少人流浪他乡。

灾象据数处调查如下：何宅村洪水涨到何正富家门口，村中可撑船；下江益村被淹；何宅村浮桥被冲掉。

下湾村当时二百多户，有半数户的墙壁全倒，只留屋架，全村人都逃上楼去。附近树京（金）村三十户，全部被冲了，淹死二十余人。

东江桥桥面以上有水（当时桥上有屋），洪水涨到城内，现在县府门口水深半米左右（县府门口海拔63.75米）；驿堪下许多户，水满平楼板；关王庙被冲倒，一个和尚淹死；前大路祠堂冲倒。

合作乡泉头村十户全部冲毁；佛堂街面通船。六月二十一日洪水水位达六十点一七米（吴淞海拔），而佛堂危险水位是五十六点五米。建国后根据洪水痕迹，推算洪峰流量是每秒一万一千六百立方米（合作乡以下，由于东阳南江洪水特大，因此洪水比六月十五日第一次要大得多）。

倍力（磊）乡后金村，水位都在楼板以上，陈姓祠堂被冲。水退后，每户人家积起淤泥一尺多高。

我县另一条大江——大陈江上游，巧溪、苏溪、楂林乡一带，在同时间也洪水泛滥。该地区坚固的石拱桥冲毁六座，即苏溪的胡宅、楂林门前、八里桥头、大陈、下甘、立碑塘。牛牌塘村、殿下村在大陈江沿岸约一千余亩耕地全部变为沙滩。原来大陈江上游，翁界至苏溪一段河道宽仅三十米左右，两岸有茂密的杨树，冲得变成三百多米宽，没有明显河床的乱石滩，间有稀被推倒的杨树，可见灾情的严重。

壬戌水灾目睹记

李尚发

一、水灾的经过 一九二二年八月七日（立秋）即农历壬戌年六月十五日，我县发生了数十年来（或云近百年来）未有之大水灾。次数达7次之多，时间延续约五十天。其中三次进家门上楼房，楼上的洪水竟至没胫没腿；五次进村舍，七次漫田野。以佛堂区来说，第二次最大，水位比城阳区首次还大。原因是南江水位特高，佛堂首当其冲，故损失惨重，元气受了挫折。海云寺地濒双江口附近，整个寺房被水淹没，连寺基也化为溪滩。稠城地区的郑街村有二三十户人家，全村被水冲走，无一幸免。篁园村仅六十余户，被冲走的房屋计五十多间。这村的附近有株大樟树，树令已达数百年，树身五人合抱，枝叶繁茂，当地农民奉为树神，也被洪水连根拔起，树根朝天，水力之大可以想见。

二、水灾中的善人善事　在洪水中有的船户冒着危险抢救灾民不遗余力，"见义勇为、助人为乐"的精神，十分可嘉。还有洪水退后，亲戚朋友送衣服与担"大水饭"的络绎不绝，解决暂时吃穿问题，这也值得传颂。当时地方政府在灾民呼吁下采取措施，钱粮免征，发救济粮。华洋义振会来义调查振灾，给灾民旧衣旧裳与粮食，小恩小惠，不无小补，但杯水车薪，僧多粥少，解决不了问题。

三、受灾的影响　这次洪水成灾，不仅稻谷歉收，还影响下熟的播种，田里泥沙堆积多的要搬出，被冲掉的田要填补，这些都要人工整理。更有甚者，灾民的身体受到摧残，患皮肤病的和患浮肿病的很多，灾后哀鸿遍野，流离失所，饿殍载道，罄竹难书。

四、经验教训　壬戌水灾造成的原因：有客观的自然条件，如东阳江上游是急流，上游的泥沙冲刷使河床升高，造成沙淤，水流不畅。山陵乱伐树木，童山秃秃，这是一般情况。还有塔下周（洲）的江面是夹江使水停滞不下，洪水发端时是东北风，退落时猛转西南风，东阳江是斜贯的，西南风顶住了江水阻滞下流，风力起很大作用，这是造成水灾的特殊情况。但是客观的条件要人为的主观条件来克服，所谓人定胜天，改造自然以现在的科学水平来说还是有限度的。解放后对水利方面做了大量的工作，有专管水利的水利局，水库一个个的建立，封山育林的有力措施，一句话：事在人为，要水为人利用，不崇拜自然，要驯服自然。

壬戌水灾目击记
陈乃熙

一九二二年，壬戌五月，天时亢旱，禾苗枯萎，稻田龟裂。广大劳动人民发扬战天斗地精神，昼夜不停车水灌溉。辘轳周转声和农民喊号声，交织在一起，响彻云霄。经过一场艰苦的奋斗，田间稻穗累累，遍地一片金黄。

农历六月十五日晚上，下了一阵小雨，劳动农民无不额手称庆，以为丰收在望。谁知夜半以后，西风怒吼，猛雨倾盆。十六日上午，洪水骤然而至。城郊东江桥、郑街、篁园、盐埠头、石古金、丁店等沿江一带农村，完全沉浸在惊涛骇浪之中。南街文明门，只露半个月亮形。城外胡公庙，水与檐口相齐。县政府门前，水深一尺。西街塔溪路，朱店街，湖清门，荷花心等低洼地区变成一片汪洋。斯时，狂风暴雨声，洪水冲击声，房屋倒塌声，灾民呼喊声，此起彼伏，震天动地，人们惊惶失措，秩序至为紊乱。

那年，我才十八岁，年轻好动，不怕风吹雨打，披起蓑衣，穿着蒲鞋，戴上笠帽，奔跑于朝阳门、煤山顶、八角坟一带。登高远望，只见洪水奔腾咆哮而来，随波逐浪漂来无数门窗梁柱，以及人畜尸体。最使我惊心动魄目不忍睹的，就是有数间房屋随水漂来，楼上家具摆列整齐，一家老少尚在来回走动，其生命财产真是千钧一发，危险万分！又如南山外八角井一家灾民，在洪水冲击中，房屋随着动摇，全家老小爬上屋顶，冒着狂风暴雨大声喊救。由于水深流急，虽然有船，谁也不敢冒险去救！东江桥，原系木桥，上面盖有瓦房，桥上水深一人多高，可是桥身丝毫不受损坏。西江桥系是浮桥，就被洪水全部冲走。

农历八月，我乘舟前往金华七中读书，途经佛堂、低田、孝顺等处，映入眼帘的，都是房屋倒塌，田地冲毁，断壁残垣，满目凄凉。金华城外，通济桥十三个桥墩的分水尖，全部摧毁。梅花门浮桥全部冲走，房屋倒塌不可胜数。

壬戌夏秋，金华地区八次洪灾。所属八县数百万劳动人民遭此旷古未有的洪灾，其危害之大和人民遭殃的惨重，不可胜数。我县究竟倒塌多少房屋？冲毁多少田地？死伤多少人口？当时没有正确统计，使人感到遗憾！

义乌壬戌水灾概况

何菁（竺钦）遗作

义乌地处浙江之上游，农民自古只是多旱忧。

不料壬戌秋夏交，倏忽天变风满楼。

大雨突然倾盆倒，三天不停没田畴。

怀山襄陵势浩荡，水夹泥沙多滞留。

下流西凤又作梗，力猛激水水逆流。

山洪再冲江身曲，更形高涨前寨俦。

平野稻禾尽淹没，近水房屋多漂浮。

县城佛堂遭水灌，布帛菽粟作浮鸥。

嗣停五天水未退，风伯雨帅再回头。

滔天洪水益为虐，昊天不吊可谁尤？

寒者无衣饥无食，愁思乙乙其若抽。

无可奈何呼将伯，杯水车薪费营求。

嗟嗟！入井营救心恻隐，何若未雨绸缪作豫筹。

天工人代古有训，人定胜天理有由。

前车之覆后车鉴，此后当何善惟谋？

（何菁：1882—1975，陶店人，省文史馆员）

壬戌水灾振济碑残铭

壬戌振济碑铭立县府大楼右侧，据老人回忆原立于国民党县政府警察局前。碑分三层，底层正方，重近八百斤，四侧均有铭文，现仅一侧较完整，其余大概凿毁于十年动乱。中有方形盖，大于底层，上层为塔尖，已散失。现将一侧铭文记于后：

壬戌水灾，于浙有会。

给三万金，殊恩特沛。

姑苏冯公，德音来括。

嗟尔冬春，非救不活。

另一侧记：前任知事陆维李，

现任知事李祖怡。

中华民国十二年九月吉旦

家族中的伤痛

这次特大灾难，深深烙在了老人们的记忆里。我在下乡调查的过程中，发现许多家谱中记载了这一惨痛的经历，如《义乌塘西金氏宗谱》中有"壬戌水灾记"，《义乌凤林王氏宗谱》中有"壬戌水灾暨倭寇乱略记"，《绣川徐氏宗谱》中有"坑口两次遭灾记"，《义乌龙陂张氏宗谱》中的"龙陂张氏十四修宗谱序"等。

在壬戌水灾中，佛堂塔山钟村是受灾最严重的一个村：溺死33人（全县54人），占全县溺死人口的一半还要多，冲毁房屋234间（据统计，全县冲毁房屋486间，实际数可能不止于此）。出生于1922年的陈福世老人转述了长辈们对他说了千百遍的话：壬戌年洪水来时，前四次躲一躲都过去了，所以当第五次洪水来时，大家都有些麻痹，以为躲一躲就行了。想不到这次洪水汹涌迅猛，几分钟时间，一楼就满水了。大家逃到楼上，不一会功夫，楼上也满了。楼上的人只能逃到屋顶，大水马上又逼上屋顶，且浪头一浪高过一浪……悲剧就这样发生了。在钟村村东，竖有一块纪念碑，上书"壬戌洪水满到此地"，并记载了该村当年的受灾情况，警示后人不忘前车之鉴，牢记当年教训。

据《义乌凤林王氏宗谱》记载，壬戌水灾"东邑西南溪滩村，百余间仅留一楼房；石壁频溪塌去四十有几间；王店则漂没八十间，墙壁勿圮者只二所；云川祠瓦柱仅存"。整

钟村壬戌洪水纪念碑。

条南江的两岸都遭受了极大破坏。

老百姓说："义乌南江烂肚肠，小雨小遭殃，大雨大遭殃。"洪水经常泛滥，河床南北摆动。据潜流村89岁的老人陈怀宝回忆：壬戌洪水前所未有。潜流村段的河床移了整整"三个担柱头"（民间一个担柱头为120步）。大水漫过村里的陈氏祠堂，将一座十四间陈氏祠堂一夜间冲走。上游村庄有个叫陈苦珠的村嫂，公婆、丈夫和小孩以及小叔子全家一夜间都被大水冲走。她自己则被冲到了下游，身上的衣服也被树枝刮走了，别人将她救起时，已经是一丝不挂。她望着汹涌的洪水，绝望至极，呼天抢地，嚎啕大哭，趁人不备，纵身一跃到滚滚洪流中……

南江下游，在梅林村的北面，有一座"浮玉山"，村里人也叫它"狮子山"。画溪南江有时候在山的北面通过，洪水袭来的时候，也会在山的南面通过。村里人把这种现象叫作"狮子裹水"，是对南江改道现象的形象描绘。

壬戌大水，给北江沿岸人民造成的伤害，同样令人难以释怀。

江东街道下湾村老人吴厚振，回忆起壬戌水灾的情况，满是伤痛。他的伯父在这次洪水中被卷走了。全村200多户农户，半数以上房屋全倒。更令他痛心的是，在1942年的那次"仅次于壬戌洪水"的灾难中，他的父亲不幸被倒下的木棚压住，被活活淹死。

这次水灾，《义乌塘西金氏宗谱》的说法是：沿江居民竟为（被）斩草除根之。"田畴屋舍尽为漂没，亭阁桥梁尽为倾崩，江堤溪岸尽为冲缺，牲畜人民尽为鲸吞。""漠漠荒烟，人愁落日，萧萧白树，鬼唱秋坟，猎猎悲风吹黄沙。"茫茫大地一派凄凉景象。

消失的村落

义乌江上游，如今的江东街道下湾村，其东北百余米有一个临江而居的树金村（见231页图，图中标示为"如京村"），在壬戌水灾中被活生生地毁于江中心，溺死20多人。从此，这个只有30多户的小村子，在义乌的版图中彻底消失了。在以后的岁月里，树金村的位置被辟成一片良田。面对绿油油的田野，有谁会相信90多年前这里是一个炊烟四起、鸡鸣狗吠的小山村呢！

下骆宅以南，义乌江北岸，原先有一个叫儒娄的大村庄。清嘉庆五年（1800），大雨连下了三昼夜，义乌江发生特大洪灾，儒娄几乎被冲毁。坚强的儒娄村民艰苦创业，在废墟上重建家园。因为毗邻义乌江，水的流动也带来了财富的流动，所以，儒娄很快"发迹"，据说最兴旺时有"十八明堂十八井"，人丁兴旺可以想见。想不到百年后，特大洪水（壬戌）再一次袭击儒娄村，可怜百年老村，最终村毁人亡。侥幸逃生的村民无以为家，只好将仅剩的两座"三间头"，扒墙拆梁，搬迁至下骆宅村西侧，抛弃了生活几百年的老家园。

稠城东江桥附近有个叫郑街的村子，有二三十户人家，在壬戌水灾中，全村基本被水冲走。

南江边上的溪滩村，有一百多间房子，被水冲的只剩一间，村民流离失所，投靠亲友，村子从此解散。

南江北江合流处，很久很久以前，是一片肥沃的土地，有个叫江口王的大村子生存在这里。一天晚上，突发的洪水把一切都带走了。

合作乡泉头村十户全部冲毁。

壬戌洪水，把佛堂"旗杆脚村"冲得七零八落。经过村民20年的努力，旗杆脚刚刚恢复元气，1942年5月21日，日本侵略军为了掠夺塔山硼石矿的储运场，放火烧了旗杆脚村六七十户村民的房屋。同年6月初，几天暴雨，一场仅次于壬戌水灾的洪水再次袭来，把被日本侵略军烧得遍地焦土的旗杆脚村冲得片瓦不存，成为一片黄沙滩。洪水期间，许多村民逃进渡船内求生，毫无人性的日军把难民的渡船当枪靶，渡船在洪水中侧翻，淹死11人。旗杆脚村民从此散落到佛堂镇内和白屋、坑里等自然村中居住。一个有四五百年历史的旗杆脚自然村，从此消失在硝烟和水波之中。

以上是民国期间两次大水中消失的村庄的不完全统计。至于这之前洪水所淹没的村庄，因为年代久远，已无从稽考。

第三节 义乌江治理

据1989年版的《义乌水利志》记载：居住于义乌江沿的老人都说，1922年前的义乌江，河床较稳定，浅滩不多，深潭不少，江面上竹筏、帆船通行无阻。清朝末期之前，航运业一直比较稳定就是一个证明，所以江沿才会有那么多的码头和渡口。1922年、1942年两次特大水灾后，河道变迁多，加之治理无力，通行能力每况愈下。

据《东阳文史资料》第9辑《建国前东阳水利》记载：自清朝后期，东阳江南北两江上源山区盲目毁林开荒，生态环境遭受破坏，水土流失日趋严重，水灾旱灾经常出现，民间有"三日不雨则旱，一场大雨成灾"之说。河道变迁十分频繁，每次大水以后，砂砾遍地，毁田毁壤。据1958年河道勘察资料：东阳江流域水土流失每年侵蚀总量为1080立方米（约103万吨）。原来100来米宽的河道，中间河沙淤积，一下子变为300多米以上，给上下游、南北岸的治理埋下隐患。如为建丁坝、筑沙塍、堤防，沿江村民常常是倾村合族而出，动辄摆阵打架，因为排水灌水闹水利纠纷屡见不鲜，故有"东阳两条烂肚肠，杀人不用刀和枪"的民谣传唱。

民国时期，政府曾多次对东阳江义乌江流域进行勘察测量预算修筑，但终因工

20世纪50年代，大力兴修水库。

程浩大、经济匮乏，且缺乏专门人才，而使计划无法得以实施，一直来只是做做小修小补的应急工程，缺乏系统性的治理措施。

中华人民共和国成立以后，政府非常重视兴修水利，把治理义乌江作为一项非常重要的综合工程来做。修建水库，改变雨水季节性分布不平衡现象；植树造林，封山育林，提高水土保持能力；河岸保塌，疏浚导流，提高义乌江的泄洪能力；截水保库容，修建水轮泵站，把桀骜不驯的河流完全征服，为农业渔业服务。

下面主要说说兴建水库，疏浚导流，截弯取直，提高义乌江的泄洪能力等。

为了彻底改变义乌江流域水资源季节性分布不均衡的现状，20世纪60年代，上游东阳境内修建了横锦水库。义乌境内各支流从20世纪50年代开始修建了王大坑、卫星、幸福、红旗、泮塘、南山、利民、长堰、岩口、姑塘、深塘、柏峰、枫坑、古寺等水库，这些水库的修建，起到防洪、蓄水、灌溉、供水、发电、养鱼等积极作用。一般的洪水灾害，被彻底治服了。

据《义乌市水利志》记载：在中华人民共和国成立头20年左右局部地段治理、

抢险的基础上，1968-1970年7月开始对义乌江进行全面的控制测量。1976年出台《义乌县东阳江治理工程初步设计书》，打响了全面治理义乌江的序幕。其主要内容有：固定河床，提高防洪能力，使沿江两岸的农田和居民不受一般洪水的威胁。

主要措施：①提高泄洪能力：河床加宽。自厚义至双江口加宽为135米，南江80米，双江口至吴溪口160米，吴溪口至铜溪口王70米，铜溪口以下至出境185米。河道内的树木什物予以清除。拆除河道中突出部分的建筑物，如机埠、丁坝。疏通河道中应疏高度的积沙594.3万立方米。拆建跨度过小的桥梁，截弯取直。截弯取直河段有5处：何宅弯道、义驾山弯道、江湾弯道、晓联弯道、枧畴弯道。

义乌江治弯取直工程。

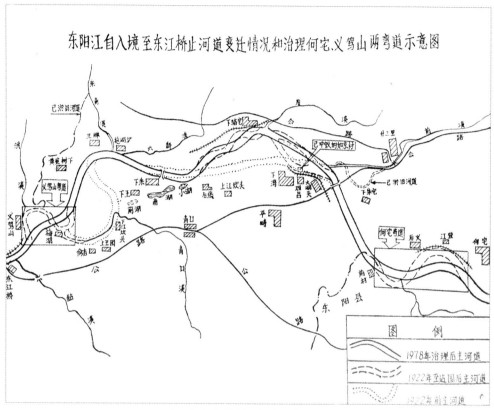

东阳江自入境至东江桥止河道变迁情况和治理何宅义骂山两弯道示意图

《义乌市水利志》中的义乌江上游三次改道、截弯取直示意图。

　　②建筑或加宽防洪堤，提高防洪能力：双江口以上北江、南江堤顶宽均2米，双江口以下堤顶宽3米，内外边坡1∶2。左岸长37.33公里，土方167万立方米；右岸长42.29公里，土方194万立方米。

　　③筑堤后用块石护岸。

　　④凡排水渠道出口和江堤相交处，设置排洪涵洞。

　　⑤截弯取直改道地段的凹岸，冲刷深处，不予填土，而加筑格堤以淤沙。

　　⑥南江坡降特陡，侵蚀危害大，拟建水库缓冲，并结合灌溉发电。

　　全部工程投放人工1088万工，资金234.35万元。

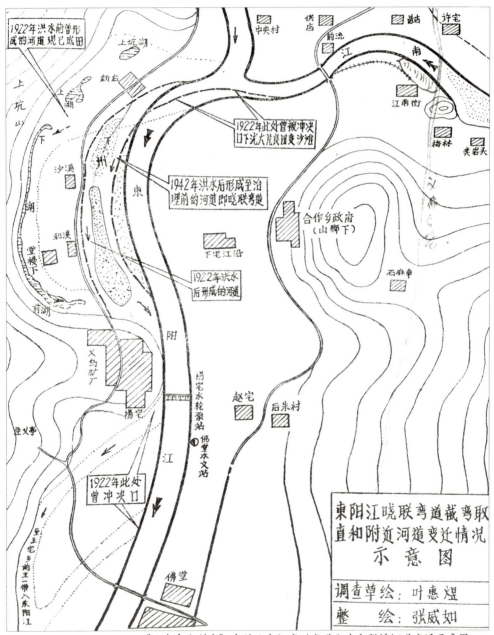

《义乌市水利志》中的义乌江晓联弯道取直和附近河道变迁示意图。

1970年10月16日召开东阳江治理筹备会，1971年1月31日召开各有关公社书记及治江负责人会议，义东、城阳、佛堂建立相应的治江指挥所，有关公社建立治江领导小组。1975年12月12日建立义乌县东阳江治理工程指挥部，江两岸所有青壮劳力投工投劳，大战苦战奋战数年。1977年9月分组负责，全线放样，全面行动，大伙心往一处想，劲往一处使，起早摸黑分段包干，你追我赶，个个干得热火朝天。1978年上半年日出勤5万人，以5个弯道为重点。至1978年8月，共投资150万元，搬填砂石方260万立方米，筑堤长28575米，约投工163万工，相当于过去5年工程量的14倍……工程于1979年上半年基本结束，4月撤销治江指挥部。义乌江全面治理基本完成。

但是，对照最初设定的目标，限于当时的技术条件低下、人力成本等因素，还有一些工程未完成，如堤线大部分未联成一线，标准不一；5个弯道完成3个，即义驾山、江湾、晓联。枧畴弯道仅右岸堤完成，江湾弯道部分完成。何宅弯道因和东阳县有关，迟至1981年3月17日改道堵口后才完成。

第七章 历史屐痕藏烟树

无论是中国的黄河长江，还是埃及的尼罗河，抑或是纵贯欧洲大地的多瑙河，河流，是历史的起源，也是人类文明、文化的起源。

义乌江水缓缓流淌，那波涛节拍应和着岸边的文明发展脚步，彼涨彼落。每一次改朝换代、每一次波浪滔天之后，那江水带来的泥沙就会把前人的脚印和文明层层淹没。义乌江边，在那层层叠叠的脚印下面，埋在最下层的是化石，埋在中层的是历史，浮在表面的是现实。我们的肉眼，虽然无法穿透那地底下埋藏的秘密，然而那散落在各种历史典籍中的珍珠，依然放射出耀眼的光芒，等待着我们去发现，去串联，去还原那精彩的时光和跌宕起伏的人生。

历史虽然层层叠叠，但义乌江文明所表现出来的特征，有时还是非常有特点的，如有些段落的流域特征非常明显。最上游一段是化石层——恐龙化石和人类生产的最早的石器；城区段以月岩为代表，是宋代"文明层"；接下来的一段——钓鱼矶公园，是特征明显的明代文化层；佛堂倍磊段，是商业文明层和佛、道文化肌理层……

有多少王公贵族、文人学士、普通庶民，沿着这条义乌江，进进出出，来回穿梭，上船又登岸。他们是文化交流的使者，是先进文化的创造者，是时代文明的传播者。是他们，丰赡了中国一个偏僻小城的文化，也把这一方地域的独特的文明向世人述说，那就是：勇韧、义信、勤敏、开纳。也就是现代义乌的文化基因：勤耕好学、刚正勇为、诚信包容。

义乌江两岸的历史传说、民风民俗、先贤事迹、风物掌故、人文景点，都是历史馈赠给我们的珍贵礼物，我们不仅要全盘接收，还要拂去它们身上的尘埃，进行完美的包装，以最美的姿态，把它们奉献于世人的面前。

那么，就让我们从上游走起，顺流而下，去感受义乌江深厚的文化底蕴吧！

第一节 神童的千古之谜

骆宾王是一个富有诗意而且是谜一样的人物。

说他富有诗意，其实不用解释，一首《咏鹅》诗，奠定了他作为诗人的地位，也奠定了他在中国文学史上的地位。

说他是个谜一样的人物，不仅仅因为众人皆知的骆宾王的归宿，历来是一个玄奥的谜，已经让人永远无法解开；就连他出生在义乌的哪个村子，史料、家谱中也没有明确的记载！骆宾王的生与死，都给人留下了太多的谜团。

翻开义乌《松林骆氏谱志》，有这样的描述：骆氏始祖在东汉建初年间，居于义乌十五都分水塘，七世时迁居骆村桥（约在绣湖附近骆家塘一带），到二十二世骆宾王的时候，因为他著檄文

骆宾王像。

声讨武则天，被人所杀，"子孙由是散居不一"。至于他死后为什么葬到了上枫塘，《梅林骆氏家谱》说是骆氏第十二世祖理求公（347-408）由骆村桥迁到义东三十五里武岩山以北石白溪西之骆宅，就是说骆宾王的祖先早就已经搬迁到了上枫塘附近村落居住。而义乌目前保存的最早的县志明万历《义乌县志》则载："骆家塘，旧传骆宾王居此，故名。"

由国家文物事业管理局主编的《中国名胜词典》中有这样的文字："骆宾王墓：在浙江义乌县城东15公里枫塘。墓前石碑为明崇祯十三年（1640）重建。"这是义乌被国家认定的三处名胜中的一处。虽然国家认定了，但在学术界，该墓是真穴还是衣冠冢，却引起了人们的猜测。

浙江师范大学原校长骆祥发教授在他的《林林总总说宾王》一文中，对义乌枫塘古墓作了如下的描述：

义乌枫塘古墓，在县东北三十里上枫塘之滨，即今廿三里丁店村旁。据义乌《骆氏宗谱》记载，说宾王兵败后"潜逃灵隐，终归于家，葬邑东三十里上枫塘之原"。这座古墓，当初的规模是相当宏伟的，明弘治九年（1496年）重修时，墓地面积为七亩七分一厘六毫。当年写的《唐义乌乡老先生骆公墓碑》中说："公有墓在婺义乌县东北三十里上枫塘之原，八百年完整如故，是足验其子孙之盛。"从"八百年完整如故"的话来看，该墓当建于扬州兵败十多年之后……民间也有传言，说宾王兵败被害，只运回一具躯干，亲属用黄金铸头完葬，所以枫塘古墓有"金头肉体"的说法。根据各方面的情况考察，我认为此墓当建于武则天死后，时间是在公元八世纪初。其时骆宾王获得平反，亲属才敢大张旗鼓地为他举丧。至于里面埋的是否即骆宾王真骸，就难以断定了。

1496年重修的枫塘古墓，其墓碑记载："规模宏敞，布置完美，前建石坊，后竖石碑，四围皆环以石，如列城然，诚巨观也。"在其后的几十年间，如此规模的墓地基本保持完好。明万历年（1573）后，"屡被坟邻侵占"（据清顺治、乾隆年间骆氏

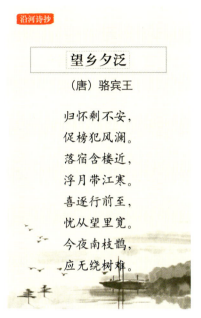

望乡夕泛

（唐）骆宾王

归怀剩不安，
促榜犯风澜。
落宿含楼近，
浮月带江寒。
喜逐行前至，
忧从望里宽。
今夜南枝鹊，
应无绕树难。

后人的"墓志"记载）。于是，骆氏后人就屡次向官府打报告，要求保护、扩大墓地，"永保先灵""栽养松柏，庇荫风水"。官府同意了他们的请求。于是，有了明崇祯十三年（1640）"守道莱阳宋公率知县熊人霖"修墓的事。当时的知县熊人霖，亲自主持修墓，并为其撰写墓碑记，题诗作赋，诗云：

草檄能扶唐社稷，祠君可担作诗宗。

武义教育局退休干部吴维康在他的博客中这样回忆他小时候的生活：上学路上，经过上枫塘，再走上一个低低的小山坡，方圆十多亩地的山坡上有好多参天的松树和柏树，高大的大牌坊和石碑，还有一个圆形的大土堆，再后面是一个大晒场。上学时天天经过这里，但不知道为什么这里会有如此气势的牌坊、石碑等建筑……后来哥哥和爸爸花了很大的精力，终于了解到了许多有关骆宾王的事，更让我敬仰骆宾王……现在的墓是20世纪90年代初民间自建的，规模不及原墓的三十分之一。

清朝在吏部文选司工作的义乌老乡"清吏员外郎"金世俊在他的《临海骆先生序》中，这样描写骆宾王的下落："敬业败，先生潜踪灵隐，归终于家，葬邑东三十里上枫塘之原……"金先生根据的是什么史料，我们已无从查考，但他在吏部文选司工作，显然平时是做过功课的。

大家都知道，这位幼年就赋了《咏鹅》诗的文学天才自写了《讨武曌檄》一文后，便不知去向了，有的说他已经被杀，有的说他出家做了和尚。因此，他的身后事也像一颗划过天空的彗星一样，引得人们翘首关注它的最终去向。他仙逝后到底葬在了哪里？"一抔之土未干，六尺之孤何托"，竟成了他自己的谶语。

官方对骆宾王的下落，也出现了两种不同的说法：《旧唐书》和《资治通鉴》都说骆宾王被诛杀，"敬业败伏诛""其将王那相斩敬业、敬猷及骆宾王首来降"，至于葬在哪里，没有交待；成书于北宋的《新唐书》说骆宾王逃跑了，"亡命不知所之"；和骆宾王同时代而年岁稍晚的张鷟，在其所著的《朝野佥载》说他是投江而死；《本事诗》说他出家为僧。骆氏家谱中，明朝大学子、乡贡进士吴之器（抗倭名将吴百朋曾孙）采用了"逃跑"说：

> 敬业败，（宾王）亡命不知所之。后宋之问至江南，游灵隐寺，夜月极明，长廊吟步，为诗曰：鹫岭郁岧峣，龙宫锁寂寥。忽思不属。有老僧问曰，少年夜久不寐，而吟讽甚苦，何也？之问曰，弟子偶遇题此，而思不继，奈何？僧曰，何不云：楼观沧海日，门对浙江潮。之问愕然，讶其遒丽。迟明访之，则不复见矣。或曰，此骆宾王也。

该说法，当取之唐代孟棨《本事诗·征异》："宋考功以事累贬黜，后放还，至江南，游灵隐寺，夜月极明，长廊行吟，且为诗曰：'鹫岭郁岧峣，龙宫锁寂寥。'第二联搜奇思，终不如意。有老僧点长明灯，坐大禅床，问曰：'少年夜夕久不寐，而吟讽甚苦，何邪？'之问答曰：'弟子业诗，适偶欲题此寺，而兴思不属。'僧曰：'试吟上联。'即吟与听之，再三吟讽。因曰：何不云'楼观沧海日，门听浙江潮'？之问愕然，讶其遒丽。"

宋之问第二天醒来，想起昨夜遭遇，似梦似真。"迟明更访之"，赶到禅堂一看，早已空寂无人。"寺僧有知者，曰，此骆宾王也"。骆宾王感到头一天多嘴了，第二天一早赶紧云游去了。

唐骆丞墓

（清）吴之器

飒飒松风吹墓门，
遗忠堪为表乾坤。
百年论托千秋定，
六尺孤从一橇存。
幸有青山埋烈士，
更怜白屋认仍孙。
鲁连逝后先生往，
东海何人解报恩。

家乡的百姓，更愿意相信这一说法：骆宾王出家当了和尚。至今，在东阳市江北新区渔晚村，仍有一处"和尚桥"。据《道光东阳县志》记载，这是为了纪念骆宾王而建的桥："和尚桥，六十八都，相传骆宾王与李敬业起兵败，追至此，削发为僧，故名。"县志采用了"出家为僧"说，实则寄托了家乡人民的美好希望。

骆宾王的去向，林林总总，比较有名的，是南通的"骸骨之说"。现我把这一说法的思路整理如下，供读者判断：

扬州兵败，徐敬业被杀，骆宾王流落到江尾海头的南通境内，想从这里渡海去高丽，奈何航海技术欠佳，结果不了了之。他就在这一带隐姓埋名，他的小儿子也来这里陪他，还在这一带留下骆姓的后人。骆宾王不久客死他乡。800年后，到了明末，他的墓地被发现。明朝朱国桢在《涌幢小品》卷六"骆宾王冢"中记载："正德九年（1514），曹某者，凿靛池于海门城东黄泥口，忽得古冢，题石曰：'骆宾王之墓'。启棺，见一人衣冠如新，少顷即灭。曹惊讶，随封其土，取其石而归，籍籍闻诸人，有欲觉之者，曹惧，乃碎其石……"又过了200年，清乾隆十三年（1748），福建人刘名芳（刘南庐）任职南通，闻听此事，对骆宾王一生的遭遇极为同情。而且黄泥口因为人们的赋诗凭吊，已经成了一个人文景点。刘名芳到任时，顺应人们对骆宾王的怀念之情，利用冬日水涸的时机，在平时被水淹的黄泥口骆墓处，挖土寻找，找到刻有"唐骆"两字的破石碑，还有一些枯骨查牙。于是刘名芳就把"枯骨查牙"当作骆宾王的遗骸，恭敬隆重地"移葬"到南通狼山之麓。（事见王箴舆《唐代御骆宾王墓碑记》）

800年，200年，两个时间段，在潮湿的长江下游，会发生多少故事？所以学者的结论是：骸骨之说不可靠。

……

骆宾王的一生，几个关键的环节都与水结缘。小时候，在水边吟诵了一首《咏鹅》，从此声名远播。终老之谜的"投水说"或是"出家说"，也都与水相关。南通狼山脚下的骆宾王墓同浩浩的长江水相望，义乌上枫塘的骆墓也处在义乌江的一个支流旁。在义乌，骆宾王的出生地之说，也都与水相连——骆家塘、李塘。水，不但哺育了生者，也滋润着逝者的灵魂。

如上文所述，骆宾王葬到上枫塘，或是骆宾王的祖先早就已经搬迁到了上枫塘附近的村落居住，或是骆宾王兵败后因了后人"散居不一"的关系而"葬"到了上枫塘。如果是前者，那么骆宾王早就已经离开骆家塘，咏鹅的地点应该在廿三里的李塘一带。如果是后者，那么，骆家塘一带就是骆宾王的出生地。

廿三里李塘村原名"李唐"，村民大多姓骆。古时候的李唐叫"骆宅"，与义乌下骆宅相呼应。武周灭亡后，唐中宗中兴李唐，徐敬业、骆宾王等被平反，骆宅就开始繁荣起来。后来，出生在骆宅的一位英雄因为牵涉到政治，整个村子被查抄，人们便商议改村名。由于祖上诗人骆宾王忠于李姓唐朝，所以就改名为"李唐"。后来，因谐音缘故，人们将李唐更名为"李塘"。20世纪60年代，李塘小学墙上还曾嵌有一块"盛唐故里"的青石匾。

在村子的周边，有一座狮子山。山上，村民自发修建了一个宾王公园。骆氏七位世祖的合墓在这里一字排开。一旁有骆宾王的雕像，他手拿兵书，遥望远方，眉宇间透着一股忧国忧民的神态。

李塘周围，早年还有一个"石臼书院"。北宋诗人诸葛衿曾经专门为书院题诗。骆家二十世卫淇公时，反隋义军纷纷起义，卫淇公不肯带兵镇压义军，便弃官隐居东山。东山上有一大水塘叫上枫塘。骆宾王的父亲履元，特别喜爱梅花，所以在其父亲卫淇公隐居的东山种植了很多梅树，所以这一支派后来自称"梅林派"。

石臼溪、狮子山，这些带着历史痕迹和沧桑的大自然的造化，一直注视着李塘的发展。

骆家塘，却是另一番景象。

为了纪念这位才华横溢的诗人，在一些社会热心人士的推动下，义乌市政府于20世纪90年代初，在旧县志中记载的"旧传骆宾王居此"的骆家塘，修建了唐代建筑风格的历史文化公园——骆宾王公园，以此纪念这位"以义为重""文采飞扬"的"初唐四杰"之一。

公园以"山水园林，文化公园"为设计理念。"文化公园"体现在"劲节虚怀""义归风雅""风潇水寒"这三个景区上。"劲节虚怀"景区在公园南端，紧挨大门

沿河诗抄

过义乌

（现代）郁达夫

骆丞草檄气堂堂；
杀敌宗爷更激昂。
别有风怀忘不得，
夕阳红树照乌伤。

入口，由四杰堂、乌伤亭、怀橘亭、后乐亭、悟竹片房、劲节虚怀亭、涵碧楼、傲骨榭、烟波一揽亭、湖山真意亭，岁寒三友岛等景点组成。体现了诗人洁身自好、崇尚义节、刚正不阿、躬身立行、孝悌之道的品格。"义归风雅"景区在公园中部东侧，骆家塘之中央。跨岛接陆，由义归风雅、艺圃、咏鹅、泛麦遗冠亭、万古流芳等五个景点组成，主要体现诗人的文学成就及贡献。"风潇水寒"景区在骆家塘北端，设风潇水寒榭、怀班想霍厅、比宪欺陈学、草檄亭等景点，展示诗人奋斗疆场、忠心报国的义士形象。

"山水园林"由"白云精舍"和"商山幽居"两部分组成。"白云精舍"景区在塘的西侧，主要表现诗人幼年生活和学习的环境。"商山幽居"在山岗密林处，以植物造景为主，体现诗人怀才不遇、优游山林，但仍壮心不已的情感。建筑形式仿唐代，园林手法也为唐代风格。

骆宾王公园由浙江农林大学高级工程师张万荣教授设计，是当时省内唯一的仿唐历史文化公园。园名分别由浙江省原副省长毛光烈（曾任义乌市市长）和浙江省书法家协会原主席朱关田题写。公园内的主体建筑"骆宾王纪念馆"的馆名由著名作家李准题写。纪念馆正堂中心矗立着高大的骆宾王塑像，塑像上方的"一代文宗"横匾，由著名书法家林剑丹题写。骆宾王纪念馆周围短墙内壁上有一个由著名书法家、雕刻家郭仲选、金鉴才、石君一等书写和镌刻的骆宾王诗文碑廊。公园各景的亭柱上篆刻着国内著名诗人、书法家的一系列楹联诗词书法作品，体现了公园不一般的文化品位和诗书卷气。2017年4月，在新一轮城市有机更新中，骆宾王公园准备扩建，由原来的2.5万平米增加到6.2万平米，在园内进行大面积的高质量苗木绿化。

"鹅，鹅，鹅，曲项向天歌。白毛浮绿水，红掌拨清波。"这首脍炙人口的诗歌早已印在了我们的脑海中。其实，我们大可不必追究骆宾王生于何方、"六尺之躯何托"了，他早已如一座高耸的纪念碑，活在我们每一个人的心里。

第二节 鲤鱼跳龙门

在义乌江流域，有一个人用非常形象生动的语言诠释了义乌人的耕读好学精神，他就是廿三里华溪村的虞守愚。（顺便提一句，他外出赴考，可从前溪顺流而下，到达大湖头码头，然后沿义乌江、钱塘江水系转运河，可到达杭州、南京等城市，不知他是这样走的吗？）

虞守愚，明代进士，以现在的说法来讲，曾任"最高人民法院院长"（大理寺卿）、"司法部副部长"（南京刑部右侍郎）。据嘉庆《义乌县志》"选举"章记载，虞氏子孙登"龙门"在宋朝有5人，在明朝则达到极盛，为14人，可谓人才济济。

在这里，普及一下"进士"的知识：隋朝以后到清光绪三十一年（1905），中国的科举制度沿用了1300多年之久。大致分三档，第一档叫小考，是童生考秀才。童生经过县中考五场、府中考五场、院试一场、考试合格后，才能考取"秀才"，通过率大概在百分之一左右。第二场叫乡试，相当于省一级的考试，由秀才等考举人，通过比率大概十分之一至百分之一，按参考的人数而定。第三场叫会试，是全国的考试，由举人等考进士，录取比例大概为千分之一。这些考试，都是三年考一次。明朝时，每三年，进士的录取人数大概是三四百人，根据当年的考生人数来定，是不定数的。如明洪武四年有120人，洪武十八年有472人，永乐四年为219人。纵观明朝一代，最多的为洪武十八年和永乐二年，都是472人；最少的洪武二十四年，为31人。这些都是特例，其他时间都为三四百人左右。进士的第一名是"状元"。考中举人就有当官的条件，具有与知县平起平坐的资格了，所以在以前只有"穷秀才"的说法，而没有"穷举人"的说法。小说《范进中举》想必大家都看了，录取率低啊，没办法，要想当官，只能考到五十几岁，考到不能考为止！20世纪80年代的考大学也是如此，24岁为截止年龄，所以有些"老童生"就考到了24岁，不达目的誓不休，没办法呀，录取率低啊。20世纪80年代中期，那时的大学录取率是百分之五左右，比考秀才还容易点呢。扯远了，回到本题上来。这样的录取比率，远远不能满足国家对人才的需求，所以，除了这些，还有恩科（相当于副榜进士，录取比率就有点大了）、贡士（位子次于进士，也次于举人，却享有与举人同等的地位）、明代四贡（岁贡、恩贡、选贡、副贡）、清代五贡等，比较复杂。反正这些人，都是可以当官的。如果要了解更多，自己去"摆渡"。

所以，考中进士，就是精英中的顶尖分子了。义乌在1300多年的科举历史中，考中进士的只有203名。像骆宾王这样的大文豪，在唐代也只是个"乡贡举人"（复杂的原因就不说了）。考中举人的有263名，贡士有404名。所以，像虞守愚这样，考中进士是非常了不起的事情。更神奇的是，虞氏家族在明代有5人中了进士（家谱中记载，包括外迁的子孙中，中进士人数为13人），入朝为官达到了14人（家谱中为94人，含外迁）！

如：虞守随（虞守愚堂兄），1514年进士第三甲第258名，赐同进士出身。曾任四川省纪委书记（四川监察御史）。

虞守愚，1523年进士第三甲第157名（会试第355名），赐同进士出身。

虞德烨（虞守愚的孙子），1571年进士第三甲第244名，赐同进士出身。

虞宗诩，1601年武进士。历太仓州崇明县守备，至镇国将军。

虞国镇（德烨的孙子），1628年进士第三甲第255名，赐同进士出身。

虞文翊，1510年举人第二名，吉州知州。

虞思恭，1549年举人，新昌知县。

虞国阶，1627年举人，曾经任职中央办公厅（中书舍人）。

另外还有"岁贡"多人。①

这是一个相当了不起的家族，可以与赤岸的杨氏家族相抗衡，赤岸的杨氏在宋代出了18位进士，更牛！

家里有这么多的进士，这么多的读书人，祠堂是必须好好建一个的，而且要建得有水平、有气派，体现读书人的特色。所以，虞守愚在先祖于1372年修建的宗祠的基础上，于1543年对虞大宗祠进行了重修扩建。当时的气派，肯定是没得说的。当然，有繁荣，就必有衰落。百年后，沧桑历经。特别是被义和团和日寇两次大火，几乎烧成灰烬。1992年，虞大宗祠再次被火焚烧，仅剩门楼、水池等。

残存的虞大宗祠是明代建筑，门楼坐西朝东。门楣上的雕刻"鲤鱼跳龙门"（见上图）为我们展示了古代文人纷纷入帝王"彀中"的形象，也展示了中国封建社会最具有社会竞争的场景：中间的楼阁建筑象征着龙门，龙门的左边丽日高照，三月风吹，桃花浪起，三尾鲤鱼跃跃欲试。其中一尾前半身已穿过龙门，头已变成龙，后半身还露在龙门之外，仍是鱼尾。龙门的右边一条飞龙在天，驾雾腾云，意思是鲤鱼已经跳过龙门，化为神龙了。

"鲤鱼跳龙门"的典故家喻户晓。虞守愚把这个故事刻在如此显要的位子，寓意不言自明。它是在激励家族后人，奋发进取，耕读传家，光宗耀祖。其实，这何止是虞氏一族世世代代的追求，也是千百年来中华民族下层文人苦苦挣扎的心态写照啊！

---

① 综合自龚延明著《义乌历代登科录》，浙江古籍出版社2014年版，及家谱、网络资料。

第三节 与王侯的缘分

偏至东南一隅的义乌乌伤，竟然同几代王侯皇家结下了缘分。

当年，东汉光武帝太孙刘辉是怎样来义乌的？唐太宗曾孙李词在义乌知县当得怎么样？南宋第二代皇帝宋孝宗赵昚的次子魏惠宪王赵恺又为什么会看上义乌的？还有明朝皇帝朱元璋留在义乌的那么多的传说，是臆造还是真有其事？

义乌，永远有那么多的"谜"。

有些还真的不是谜，是有历史依据的。

据《金华府志》记载：东汉建武三十年，光武帝刘秀的太孙刘辉被封为"义阳王"，其封地就在义乌。其后七世，均以"乌伤郡王"称之。他安家在义乌县治稠城的南门，去世后，又把自己葬在了家的东面，即东平山，也就是"八角坟"。"八角坟"后改名"八角文"，就在老朝阳门往南不远处。现博物馆有明代修八角坟的残碑，上刻有"乌伤王之表"几个字。

据1927年重修的《金氏宗谱》卷三记载：刘辉（50-100），字日著，讳辉之，为长沙定王之后。东汉亡，刘氏占籍于县治南门金山，改号为"金山刘氏"。家谱还记载，除了义阳王刘辉，还有4位"乌伤郡王"夫妇合葬于此。

1568年，明代隆庆年间。在挖掘南门护城河准备修建城垣时，刘辉墓被毁，他的子孙就把墓地迁到山背上重建。据说，当年还发现了南宋理学家朱熹题写的石碑一块。1958年，全国大跃进，墓地彻底被摧毁。

被岁月摧毁的，还有另一座王墓。

福田街道长春村地段，如今已是一片繁华的闹市区。城北路的北面是义乌市第三人民医院，在医院的东侧，原井头自然村村西，现在有"口岸路"贯通而过，原来这里有一处旧址叫"留春台"。当年，在这里长眠着一位天潢贵胄——南宋孝宗皇帝次子、光宗皇帝之兄魏惠宪王赵恺。据说，"井头"这个小小的村子，当年便是重檐叠瓦的南宋魏王府所在地。

《宋史》卷二百四十六"列传第五""宗室三""魏王恺"记载："魏惠宪王，讳恺，庄文同母弟也。初补右内率府副率，转右监门卫大将军、贵州团练使。孝宗受禅，拜雄武军节度使，开府仪同三司，封庆王。……加恺雄武、保宁军节度使，追封魏王，判宁国府。"又据嘉泰《会稽志》卷六记载：赵恺死后先权借在绍兴法华山天衣寺法堂，后谕葬在义乌。

1871年重修的《义乌派溪赵氏宗谱》卷十三有两篇文章《宋故魏惠宪王墓碑铭》和《古迹记》，大概意思如下：

赵恺，字存仁。1171年二月，以父皇帝之命封婺州义乌。他虽然出身富贵豪门，但非常平易近人，"性则无有骄矜，自父子、兄弟、王公、贵人以及宦官、宫妾之相处也，一以礼焉"。他在封地义乌的六七年间，"朝会有时，祭祀有礼，燕享有节，侍卫有严，法制有备，衣冠有俨，动止有则，居处有纲，号令不失，宫府肃清，荒浮不作"，严于律己，把一个王府治理得井井有条，不给当地的官府增加半点麻烦。闲暇之余，还与王十朋、虞允文、范大成等当地名流，讲书论史，修身理性。"凡天下国家切要时务，莫不勉勉循循而悉推究之"，因而，深得当地百姓的爱戴。只可惜，天年不永，35岁就一病不起。1180年，淳熙七年庚子二月十七，赵恺卒，葬于乌伤派溪之西山。

后人为了纪念他，立了石碑歌颂他的功德，造了殿宇以"栖其神灵"，广种松柏营造威严的气氛，造了"留春台"、挖了"放生塘"以博取神的护佑，把他游玩过的一座山命名为"魏驾山"以留住他的踪迹。总之，能纪念他的一切手法都用上了。

如今，这一切都没有了。历史的辉煌淹没于岁月，也淹没于尘土。只留下一个地名"魏驾山"，清朝时改为"魏家山"，现在叫"义驾山"。

义驾山村旁有两座小山，东边小山至今犹存，矗立在义乌江边。这当是魏王当年游玩的地方，只是，树已不是当年的树，草也不是当年的草。三尺以下的土中，是否还留有当年魏王的脚印，抑或早已随风吹散？

因为这座山，旁边的这个小村也改名叫义驾山。

又过了一个朝代。

义驾山以前有一个别名——"遇驾山"，据说与朱元璋有关。

嘉庆《义乌县志》记载："明太祖下婺，先令胡大海攻取兰溪，西断喉咽。已亲提师旅，间从义乌躏入其深，而城随附。"因了这一段记载，或者说确有其事，反正，在义乌，关于朱元璋的传说，流传较多。

元末明初，朱元璋率兵与元兵作战，失利，落荒而逃到义乌。他逃到义乌江边的一座小山上，后有追兵，前有一江阻挡，朱元璋想，天要亡我吗？正急出一身细汗，忽见边上有一棵大树，树叶茂密，来不及细想，就爬上树，躲在树叶丛中，一动不动。刚好一群蜜蜂，飞抵树下。元兵追至，见无数蜜蜂在大树周围左右翻飞，也不怀疑朱元璋会躲在这棵大树上，就到其他地方搜索去了。元兵走后，蜜蜂也飞散了。

朱元璋一直躲到晚上，确定元兵离开了这里，才从树上爬下来。他背靠大树休息了会儿，竟不知不觉睡到了后半夜。醒来后就去寻找他的随从了。

朱元璋灭了元朝，当了皇帝。百姓就把他曾经藏身过的这座小山，叫作遇驾山。随着时间的推移，遇驾山演变成了"义驾山"。

这个故事演绎的成分比较多，不太可信，因为在明朝的万历、崇祯《义乌县志》

中，这个地方一直标注着"魏家山"，没有改名。下面这个故事，就让人将信将疑了。

义乌南乡毛店村旁有一座"停力寺"，离寺约5里路的里仁村有一座将军殿。这一寺一殿，据说也与朱元璋有关。

一日，朱元璋逃到南乡的白溪头时，后面元兵追至，前有滚滚溪水阻住去路，怎么办？朱元璋仰天长叹："天如助我！快把溪水断流吧。"话音刚落，白溪水干了。朱元璋满心欢喜，急忙向青云寺方向逃去。刚上岸，白溪水又满满了。

再说朱元璋的舅父刘伯温，一路来到义乌地界寻找朱元璋。有一天，他在青云寺的一个角落里看到一个人睡在那里，一根打狗棍垫头，两手左右伸开，脸面朝天，活像一个"天"字，吓了一跳。仔细一看，竟然是外甥。从此，甥舅相认。

一日，朱元璋甥舅俩离开青云寺往里仁村逃去，正好遇到吴立刚将军，经盘查得知是朱元璋甥舅俩，吴立刚就把他们放了，并一五一十告诉了他俩元帝下令追捕他们的事。吴将军本来是来抓朱元璋的，但他在头一天晚上做了一个很奇怪的梦，梦中有一位神仙要他去辅佐朱元璋。第二天能碰上朱元璋，他认为是天意。

吴将军抗旨放走甥舅俩，回不了京都了，就自刎于里仁村边的小山冈上。

明朝建立，朱元璋为表彰吴立刚将军救驾之功，便在他自刎的地方造了一座"将军殿"，把曾经歇力过的青云寺改名为"停力寺"。

另外还有一个"蜘蛛网的故事"，与上文"蜜蜂的故事"大同小异，在此不细说了。义乌为什么要编出一些与朱元璋有关的故事，这其中的原因，还是可以一探究竟的。

至于唐太宗李世民的曾孙李词，在义乌当知县期间做了哪些有功德的事，史书上已无查考，只知道福田禅寺是他选的地址，并支持加以发扬光大的。

第四节 孝子与福田

义驾山一带的义乌江边，是风景秀丽的地方。明朝时，曾任大理寺少卿的义乌龚大塘人龚永吉，总结了这一带的"十景"："杨墩望日，魏家思云，放生采蔬，寺口栽松，福地种德，孝墓进贤，东江春泛，北浦晓行，青塘渔唱，白勘樵歌。"这"福地种德，孝墓进贤"指的就是义乌江附近的孝子祠和福田禅寺。

义乌的古地名为"乌伤"，就是因孝子颜乌而来。

从目前发现的历史记录来看，颜乌葬父、孝感群乌的传说，最早见于南北朝时期（据历史学家考证，此传说在西汉时就已流行）。南朝宋刘敬叔的《异苑》一书中，记述了自先秦迄刘宋时的神怪变异之事，其中卷十（《四库全书》本）有这样的记载：

东阳颜乌以纯孝著闻，后有群乌衔鼓，集颜所居之村。乌口皆伤。一境以为颜至孝，故慈乌来萃，衔鼓之兴，欲令聋者远闻。即于鼓处置县，而名为乌伤。王莽改为乌孝，以彰其行迹云。

颜孝子乌墓碑记辞

(宋) 何恪

由汉迄今千余春，
锢铜欣漆知几坟。
陵谷变迁不可寻，
颜氏有阡归然存。
孝肉顺骨世所尊，
马鬣蓬颗几何分。
乌兮无知犹能驯，
岂有襟裾忘其亲。
因以名县淑吾民，
为之长者宜益敦。
一木抔土或见侵，
兽禽不如何足人。

《异苑》在流传过程中，出现了不同的版本。北魏郦道元《水经注》引《异苑》过程中，出现了"衔土筑坟"说。

于是，民间故事开始演绎，一代又一代：

颜乌，乌伤（今义乌市）人。先祖从鲁国（今山东一带）迁居而来，父颜凤。他们一家人独居荒原，以耕作为生。颜乌的母亲因操劳过度，过早地离开了人世。颜乌的父亲颜凤，既当爹又当娘，苦苦地把颜乌拉扯大。家境的贫困，生活的磨难，培养了颜乌勤快、孝顺、善良的品格。

夏天，蚊子渐渐多了起来，如何让父亲不受蚊子侵扰睡得安稳？聪明孝顺的颜乌自有办法。每天傍晚，颜乌总是先将父亲背到外面乘凉，然后他自己回到家里，赤身躺下，那些又大又狼的蚊子嗡嗡地围住颜乌"猛吸狂抽"。过了个把时辰，等蚊子饱食后，颜乌才起身把老父亲背回家中睡觉。冬天，颜乌总是用自己身体温暖被窝后再请父亲安睡。

有一次，颜乌发现有一只小乌鸦因腿伤而落在地上"呱呱"地呻吟着，颜乌将它抱回家，精心地治疗、喂养。把它的伤治好了，养得大一点以后，就放它飞回蓝天。从此，鸟儿们将他当作好朋友，这只乌鸦常领着一群群乌鸦在他家房前屋后盘旋，久久不肯离去。

后来，一场大病，颜凤撒手西去。颜乌悲痛万分，哭了三天三夜，哭得死去活来。

颜乌家贫如洗，附近也没有什么人家，安葬父亲只得靠自己。他拼命地挖，工具坏了，用手挖，挖了整整三天三夜，直挖得双手血肉模糊……过度的伤心、劳累、饿着肚子的颜乌终于晕倒在地上。

颜乌的孝心深深地感动了乌鸦。那只被他救过的乌鸦领着一大群乌鸦"呱呱"地飞了过来，它们衔着泥来帮颜乌筑坟。乌鸦们的喙在啄泥时都被磨破，流出了殷红的血。

坟筑好了，乌鸦渐渐离去。可是不久，乌鸦突然又多了起来。原来颜乌由于过度悲伤和劳累，竟死在父亲的墓旁。乌鸦又衔土掩埋了他的尸体。

颜乌纯孝感天，乌鸦帮助他衔土葬父，他死后乌鸦又衔土葬他。人们奔走相告，这件神奇的事情很快传扬开去，传遍了大江南北，传遍了六国九州。后来，人们在坟墓边上建起了一座孝子祠。为了纪念那些情深义重的乌鸦，人们把这一带地方叫作乌伤。秦始皇平定江南后，在这里建置"乌伤"县。这是浙江秦代设置的最古的几个县之一。汉朝王莽政权时改为"乌孝"。东汉建武初年（25年）又复为"乌伤"。至公元624年，改称义乌，一直沿用至今。

1992年，义乌市人民政府在原孝子祠遗址的基础上，修建了孝子祠公园，以纪念这位孝义的践行者。

十景之一的"福地种德"，说的就是东青溪注入义乌江处的福田禅寺的故事。

据《义乌县志》记载：（福田禅寺）始建于唐咸通六年（866），由唐太宗曾孙李词（义乌知县）选址勘基，双林禅寺大和尚释福田禅师建寺，初名"福田禅寺"，好佛乐捐的李词亲笔题额。当时建有正殿三间，偏殿六间，共九间。五代后晋天福四年（939），寺毁于一场火灾。北宋天圣七年（1029），毁了将近百年的福田禅寺，又现佛光。当时的知县郭猷召集民众乡绅捐资重建了古寺，宋仁宗皇帝一高兴，赐了一块匾额，上书"福田教寺"。

这时的福田寺，有僧人40多人。除了原来的前殿5间，又增加了后殿5间，除了原来的东西廊房8间，又增加了左右经堂斋房各4间。从目前的资料看，这一时期是它香火最旺盛的时期。

福田禅寺几兴几废，至元、明、清三朝，逐渐走向衰落。

福田湿地公园。

禅寺取名"福田"，应该不仅仅是因为其主持法号叫"福田"，更因为"福田"二字，在佛语中，有"广种福田，报德报福"之意。积德行善，对于世人来讲，是求一份平安，求内心向善，求社会和谐。福田福田，是在提醒人们追求真善美呀！难怪龚永吉要把这一景点取名为"福地种德"了。

这一带，也因福田寺而得名，被人称作"福田"，千年流传。福田禅寺在1949年以后，逐渐衰落，僧人还俗改业，寺院废弃，并曾一度消失。往昔的繁盛，裹挟着历史的烟尘飘然而去，不知不觉，只在史册中漫不经心地留了一笔。

第五节 孤独的女人

她是一个孤独的女人，因为，20岁时，丈夫就去世了。

她出生于富贵人家，嫁的是"部长"的曾孙，绝对的官宦之家。她感情细腻、多愁善感又孤傲清冷。不过，在冷静的外表下面，内心或许情感充沛。

她是一个有才气的女人，诗写得很漂亮，工书画，精刺绣。义乌博物馆收藏了她的诗集《凝香阁诗稿》、工笔画《梅雀图》、刺绣《春富贵》等。

在那个没有电视、没有手机微信的年代，她把她孤寂的生命，寄托在艺术上。给世界留下了传奇，也留下了精美的精神食粮。

她生长在明末清初，一个社会动荡、思潮开放的年代。

她叫倪仁吉，字心蕙，自号凝香子。

先介绍一下家庭背景：

她娘家在浦江通化龙池上金生村（今为兰溪梅江镇倪大村），父亲倪尚忠，曾经任同知（江西省吉安府地级市副市长），家庭富有。她有五位兄长，大家视她为掌上明珠。她"七岁诵女戒诸书，慕曹大家（班昭，东汉女史学家、文学家，史学家班固

倪仁吉工笔画《宋人笔意》。

的妹妹）之为人；十二三能诗，兼善书画；十四恸母柴毁；十七归（嫁给）之艺"。

17岁，倪仁吉嫁给了义乌青口大元村的吴之艺，就是吴百朋的曾孙。吴百朋，明嘉靖二十六年（1547）进士，当过永丰知县，三年后提升为山西道御史（相当于今天的省纪委书记）。当时倭寇四处为虐，侵逼江苏，作为义乌人，吴百朋当然不会坐视不管，他亲率轻骑援救淮扬，大败倭寇。为此，升任大理寺丞（相当于今天的最高人民法院司长），转少卿（相当于今天的副院长）。因功绩卓著，1577年，又晋升北京刑部尚书（相当于今天的司法部部长），官至一品。1578年，吴百朋因操劳成疾，在工作岗位上不幸去世。

这是两个显赫的家庭，可以说门当户对。

可惜的是，她嫁给吴之艺第三年，也就是20岁时，丈夫病逝，从此孤独一生。

再来说说倪仁吉的性格。

前面曾说她多愁善感，外表孤

傲、内心火热，这是有依据的。

嫁到吴家的第三天，倪仁吉的一位哥哥上门做客，发现小妹闷闷不乐，面带愁容，以为是妹夫欺负她。谁知倪仁吉说了句："谁说我们家富有，我来吴家后，头一口茶饭都要吃吴家的。"哥哥听懂了妹妹的弦外之音和孤傲之气，马上回浦江招来打井工人，连夜为妹妹掘了一口井。这口井叫"四井"（因为吴之艺排行第四）。这就是小倪妹妹的傲气。

14岁的时候，母亲病逝，小倪妹妹竟然哭得死去活来（恸母柴毁），内心的感情像火山一样喷发出来。吴之艺临死之前，有个非常感人的镜头，"仁吉洒泪和药，矢以身殉"，她竟然想跟丈夫一起去跟阎王报到！如此重感情，用我们现代的语言，就是性情中人。

"多愁善感"这个性格，从她的大量诗作中也可反映出来。如《弹琴》："梨花小院午风轻，漫理冰丝入太清。一片枯桐心未死，至今犹发断肠声。"古代的琵琶琴是梧桐木做的，从听琴声中能够听出枯桐的心未死，是要多大的想象力啊。这个枯桐是不是在形容她自己呢？再如，《雁字》："鸿雁当空结阵回，巧排锦字更徘徊。闺人正讶无边信，恰带相思一点来。"鸿雁的南归，也能勾起相思的情绪，这不是多愁善感是什么；《清明》："山南山北雨潇潇，泪洒鹃枝血未销。归向孤灯悄无语，轻寒犹记落花朝。"对故人的思念，何时是个头呢？在孤独寂寞中，对家乡的想念也时时袭来，《月下忆家》："香雾清辉景不殊，家山别后有谁娱。不知此际楼边树，照在亭亭第几株。"

当然，孤独与回忆不是生命的全部，生活还是要向前看的。于是，同闺蜜一起，看看外面的世界（《同傅夫人游虎跑戏成》："媚靥堆春玉削肩，临风竹径步蹁跹。回身更向池头照，水面新开别样莲。"），去春游、拜拜佛等，作为一种生活的调剂。她还过继了吴之艺三兄弟各一子，亲自教他们课程，把她的艺术才能传授给他们。这些孩子，长大后都有所成就。

从崇祯《义乌县志》开始，倪仁吉被各县志列入了"列女"的行列。除了守寡到老，她的孝心也是邻里称颂的。她13年如一日，尽心侍奉婆婆。婆婆去世后，她又画了婆婆的肖像，在家里供奉了30多年，"朝夕奉之"。她还画了20多幅先人的容像，个个面容肃穆，端庄慈祥。

倪仁吉书画、针线的水平也是一流的。据史料记载，她绣的绣品根本看不出针脚、针线的痕迹，妙若秋毫。她的绣品《春富贵》如今藏在义乌市博物馆，精美异常。她还用头发丝绣过两帧傅大士的像，一帧早年流入了日本，另外一帧不知所踪。她的工笔画《梅雀图》《仕女图》等，意境高远，人物神态安详，再配上她那娟秀的书法，才女形象凸显纸上。

当年倪仁吉住的居室叫"仰止堂"，当取自"高山仰止"之意。据说，仰止堂是吴百朋的儿子、吴之艺的爷爷吴大缵所造，匾额上"仰止堂"三个字，是倪仁吉的三哥倪仁祯所书。仰止堂的前方，是香草园，当是一个私家花园。香草园前面是三间厢房，是倪仁吉弹琴作诗画画的地方，倪仁吉自己取了个非常漂亮的名字——凝香阁。

凝香，字面的意思是凝聚芳香。只有凝聚了芳香，才能散发出持之恒久的香气。我想，倪仁吉就是。

第六节 "画皮故事"的前身

在福田禅寺对应的义乌江边下游两里，就是历史上知名的鸡鸣山。

元末明初的历史学家王祎写过一首《登鸡鸣台述怀》诗：早秋未徂暑，亭午忽凝阴。旅居坐局束，胜钱思登临……这应该是鸡鸣山这个名字最早的文字记载了，至于鸡鸣山这个名称是从什么时候开始有的，目前还无可考。

明朝曹雪伦的《大明一统名胜志》卷九"义乌县"记载：吴宁溪出吴宁县，经乌伤谓之乌伤溪者也。又二里，为鸡鸣山，昔有金鸡鸣其上，群鸡皆鸣，故名。山高五十丈，前瞰县郭，傍临大溪（指的是义乌江），俗以九日登高于此，亦名登高台。

据重修于1948年的《浦阳潼塘朱氏宗谱》记载，南宋著名词人朱敦儒与宗泽公是儿女亲家，朱敦儒的儿子朱昉是宗泽公的上门女婿，因了这层关系，朱敦儒葬于义乌"二都六保，收字八百三号，地二亩二分五厘"，也就是鸡鸣山。但那时是不是叫鸡鸣山没有记载，只是1948年重修的家谱"墓图"中标示着"鸡鸣山"，该家谱图有没有延续宋朝的家谱图，已经无法考证。

清人刘元震是青岩刘村人，他写了一篇《游鸡鸣山记》，载入嘉庆《义乌县志》。文中说，鸡鸣山这个名称的来历有两个，一个就是上文说的"金鸡鸣其上"之说。另一个是"唐崔智韬逐化虎之妇，至此闻鸡鸣，故名焉"。

我在网上搜索到了这个故事：

相传这个故事发生在唐代。当时有一位名叫崔智韬的官员，因事莅临义乌，住在县衙东边的官驿。

某夜，天气晴朗，皓月当空，微风轻拂，庭院中竹影婆娑，花香袭人。崔智韬被良辰美景所吸引，就在庭院中一边漫步一边赏景。忽然，看见一少女睡在一石凳上，身旁放着一张虎皮。崔智韬就悄悄地走过去，轻手轻脚把虎皮拿来投入井中。

少女醒来不见了虎皮，神色慌张，到处寻找，终于未找到。崔智韬就邀少女到房中交谈。崔智韬见少女面容姣好，性情温柔，产生了爱慕之情，就带回家去了。结婚后，崔智韬与该女子生了两个孩子。

过了几年，崔智韬携妻带子重返义乌，仍旧住在原官驿。旧地重游，触景生情，崔智韬就对妻子讲述了当年虎皮投井的经过。

言者无意，听者有心，妻子请求丈夫把虎皮捞上来。虽然过了很多年，但虎皮依然色彩斑斓，于是就晾在石凳上。

半夜，崔智韬从梦中醒来，发现睡在身旁的妻子不见了，并听到咬嚼的声音，就披衣起床，点燃蜡烛。只见一只吊睛白额猛虎，正在咬嚼两个孩子，不觉大惊失色，魂飞天外，连忙抽出佩剑，猛砍老虎。老虎窜出官驿，向东逃逸。崔智韬随后追赶，追过东江桥，穿过整片整片的田野，老虎躲入了一座山的丛林之中。

当崔智韬追虎到山麓时，附近村落群鸡啼鸣报晓，天亮了，老虎也不见了。

游鸡鸣山诗

（清）刘元震

隔断尘喧事，
寻幽每一过。
峰围天觉小，
径险石偏多。
白日间麋鹿，
清风老薜萝。
欲移李子架，
高卧万山窝。

后人为了纪念这段曲折离奇的故事，就把此山命名为鸡鸣山。

这个故事的原型，当取之宋朝李昉等编的《太平广记》卷433 "虎八"中的"崔韬"：

崔韬

崔韬，蒲州人也，游旅滁州，南抵历阳。晓发滁州，至仁义馆宿，馆吏曰："此馆凶恶，幸无宿也。"韬不听，负笈升厅。馆吏备灯烛讫。而韬至二更，展衾方欲就寝，忽见馆门有一大足如兽。俄然其门豁开，见一虎自门而入。韬惊走，于暗处潜伏视之，见兽于中庭脱去兽皮，见一女子，奇丽严饰，升厅而上，乃就韬衾。出问之曰："何故宿余衾而寝？韬适见汝为兽。入来何也？"女子起，谓韬曰："愿君子无所怪。妾父兄以畋猎为事，家贫，欲求良匹，无从自达，乃夜潜将兽皮为衣。知君子宿于是馆，故欲托身，以备洒扫。前后宾旅，皆自怖而殒。妾今夜幸逢达人，愿察斯志。"韬曰："诚如此意，愿奉欢好。"来日，韬取兽皮衣，弃厅后枯井中，乃挈女子而去。

后韬明经擢第，任宣城时，韬妻及男将赴任，与俱行月余。复宿仁义馆。韬笑曰："此馆乃与子始会之地也。"韬往视井中，兽皮衣宛然如故。韬又笑谓其妻子曰："往日卿所著之衣犹在。"妻曰："可令人取之。"既得，妻笑谓韬曰："妾试更著之。"接衣在手，妻乃下阶，将兽皮衣著之。才毕，乃化为虎，跳踯哮吼，奋而上厅，食子及韬而去。（出自《集异记》）

细心的读者一下子就看出了两个故事的相似之处。那么，刘元震说的鸡鸣山的这个来历，是从哪本书上看到的，还是听来的传说，抑或是他自己杜撰的？这其中的原委，或许只有他自己知道了。唐朝的故事取之宋代的原型，那不是很荒唐吗？那宋代的《太平广记》会不会抄袭唐代的民间故事呢？这个民间故事是没有文字记载的，另外从故事的情节推断，也没有这个可能。只能说，这个民间故事的朝代"编错了"。也就是说，鸡鸣山这个名称从唐朝开始有的说法，是没有依据的。

从宋朝的《太平广记》、元末王祎的《登鸡鸣台述怀诗》推断，这个民间故事，从宋朝开始流行的可能性较大，也就是说，鸡鸣山这个名称，是从宋朝开始有的。

无论如何，"鸡鸣山的故事"是"崔韬"的故事向《聊斋志异》"画皮的故事"演变过程中的一个"中间版"，对明清志怪小说的发展起了推动的作用，还是有一定积极意义的。

鸡鸣山的文化当然远不止如此，这里有元代隐士刘应龟筑亭登高的记载；有达官贵人、文人隐士怡情山水的景点；有每年农历九月初九，士大夫在此聚会、饮酒赋诗过重阳的身影；还有现代纪念吴晗的"晗亭"、塑造人文景点的"鸡鸣阁"等。它与绣湖文化一道，一山一水，一刚一柔，共同构筑起义乌先古文化的繁荣局面。

鸡鸣山公园。

第七节 宋代的荣光

何处望神州？满眼风光北固楼。千古兴亡多少事？悠悠。不尽长江滚滚流。

千古江山，英雄无觅孙仲谋处。舞榭歌台，风流总被雨打风吹去。斜阳草树，寻常巷陌，人道寄奴曾住。想当年，金戈铁马，气吞万里如虎。

相信读过这些豪迈句子的人都知道，这是南宋词人辛弃疾写的。辛弃疾历任湖北、江西、湖南、福建、浙东安抚使等职。应该是在任浙东安抚使期间，辛弃疾到了义乌，游览了义乌江边的月岩，与辛弃疾同游月岩的金华杜旃曾赋诗纪念："雾露朦胧晓色新，半空依约认冰轮；婆娑弄影寒山露，中有钗横鬓乱人。"

月岩在哪里？在雍正《义乌县志》之前的县志图中，都标示着在西江桥附近的义乌江边，靠近下傅村。在嘉庆之前的各种县志"岩"条目中，都有这样的记载：

县南二里。下临大溪，其形如月。（喻良能诗）何年玉斧巧修成，半似明生半魄生。易使飞鸟来匝绕，难将老蚌较亏盈。桂枝不逐秋风老，水影长随夜气清。曾是广寒宫里客，旧友重访更含情。

嘉庆以后的县志图中，就找不到月岩的踪迹了。可能是被人为破坏了，或是自然风化了。古迹虽难找寻，但文化的印记永远烙在了历史的天空中。在义乌有史以来的文化发展历程中，宋一代达到了顶峰，而且是一个难以企及的高度！

前文已述，义乌历史上共有203位进士，在宋朝竟然有132人！占了一半还要多。这其中，文科进士127人，武科进士5人。赤岸姓杨的家族一门18人中了进士！义乌历史上唯一的一个状元王龙泽、一个榜眼朱质都在宋朝。还有一个省元徐邦宪；宋太祖赵匡胤"杯酒释兵权"的主角之一王彦超，是义乌凤林王氏始祖；抗金英雄宗泽，是北宋哲宗朝进士，担任过兵马大元帅康王赵构的副手。宗泽在担任东京留守（相当于今天的开封市市长）期间，慧眼识英雄，在刑场上救下部将岳飞，成就了抗金名将；有"乌伤四君子"之誉的喻良能、喻良弼、何恪、陈炳，都是南宋绍兴、乾道间进士；

康熙《义乌县志》中，月岩在西江桥附近的下傅村边。这时的西江桥是浮桥哦。

南宋著名理学家徐侨，是南宋淳熙十四年（1187）进士，担任过国子监祭酒（教育部部长）、工部侍郎（工部副部长）、侍读（主席顾问）等。

目前义乌最古老的建筑——大安寺塔和古月桥，都是宋代的建筑。极其珍贵的宋刻本《三苏先生文粹》，出自婺州义乌青口吴宅桂堂。

够了，古代义乌的历史文化还有哪个朝代超越了宋时期？没有。

大安寺塔是义乌境内现存的最早的砖木结构建筑，也是义乌城区保存的唯一一座清中期以前的建筑，坐落在绣湖湖畔，建于北宋大观四年（1110）。塔壁和塔体内有大量"庚寅岁建"的砖铭。明永乐年间顶层倒塌，四层和五层重新修复，此后还进行过局部修补。1981年5月被公布为市级文物保护单位。

建于南宋嘉定六年（1213）、横跨龙溪之上的赤岸镇雅治街村的**古月桥**，是浙江省现存的最早的肋骨拱石桥，也是我国发现的最早的肋骨拱结构折五边形石拱桥，是全国重点文物保护单位。从该桥的建造工艺看，这个时期，义乌工匠造桥的技术已经非常精湛。

宋刻本《三苏先生文粹》由青口吴宅桂堂刊行。

《三苏先生文粹》（70卷）由北宋苏洵、苏轼、苏辙所撰，共24册。匡高16.4厘米，广11.6厘米。现藏上海图书馆。目录页最后有墨记："婺州义乌青口吴宅桂堂刊行。"青口即今江东街道青口村。可惜的是，经查阅各种史料及家谱，没有发现"婺州义乌青口吴宅桂堂"的相关资料。专家推论，这应该是一家在宋时有一定规模或知名度的出版社和印刷机构。

宋版书历来被视为珍宝。因此，到了清代，当康熙皇帝六十大寿时，天下臣工曾以宋书作为寿礼进贡给朝廷。

"杯酒释兵权"的故事。960年，宋太祖夺得天下。想想跟自己打仗的这些人，手中握着兵权，有一天来反对自己怎么办？于是，开宝二年（969），宋太祖召集凤翔节度使（掌管一个地区的军、民、财政大权，权力极大）王彦超、安远军节度使武行德、护国军节度使郭从义、定国军节度使白重赞、保大军节度使杨廷璋等同时入朝，在皇宫后苑一起喝酒。席间宋太祖举着酒杯对各位节度使说："你们都是国家重臣，随朕鞍前马后，南征北战，功劳极大，却至今还没有休养安乐的时候，这实非朕礼待贤臣的本意啊。"王彦超马上听出了赵匡胤的弦外之音，即离席跪奏道："臣素来功微，承蒙恩宠。现年事已高，望能恩准我告老还乡。"宋太祖也马上离席亲自扶起王彦超，安慰他道："卿可谓谦谦君子矣。"然而武行德等人却不明白皇上的用意，说自己以前功劳怎么大、怎么辛苦。宋太祖听了冷笑道："都是以前的事了，不值得再提了。"次日，宋太祖下诏，撤销了主要将领的职务，接着又收回了武行德等人的兵权。并撤销了"节度使"这个官职，使之成了一个虚位。这就是历史上著名的"杯酒释兵权"的典故。王彦超因为主动交出兵权，反而留镇如故。983年，王彦超退休，就带了全家到义乌来定居。986年，王彦超与世长辞，享年73岁。

宗泽（1060—1128），字汝霖，谥号"忠简"，义乌宗塘人。北宋元祐六年（1091）进士，赐同进士出身。

从1093年起，他先后担任大名府馆陶县尉、衢州龙游县令、晋州赵城（今山西洪洞县北）县令、登州（今山东蓬莱）通判（相当于今天的地方军队司令兼纪委书记）、巴州（今四川巴中）通判等职。

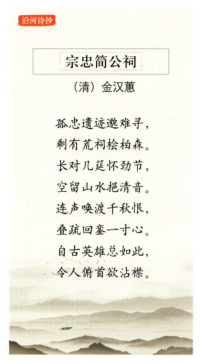

沿河诗抄

宗忠简公祠

（清）金汉蕙

孤忠遗迹邈难寻，
剩有荒祠桧柏森。
长对几筵怀劲节，
空留山水挹清音。
连声唤渡千秋恨，
叠疏回銮一寸心。
自古英雄总如此，
令人俯首欲沾襟。

1126年，金兵第一次围攻开封撤退后，宗泽入京任台谏之职。金兵再围开封后，宋钦宗任命宗泽为河北兵马副元帅，协同兵马大元帅赵构等人救援京城。他力主向开封进军，并不顾元帅府中赵构、汪伯彦等人的阻挠，率兵奋战，多次挫败金兵。虽然由于势孤力单，未能解京师之围，但却打击了金兵的气焰。

南宋政权建立，宗泽因坚持抗金、反对投降而遭到排斥。

1127年6月，宗泽任开封知府，后又升任东京留守兼开封府尹。

宗泽在开封修建防御设施，加强治安，整顿秩序，同时联络北方抗金义军。各地农民起义军，还有若干支溃兵游勇，在金军南下的情况下，也都先后归附宗泽，共同抗金。因此，宗泽在很短时间内，就把开封这个经过金兵洗劫、残破不堪的城市，整顿成抗金前线的坚强堡垒，击退金完颜宗翰等发动的猛烈进攻。为了收复河东、河北失地，宗泽在巩固开封防务的同时，还积极作渡河准备。他先后给宋高宗赵构上了24份奏疏，恳求他"回銮"开封，向宋朝军民表示坚决抗金的决心。

宗泽对宋朝的一片忠心，竟然未能改变宋高宗等人屈膝投降的立场。建炎二年，宗泽终于忧愤成疾，免疫力下降，背上长出一个毒瘤来。诸将去慰问他，他反而勉励诸将："汝等能歼敌，则我死无恨。"在逝世前，他连呼三声"渡河、渡河、渡河"，悲愤离世。

有**"乌伤四君子"**之誉的喻良能、喻良弼、何恪、陈炳，都是南宋绍兴、乾道间进士。喻良能、喻良弼是兄弟，出生在义乌香山东泽口村（今不存）的一户书香门第家庭。其后人迁至今稠江街道喻宅村。他们家教良好，为官后也是一心为民，办事公正，对朝廷衷心不二，至诚不变。何恪，义乌官塘村人，1160年进士。他为人孝悌、仗义、忠勇刚直。文章才情恢弘。陈炳，才气卓越，少言寡语，态度严冷，秉性刚直，谋而有断。

他们四人生于同一时代，志趣相投，交往甚密。品行高洁，都写得一手好文章。被当时的思想家、文学家、婺州第一状元、永康学派的代表人物陈亮称为"乌伤四君子"。陈亮说："乌伤固多士，而称雄于其间者，其四人焉。"

徐侨（1160-1237），字崇甫，义乌靖安龙陂人（家谱资料为野墅徐湖人，即今赤岸雅治街一带）。少时从学吕东莱门人叶邽。南宋淳熙十四年（1187）进士，授上饶主簿，朱熹称他为"明白刚直士"，并给他的书房题名"毅斋"。他一生以国事为己任，呕心沥血，竭尽全力。中年辞官归里，家居十余年，热心传播理学，以博学、刚直、显达而煊赫于世。曾任国史院编修、实录院检讨官等职。宋嘉熙元年身逝，终年78岁，赐谥"文清"。

徐侨是一个有胆有识的人。1233年，徐侨被起用后，有一次入朝觐见，穿着破旧的衣裳，宋理宗惊讶地问："爱卿怎么会这样贫困？"徐侨回答："我不贫困。皇上您才贫困呢！国家的根本不巩固，边疆一天天告急，将帅没有才能，旱灾蝗灾频繁，盗贼四起，国库空虚，人民苦于苛捐杂税……群臣在享着荣华富贵而您却感觉不到自己的孤立无援。"忠言讽谏，鞭辟入里，宋理宗听了虽然很不是味道，但开明的他还是下诏改革弊政。

朱质，生卒年不详，字仲文，婺州府义乌县溪西人，南宋绍熙四年（1193）中进

沿河诗抄

丹溪吟
（南宋）徐侨

丹溪群山俱有情，
颙昂环列如逢迎。
东出双秀高冲天，
惟见两峰当我前。
二水南来炯相顾，
合流于西疑欲住。
成此溪山一段青，
中有一园十亩平。
著我翛然数间屋，
绕屋俱栽竹与菊。
扶杖行舒景物妍，
开卷坐对圣贤读。
嗟予藐焉天地间，
居然分得此清闲。
毋馁浩然有以老，
也应不负尔溪山。

士第二名（榜眼）。初授文林郎（管文艺的科长）、两使职官（节度使、观察使参谋），历著作郎（国办管修国史的）。后来又担任右正言兼侍讲（掌管规谏、皇帝顾问）、权吏部侍郎（组织部副部长）等。他秉性刚直，因反对权臣对金妥协而被罢官。

朱质自幼聪明好学，过目成诵。1193年，朱质与永康的陈亮一起被录为进士。殿试时，陈亮是魁首（状元），朱质为第二（榜眼）。陈亮于孝宗时就入太学，素以上奏之事深受孝宗的赏识。朱质以《春秋》之大义为说，引起了光宗的重视。时孝宗已退位四年，居于重华宫，闻听朝中又出了个与陈亮一样博学多才的人，非常高兴。

开禧元年（1205），金国派使者来朝见宁宗，态度十分傲慢。朱质见金使如此无理，便上书宁宗，要求把金使斩首。金使闻讯，慌忙改换成一副谦恭的态度。

徐邦宪，字文子。南宋绍熙四年（1193）礼部试第一人，即省元。登进士第。历知处州，权工部侍郎，知临安府等。

王龙泽（1246－1294），字极翁，一字潜渊，南宋末婺州府义乌县赤岸（今义乌市赤岸镇青口村）人，是宋朝第118个即宋朝最后一个状元，也是义乌历史上唯一的一位状元。

在元军步步进逼江南的危急形势下，咸淳十年（1274），南宋进行了最后一榜科举考试，王龙泽状元及第，这年，他29岁。南宋都快要结束了，"龙在泽，飞不得"，所以被轻描淡写地授予承事郎（掌管平决诏狱，正七品）、昭庆军节度"金书判官厅公事"（节度使的秘书），这么小的官，当然不去上任了。南宋灭亡，王龙泽隐居，不愿做元朝官。20年后，南宋末年的宰相留梦炎在元朝当官，就向朝廷推荐了宋朝时期中进士的七人，王龙泽在被推荐之列。因为他是状元，所以被授予江南行台监察御史（相当于江浙赣湖广的监察局局长）。王龙泽看到旧王朝已无复辟可能，新王朝也已经控制大局，于是出山为元朝服务了。

第八节 水口钓鱼矶

义乌江就像那古化石层，一段流域有一段流域的特征。最上游一段有恐龙化石和人类生产的最早的石器；月岩代表的是宋代"化石层"，接下来的一段——钓鱼矶公园，是特征明显的明代文化层。

钓鱼矶公园的"一峰塔"，是明代重修并加高的；古西江桥，原来在钓鱼矶旁边，最早是明代知县熊人霖倡导捐建的；摩崖石刻"春潭瑞石"是熊人霖题刻的；钓鱼岩的江对岸，古有文昌阁、普渡禅林，是明代的建筑……可以说，这里曾经是明代义乌的一个文化"副中心"。

先来说说塔。

明代进士、华溪人虞德烨，也就是虞守愚的孙子（虞守愚在《鲤鱼跳龙门》那一章曾作过简单介绍），他曾担任过云南布政使司右参政（副省长）。1603年，他写了一篇《重创钓鱼岩一峰塔记》，收在《华溪虞氏宗谱》卷37中："去邑治五里许，隔水东南，群峰迤逦，临江而抱邑，峰绝突兀，巨石锁之，是谓钓鱼岩。峭壁急湍，林木蓊郁，亦通邑奇观也。岩故有塔，与绣湖远近映带，上应文昌之宿。塔创于汉，仍于唐宋，圮于胜国。"

他说，钓鱼岩古塔始创于汉，唐宋的时候还矗立在山上，元代时毁了。以前，骆宾王、宗泽、徐侨、黄溍等常登临览胜，吟诗作对。现任知县张维枢（字子环，号玄中，戊戌进士）到义乌后，政通人和，修废举坠。因为仰慕骆宾王等几位先人，寻找他们登临过的旧址，但见塔圮荒芜，仅存残烟乱草，不禁感慨系之。于是，在明万历二十八年（1600），张维枢同当地的乡绅元老商量，共谋协商建塔一事。造东江桥的任务已经完成了，造塔的费用我虞德烨愿意出三分之一。张知县也很有信心，拍胸脯保证一定把这件事办好。于是，他广泛发动乡绅元老，筹集募捐，于当年开始建塔。过了两年（1602），塔建成。共有五层，"高二十寻有奇"（一寻为八尺，古代的尺比现代的短，大概也有39米多高）。题之："一峰塔"。在塔的周围还建了庙宇，祭拜文昌星宿与钓鱼矶山神。造塔的目的，就是为了增加义乌的文化分量，镇住水口，涌现更多的人才啊。

1604年，继任义乌知县周廷侍（号广裕，北京人），命令邑人陈思善捐资（用命

钓鱼岩古塔。

令这个词，不知平时给了陈思善什么好处），在原塔上再加高二层，共为七级浮屠。"修钓鱼之塔，加高二级，地增其胜。"崇祯庚辰年，知县熊人霖改塔名为"龙光塔"，"以鱼之为龙，祈多士也"。

再来说说桥。

义乌江由东北到西南，像一条飘带绕县治南部而过。在此地段，因有钓鱼岩的一挡，水口变窄，水流一下子湍急起来，百姓在这里摆渡过江，危险系数增加，"数漂民田庐"，成为危害邑民的天堑；上游几百米，有"秀水"（即绣湖水，现在的城南河）注入义乌江，加大了这里的水流量；这里，有漂亮的钓鱼矶风景。这三个因素叠加起来，1638年到义乌任知县的熊人霖认为，应在此造一座桥，"邑之下游，盖钟（集聚）美利（好处）、毓风气"，就能起到"稳住水口"、方便交通、建设美丽家园的作用。熊人霖在《西江桥记》中说："绸水东，绣水西，左之右之，云气沃荡，泉流既清，风行水上。旨在传之秀气，为人知者乐水。""三才（指义乌江、秀水、西江桥）敛祥，荡荡周行，思乐西江，保我绸邦。"从这段话中可以看出来，他造西江桥的目的非常明确，即保我义乌风调雨顺，家园美丽如画。

于是，1639年，他捐出自己全部的俸禄，再集资了一部分，造了西江桥。

桥建成后，又把一峰塔边上的文昌庙迁建到江北的西江桥头，命名为"文昌阁"以"镇住水口"，营建普度禅林寺庙守护西江桥。修桥又护桥，可谓考虑深远。

在古人看来，一邑之文运，关乎兴衰。文运之昌盛，须由天上文昌宫的魁星主宰，故古人常建文昌阁以昌文运。

上天被熊人霖的精神感动了，或者是刚凑巧，"是年秋魁，乡榜者三人"！

我查了下，这些人杰是：

张嶙然，号崧胆，义乌县人。明崇祯十三年(1640)进士第二甲第十一名，赐进士出身。初授刑部陕西司主事（处长）。历官广西司郎中，平阳府知府。官至江西提学道（教育厅厅长）。

丁茂学，义乌县人。崇祯十三年(1640)武进士。官南直芜湖采石矶参将（次于总兵、副总兵）。

沈迪吉，义乌县人。崇祯十三年(1640)恩贡。历太平府同知（地级市副市长）。

熊人霖高兴了，心里想，不简单啊，还真的应验了。于是又临摹董其昌的书法，题了"春潭瑞石"四字，刻在面向义乌江的岩壁上。高兴之余，又写了一首诗："大石岩岩气象尊，嵌空壁立捍津门。苔痕积铁平如掌，松低垂萝翠可扪。徙宅鱼龙沉不吼，翻枝猿鸟舞还蹲。春潮进艇时舒啸，渭水桐江共讨论。"

只可惜，临水的峭壁上，如今只能看清摩崖石刻之"潭、石、题"三字，其余字迹已不辨矣。（见下图）

在当时的西江桥下游，如今修建了一座塔下洲水轮泵站，并在泵站的工作桥上修建了一座廊桥。该廊桥仿宋代风格，雕梁画栋，琉璃瓦屋顶，廊檐突兀，与山上的一峰塔遥相呼应，构成了新钓鱼矶公园新的景致。

钓鱼矶岩的山脚，也修建了一个滨江公园，石凳长椅，花木森森；仿古建筑，白墙黑瓦。公园入口高约8米的"天马腾空"铸铜雕塑，以及公园门口著名书法家沈鹏题写的五个大字"钓鱼矶公园"，吸引着来这里探古踏青、休闲游憩的人们。更有

公园门口的300年古樟树，以"水口樟"的形象，与一峰塔、廊桥一起，镇守着这一方古老而又年轻的"水口"，护佑着这一方土地永永远远的繁荣、富裕、和平。

第九节 林山寺的愤怒

一般来说，两国之间开展战争，消灭与被消灭的是部队，不应该涉及老百姓。如果拿手无寸铁的老百姓撒气，那就跟强盗、土匪没有区别。更进一步讲，如果用非常规化的武器，把老百姓像灭蝼蚁一样成片成片地灭绝，那就把自己推到畜生的位子上，是反人类的罪恶行径了。

20世纪三四十年代，日本对中国进行了大规模的侵略战争。随着战事的扩大，军国主义的兽性逐步膨胀，人性完全消失。

暴　行

1939年六七月间，日本军用飞机在杭州萧山一带投掷白色絮状物和棉状物，开始了对浙江地区大规模的杀戮百姓的行为——细菌战。"日军在浙江较集中的细菌武器攻击主要有3次，即1940年对衢州、宁波、金华的攻击，1942年浙赣战役期间对衢州地区、金华地区、丽水地区的攻击，1944年和1945年龙衢战役、丽温战役期间对衢州地区、温州地区的攻击。"（《侵华日军义乌细菌战调查研究》，浙江人民出版社

2015年版，第4页）

鼠疫在浙江迅速蔓延，义乌成为重灾区。1941年9月，义乌籍在衢县工作的铁路员工郦冠明在衢县染疫后，于9月5日回到义乌稠城镇北门街5号住处，6日即不治身亡。此后不几日，其住宅周边就发现大批死亡的老鼠。10月6日，北门街一带开始陆续出现鼠疫患者。由于该地区居民畏惧传染，纷纷逃离疫区，致使疫情迅速扩散。义乌的第一波疫情就这样散播开来。

第一波疫情还没有被完全控制，第二波更为汹涌的疫情接踵而至。9月，日本飞机在义乌崇山村上空飞过，撒下雾状的东西，接着，崇山村就发生了死鼠和死人疫情，然后在全县呈爆发之势。

1941年9月到1944年4月，鼠疫、霍乱等瘟疫传播到了义乌80个自然村，死亡1318人！许多户全家死绝，死的时候痛苦万分。并且疫情迅速向邻县传染。

还有比这更可恶的，是疫情发生后，日军在义乌大地上的暴行。

一是日军残暴地施行活人体解剖。日军"荣字1644部队"的分遣队、驻义乌的第八十六联队军医共20多人来到崇山。为了检验细菌战的杀伤效果，日军在崇山村对鼠疫患者施行活体解剖。18岁的吴小奶是个童养媳，感染上鼠疫后，被日军强行带到崇山村附近的林山寺。当看到穿白大褂、拿手术刀的日本军医时，吴小奶苦苦哀求，但终难逃噩运，"在日军的手术刀下，其哭喊声渐渐微弱，直到断气为止。其内脏成为日军采集的标本。当时有童金兰、张菊莲知道这个情况后急忙逃出"。继吴小奶被剖开胸膛剜出心脏后，少妇吴翠兰又遭了大难，被日军用骨锯锯断大腿。接着。王家媳妇小英又被一日军斩断一条臂膀，鲜血喷涌而出，挣扎而死。据1959年已79岁的崇山村村民朱凤珠回忆："17年前。父子二人生了鼠疫躺在床上，活活地被烧死在屋里，连骨灰也没有找到。女儿生了鼠疫还没有死，就被医生拖到南山上的破庙里，剖了肚子做试验。"

二是日军掘墓开棺剖尸，采集化验标本。为了采集杀伤力更强的鼠疫病菌，日军还对染疫死亡者开棺剖尸。村妇赵六妹染上鼠疫死亡，被日军发现后，强行打开棺盖，解剖尸体，砍去手臂、大腿，挖去子宫、内脏，做成检验细菌实验效果的标本，并将在人体活体中培养、解剖躯体各器官提取的鼠疫菌，命名为"松山株"。日军在崇山进行活体解剖、抢掠尸体器官的行为，在参与日军军医林笃美的日记及林笃美的战友回忆中都有记载。

三是日军纵火焚烧民房。崇山村鼠疫的蔓延，也威胁驻江湾、佛堂等附近日军的安全。这一带是日军物资的重要供应基地，特别是森林资源和萤石矿，因此为确保这一带地方的防疫安全，11月18日，100多名日军突然包围了崇山村，把村民赶到后山背，而后纵火焚毁房屋。村子里火光冲天，后山背上哭声动地。大火整整烧了一天一夜，共烧毁200余户，计400余间，致使700余人无家可归。有9名染疫者，因无法逃离，被活活烧死。日军纵火的目击者王达回忆说："当时，大家都被鬼子赶到村后山坡，接受日军'检查治疗'。看到村中起火后，都想去救火，却被日军用刺刀拦住了。小伙子王樟奶和王荣其拔开鬼子刺刀，冲向村去救火，竟被日军军官两枪打倒在血泊之中。"（《侵华日军义乌细菌战调查研究》，浙江人民出版社2015年版，第13—15页。）

这个村子叫崇山村，离村子不远的这个寺叫林山寺。历史永远记住了这一刻，在佛门清净之地，日本侵略者所犯下的滔天罪行。

"让日本沉没"的女人

黑色的血液流淌在义乌江边，渗进黄色的土地。一向温顺的义乌江像山洪暴发一样，彻底愤怒了。

她用柔弱的肩头担负起历史的使命，她用正义的利剑戳穿弥天的谎言，她用坚毅和执著还原历史的真相。她奔走在一条看不见尽头的诉讼之路上，和她相伴的是一群满身历史创伤的老人。她不仅仅是在为日本细菌战中的中国受害者讨还公道，更是为整个人类赖以生存的大规则寻求支撑的力量，告诉世界该如何面对伤害，面对耻辱，面对谎言，面对罪恶，为人类如何继承和延续历史提供注解。

这是2002年，中央电视台授予"感动中国十大人物"之一的王选的颁奖词。每次读到这些铿锵有力的文字，我的眼里都会饱含泪水，心潮难抑。

王选，女，1952年8月6日出生，祖籍义乌崇山村，生于上海。1969年，王选作为知识青年到崇山村插队，在那里生活了四年。1973年，王选被推荐到杭州大学学习英语，1976年毕业后回到义乌中学当英语教师。1984年调到杭州外语学校任教。1987年留学日本，两年之后，她以优异的成绩获得筑波大学教育学硕士学位。

1995年，一次偶然的机会，王选了解到第一届有关731部队的国际研讨会在哈尔滨召开，两个日本人在会上报告了他们去浙江义乌崇山村调查731细菌战引起鼠疫流行的情况。义乌崇山？不就是父亲的家乡，也是自己曾经下乡插队的地方吗？这让王选想起小时候，听父亲讲述13岁的小叔叔被鼠疫夺去生命临死前的悲惨情景。父亲痛苦而恐怖的神情，她永远无法忘记。

王选觉得自己应该为家乡的父老做些什么。为此，她放弃了留学美国的计划，辞去了英语教师的工作，执着地走上了对日诉讼索赔的艰难之路。

崇山村。

同年，王选带着两名日本学者一年数趟地前往义乌崇山村调查取证。从一个村开始，挨家挨户调查当年日本细菌战受害的农民，进而发展到整个义乌，然后是衢州、宁波，接着是江西、湖南……

"选"，崇山村人这样称呼王选。"选，你代表我们去告日本吧，你是我们村里的大学生，是村里第一个留学生，只有你会说日本话，见了鬼子不怕。"王选的叔叔，也是全中国第一个想告日本人的王焕斌说。

王选，真是一个霸气十足的名字，崇山村人之选，受害者之选，王选自己之选，所有一切都包含着一种唯一性和必然性，这正是宿命的特征。我想，宿命的真意就是，看似有无数条路可选择，但真相是无路可逃。

"你看，我的生日是8月6号，8月6号发生了什么，美国往日本扔了两颗原子弹！"王选说。

这是采访王选13年的《南方周末》记者南香红在她的随笔中写的几句话，霸气十足。王选就是为细菌战诉讼而生的。美国历史学家谢尔顿·H.哈里斯曾评价说："只要有两个王选这样的中国女人，就可以让日本沉没。"

这个可以"让日本沉没"的女人，带领中国的一群老人，对日展开了一场旷日持久的诉讼。她走遍了大半个中国，采访老人，搜寻铁证；她频繁往返于中国、日本、美国等地，为揭露侵华日军细菌战罪行而奔波；一审、二审，38次开庭，到日本最高法院的驳回第三审，每一次诉讼，都有许多令人泪流满面的故事。诉讼所花费的费用，除了后来的少量华侨资助，全是王选自费，个人积蓄和工作收入几乎全搭了进去。

这就是王选，为细菌战诉讼而生的王选！历史将永远记住她！

打开网络，搜索"王选"，有关她的报道铺天盖地。写她的个人专著，有《王选的八年抗战》《王选20年为侵华日军细菌战受害者呐喊》中日英画册等。

我想，她代表的不仅仅是义乌，不仅仅是中国，而是有尊严的"人"，代表的是全人类。

第十节 不屈的史家王祎

王祎，是以史家的形象留在大众的记忆中的，因为他主持编修了二十四史之一的《元史》，与宋濂同为《元史》的总裁官。

因了《元史》的光环，人们把他的从官经历忽略了。

近日，重读他的传记。他当劝降官，前往云南招降却被害的经历，深深震撼了我，这不就是"刚正、勇为"的义乌精神的又一个活脱脱的典型吗？

王祎（1322-1374），初名祎，后名祎，字子充，号华川，凤林乡（今赤岸镇尚阳）人，后随外祖父迁居青岩傅。小时候，他的祖父曾担任东阳、常山教谕，就是当时的教育局长兼县学校长兼全县的祭祀官，所以王祎从小跟随祖父学习，受到了良好的教育。后来可能是因为祖父牵线，又拜了名师柳贯、黄溍为师。黄溍在1315年已考中进士，在朝当官了，想拜他为师，没有后台，难。

1348年，王祎27岁，他到大都游学，看到元政衰敝，就写了一封"八千言书"，希望朝廷能重用忠直之人，结果没人理他。王祎失望了，于是回到老家义乌青岩山的外婆家，从事著述。顺便提一句，元朝不重视科举制度，从定国号为元到灭亡的98

年间，开科考试只有45年18次，弄的王祎不是"科班"出身，不是进士，也不是举人，甚至连贡生也不是。但这并不妨碍他成为大学问家，这是后话。

没有科举考试，进入官场的途径就只能靠人推荐。当时在国史馆的张起岩、危素等，欣赏他的才学，把他的文章推荐给朝廷，但还是没被元王朝所重视。

王祎隐居十年，写了许多好文章，声名自然就渐渐大了起来。

1358年，元至正十八年，明朝还没有建立（明朝1368年建国），朱元璋已经率军攻取了婺州。他听说王祎是个人才，就把他招入了麾下，任命他为中书省掾（中央办公厅兼组织部的副官）。1361年，朱元璋平定江西，王祎进献了一篇《平江西颂》。朱元璋看后非常高兴："吾固知浙东有二儒，卿与宋濂耳。学问之博，卿不如濂；才思之雄，濂不如卿。"

于是，从这个时候开始，朱元璋就封他各种官职，把他拉拢在自己身边，甚至一度还让他做贴身秘书。1368年，也就是明朝建国这一年，朱元璋想好好搞一个建国大典，不知什么事情两人的想法不对路了，于是，他被贬到漳州做通判（地方副职）。过了一年，又让他回京，与宋濂同任《元史》总裁官。不到一年，《元史》就修好了，于是又升了他的官。后来还让他去当太子的老师。

下面一件事情，成就了王祎的一世英名。这件事，比他修《元史》要刺激许多。

洪武五年（1372）正月，王祎奉诏出使云南去招降梁王。

先交代一下这里的历史背景：

明朝虽然建国了，但一些边疆地区还没有搞定。元朝势力退回蒙古草原，继续使用"大元"国号，史称北元。当时，蒙古力量有三支："河南王"扩廓帖木儿率领10余万军队，占据山西、甘肃等地；北元丞相纳哈出拥20余万兵力据守辽东；"梁王"把匝剌瓦尔密带领着10余万军队占据着云南，他们凭借着边疆天高皇帝远，一直没把大明王朝放在眼里。

事实也是这样，明王朝初建，根本没有力量征讨地处西南边陲的云南。朱元璋经过几年的慎思，觉得"云南僻远，不宜烦兵"；同时，当时的银矿多数在云南，谁也不愿意钱袋子被别人攥在手里，便想用政治方式来统一云南，于是派使臣王祎、吴云先后两次到云南招降梁王，力争以和平的方式解决边疆问题。

王祎要出使云南去劝降？众大臣都为他捏了一把汗，认为此去凶多吉少。王祎一副视死如归的气概，慷慨陈词，无所畏惧。

1372年六月，坐船、走路、再坐船，千辛万苦，王祎终于抵达云南。

王祎这样劝梁王：朱元璋是一个很圣明的皇帝，天下的人都归顺他了。只有你，躲在这么一个偏僻的角落里，有什么意思呢？今天呢，朱元璋派我来说服你，只要你答应臣服于大明王朝，你现在这个地盘还是归你管，高官厚禄，都答应你。要钱有钱，要名声有名声，不是挺好吗？您为何还要占据着这么一只角落来跟大明作对呢？

梁王听了他的话，觉得有些道理，但又一时决定不下，于是暂时安排他住下来，并派人暗中监视他。

几天后，王祎忍不住了，又去找梁王：我大老远赶过来劝说你，不为我自己的生命考虑，实在是因为朝廷考虑到云南百万老百姓的生命啊。一旦发动战争，生灵涂炭，是谁都不愿意看到的事情。想想当年，陈友谅占据了湖南湖北，张士诚占据了江浙，陈友定占据了福建，明玉珍占据了四川，没有几年，不是都被消灭了吗？元君逃到北方去了，扩廓的下属有的投降，有的逃窜，没费一刀一枪天下就平定了。所以，先臣服的有赏，不服从的是要被杀头的。您自我感觉很强悍，与陈友谅、张士诚比，是您强大还是他们强大？您清醒点吧，元军现在已经救不了您了。您现在抵抗明军，也已经没有任何意义了。到时候明军的百万军队围过来，您就像锅中的鱼，还能够翻身吗？

王祎的一番慷慨陈词，说得梁王心里直打鼓。虽然表面上没有答应，但心里已经

沿河诗抄

春日绣湖上与德元同行

（元）王祎

（一）

十里华川上，年来足胜游。
雨花林下寺，枫柳驿边楼。
默默芙蓉浦，依依杜若洲。
平生身外事，未许付浮鸥。

（二）

相携偶出郭，纵目路忘赊。
山色初晴好，湖波积雨加。
春浓浮酒兴，人壮惜年华。
世事犹多故，芳辰重叹嗟。

（注：德元，金涓字）

有了投降的打算。想想仍然把王祎独自留在云南，说不定到时能派上用场呢。

1373年，元兵残部派遣脱脱到云南征粮饷，听说明朝使者王祎还在昆明，就鼓动梁王杀害王祎。梁王将王祎匿藏在春登杨氏家中。脱脱再三威逼梁王。在脱脱的淫威之下，梁王交出了王祎。

脱脱找王祎谈话，并摆出一副盛气凌人的态度，想要王祎屈服。王祎怒骂道：你们就像那马上要烧尽的小火，还想同日月比比谁亮吗？我为天子出使云南，早已将生死置之度外了。想要我屈服，笑话！又对梁王说，你杀了我，明朝的军队马上就打过来了，你的灾祸也会接踵而来了。

负隅顽抗的元军残部还是把王祎杀了。这年，他52岁，时间是洪武六年（1373）十二月廿四。

建文初年（1399），朝廷追赠王祎为翰林学士，谥号文节；正统六年（1441）改谥忠文。

洪武廿九年，王祎的儿子王绅曾到云南去寻找父亲的遗骸，可惜没有找到。后人曾在义乌青岩傅村西的象鼻岗建了衣冠冢，可惜也随着岁月的流逝而湮没了。

第十一节 千年佛国

佛教从西汉末年传入中国后，盛行了1800年，直到清末。它为什么会成为中国影响最大、传播最广泛的宗教？

佛教，浅显的理解，就是在生活中修行，在修行中生活。人生面对的是生活，在生活中如何处理碰到的困惑，是一个至关紧要的问题。佛教说：烦恼即菩提。"菩提"就是觉悟，觉悟的生活就是菩提的生活，就是佛教的生活。它重在劝世，讲究个人修行（小乘），或"普度众生"（大乘）。

经过三国、两晋，到了南北朝时期，国家南北分裂，社会动荡不安。从420年

傅大士像。

到589年，169年间，南方经过了宋、齐、梁、陈四个朝代，我们无法想象那个年代的人们是怎么生活的，战争、饥荒、盗匪，成为了社会的中心词。政权的更迭对老百姓的影响有多大？我们不知道，反正该怎么过就怎么过吧。但是，佛教的神识不灭论和因果报应学说就在那个时候开始盛行起来，连皇帝也信奉佛教。孔子的儒学、老庄的道家学说、晋朝的玄学等，都对佛教的"汉化"起了非常大的作用。

497年，傅大士降生了。他对佛家思想的发扬光大、对儒道释的吸收融合，起了非常重要的作用。他是大乘佛教的推行者和实践者，把身外的一切都捐给劳苦大众，

这水面之下，可藏有千年的秘密？

努力替人寻找解脱苦难的途径，因而大受欢迎。同时，历代帝王和社会知名人士对傅大士的推崇，加深了佛学思想在中国的传播。

其实，早傅大士45年，义乌已经诞生了一位高僧，他叫惠约，乌伤县竹山里（今夏演）人。他17岁在上虞县东山寺出家，对佛教经典研究得很透彻，名声大噪。他多与当时的权贵名士交往，是梁武帝的座上客、国师，经常与梁武帝说法清谈，而且一谈就谈到后半夜，受到的礼遇无人能比。真是太让人骄傲了。

难道惠约对傅大士没有影响吗？

关于傅大士

傅大士（497-569），姓傅名翕，字玄风，号善慧。《续高僧传》称傅弘，又称善慧大士、鱼行大士、双林大士。乌伤县（今浙江义乌）人。一生未曾出家，而以居士身份修行佛道。

在佛学或傅大士的著作中，傅大士修行佛道、宣传佛教，当时认为都是天意注定的。如他24岁的时候，有一次去南江稽亭段（古代的南江在稽亭边上过，稽亭是水边稽查过往船只的亭子。参见第四章）捕鱼。捕到鱼后，他把装鱼的笼子沉到水下，并祷告说：你们想走就走吧，留着不去的就是应该留下来的。试想，还有哪些鱼会留下来呢？人们都认为傅翕是个傻瓜。（二十四，与里人稽亭浦（水边）漉鱼，获已沉笼水中，祝曰，去

傅大士赞

（宋）苏轼

善慧执板，南泉作舞。
借我门槌，为君打鼓。

双林寺谒傅大士

（唐）郎士元

草露经前代，
津梁及后人。
此方今示灭，
何国更分身。
月色空知夜，
松阴不记春。
犹怜下生日，
应在一微尘。

者适止者留。人或谓之愚。《傅大士（景德传灯录卷二十七）》）

民间有许多傅大士的传说，都是说他碰到神奇的事的，如螺蛳没有屁股的故事，炒得半生不熟的虾放在水里也会活过来的故事，头顶着一朵乌云躲避太阳暴晒的故事等。反正，傅大士就是为佛而生的。

南北朝梁普通元年（520），傅翕24岁，这是他生命中重要的年份。有一天，他碰到一位头陀，名叫达摩，印度人，人们叫他嵩头陀。他指点傅翕，说他是弥勒转世，劝他投身佛门。傅大士顿悟。

傅翕问修道之所，嵩头陀指了指松山下双梼树说："此可矣！"于是，傅大士就在佛堂云黄山下，结庵修行。

松山又叫云黄山，在今佛堂镇东部，画溪（南江）绕云黄山的北、西部而过，风景秀丽。傅大士同妻子刘妙光在云黄山脚下，一边农耕一边修学，把耕种收获的东西都施给众人，以救度众生为己任。

苦行修身七年后，他的名气越来越大了，有关他的灵异事迹也愈来愈多，大家都知道他是弥勒化身，是十地菩萨。

消息传到了皇帝那里。梁中大通六年（534），傅大士应诏进京与梁武帝共论佛法。第二年，又一次进京，与武帝共探禅要。

大同六年（540），傅大士最后一次见了梁武帝后，提议造双林寺。梁武帝同意，并下诏于双梼树旁设寺。这一年下半年，双林佛殿建成。

当时，梁武帝年事已高，老眼昏花，沉迷于佛教但不醒悟。他不敢面对现实，老是迁就那些准备争夺皇位的子侄和为非作歹的王公贵戚，以佛教为寄托来消除烦恼。

傅大士想利用佛法启发他醒悟："天下非道不安，非理不乐。"也就是说治理天下需要"道"和"理"，双轨并行。但是梁武帝并不理解，于是傅大士又劝道，如果一切是非都不管，那么社会就要沉沦到无边的苦海中去了。道理已经说得够明白了，但梁武帝好像没有一点反应。

在与统治阶层的接触中，傅大士感到，要想依靠他们普渡众生，很难。于是，他回到义乌，依靠双林寺弘扬佛法，解救苦难中的百姓，度过了他的后半生。

大同十年（544），傅大士把佛像经文交给佛教信徒，又把家资、房屋、田地、资生、什物全部捐给寺院。捐舍既尽，没有住的地方，他就另搭了一屋立身，夫人妙光也自己建茅草屋居住。

作为双林寺的始祖、中国维摩禅（居士禅）的祖师，傅大士与达摩、志公并称"梁代三大士"。曾作有300多首诗偈、颂文来阐释佛理禅意，劝导世人看破世间的功名利禄，尽心修证佛法。他的传世著作有《心王铭》、《梁朝傅大士颂金刚经》（此或系后人托其名之伪作）、《语录》四卷等。

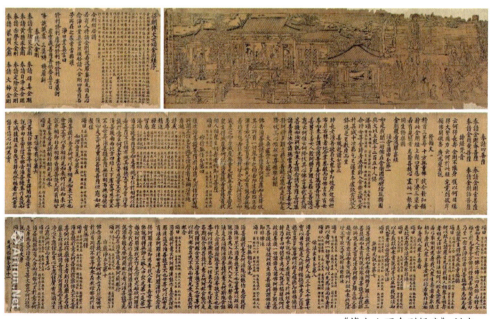

《傅大士颂金刚经序》刻本。

关于双林寺

上文已说，双林寺由傅大士开创，又有皇帝的支持，几年间香火就旺盛起来，高僧云集。各代帝王护法、题词、慰问主持、施田产等，使双林寺名声大振。隋朝时号称"天下第三，江浙第一"。北宋时，有僧舍1200余间，僧众多达2000余人。南宋嘉定年间（1208-1224），宋宁宗赵扩品定天下禅宗丛林，选出禅宗十刹，双林寺被列为十刹之八。明代，依然"在震旦国中，称庄严第一"。元、明、清三朝，双林寺虽屡兴废，但仍然保持相当规模，香火久盛不衰。

晚清的战火，导致双林寺衰败。1928年再遭火劫，从此不振。1958年，双林寺被彻底拆毁，山门在大修水利时成为水库大坝，旧址被双林水库淹没。1986年，有关部门办理了重新登记手续，重建双林寺工作提上议程。1994年，义乌市政府批准重建。以后开始陆陆续续地建设。目前，双林道场有双林禅寺、双林古寺（女众道场）和云黄禅寺三座寺院。其中双林禅寺有山门、天王殿、傅大士殿、大雄宝殿四大主体殿堂，以及办公、僧人寮房四合院一座，斋堂一幢，居士楼一幢等。

古双林寺，既有宏伟殿宇，又有七佛庵、行道塔、铁塔、石经幢等古建筑，更有傅大士的博大思想留存。如今，除了傅大士的佛学思想，双林寺的遗物，只有双林铁塔、梁时北魏所送的小铜佛一尊、隋唐陶俑面首和瓦当多块、民国重修善慧大士舍利塔一座了。当然，双林寺周围的稽亭还在，寺前街还在，罗汉堂村还在。

2015年12月7日，北京保利秋拍"古籍文献唐宋遗书"专场，一级文物、刻本《梁朝傅大士颂金刚经》以400万元起拍，最终以2645万元成交。该件文物，前有版画，末有"萧梁武帝御太极殿宣志公讲金刚经志公奏请诏汉人傅大士歌颂此经变相"（共

沿河诗抄

游双林寺

（唐）戴叔伦

步入招提路，
因之访道林。
石龛苔藓积，
香径白云深。
双树含秋色，
孤峰起夕阴。
屧廊行欲遍，
回首一长吟。

2行30字）。文字部分共存6纸，纸28行，行17字，小字双行同，行25字。首纸有"梁朝傅大士颂金刚经序"。尾断。此件拍品的成功拍卖，有力地说明了傅大士思想的深远影响。

保存在双林寺中的，如今只有双林铁塔了。

双林铁塔，现保存在双林寺旧址——双林水库边的石亭中。该铁塔建于五代十国后周广顺二年（952），由居士——赤岸野塘公朱禄铸造。

一个居士，为什么要来建造双林铁塔？在《赤岸丹溪朱氏宗谱》里，我们找到了答案。

赤岸廿一世孙朱禄（字洪基，晚年自号野塘老人）八九岁这一年，黄巢起义军经过蒲墟（即今天的赤岸）。起义军所过之处，烧杀抢掠，无恶不作。一时之间，蒲墟村血流成河，朱氏五六百号人，惨遭灭门之灾。当天野塘公刚好随母亲陈氏到双林寺去礼佛还愿，逃过一劫。"余与母陈氏独得无恙"（《野塘府君铁罗汉像记》）。经过这次劫难，朱禄与母亲从此一生信佛。他认为，是佛保佑了他们母子平安。

后来，经过多年的辛勤劳作，改卜新居，乐善好施，繁衍子孙，朱家重新兴旺起来。

每到双林寺拜佛，朱禄总是想起朱家曾经的繁荣。他认为，寺宇虽然宏伟雄壮，但天长日久终有毁坏的时候，而后人能否修葺却是个未知数。为了弘扬佛法，也为了感谢佛对朱氏家族的保佑，他决定捐赠两座铁塔以镇该寺，希望寺宇能够与铁塔永存。经过与双林寺的几轮磋商选址，最终决定在山门内两侧各挖一水池，名曰"放生池"。野塘公出资铸造了两座

双林铁塔。

精美绝伦的铁塔，分别放置在两侧"放生池"内，铁塔下面打造了八边形的塔基底座，希望寺宇能和铁塔一样，永世留存。

这两座铁塔，为八面五层，仿木结构，楼阁式。塔身铸有人物、动物、佛像、花卉、水波等图案，造型美观，形象生动、逼真，线条流畅，具有很高的艺术价值。很可惜，铁塔与双林寺一起，历经劫难。其中的一座毁于战乱，留存下的一座，在1942年义乌沦陷时，被日寇发现。日本侵略者盗心顿起，将塔从双林寺移至义亭火车站待运。不知什么原因，塔基一座、塔身两层被遗弃在火车站没有运走。朱氏子孙得知后，马上组织人力抬回，置于原来赤岸十八派大宗祠门口。后又多次"搬家"，最后回归"故里"，落户在双林寺。

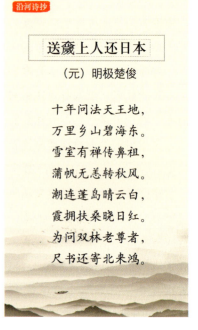

沿河诗抄

送蔵上人还日本

（元）明极楚俊

十年问法天王地，
万里乡山碧海东。
雪室有禅传鼻祖，
蒲帆无恙转秋风。
潮连蓬岛晴云白，
霞拥扶桑晓日红。
为问双林老尊者，
尺书还寄北来鸿。

文物专家说，这样布满精美纹饰而又年代久远的铁塔，在全国尚无第二座，堪称中华瑰宝。

双林铁塔，从一个角度，见证了双林寺的沧桑。

寺院能被复制粘贴吗？

双林寺在国内外负有盛名，因此，各个朝代，仿双林寺而建、或弟子被邀请出去，新建佛寺、弘扬佛学的举不胜举。

日本早稻田大学至今存有《东阳郡乌伤县双林寺傅大士碑文》。日本高僧最澄于公元804年乘遣唐使船入唐。公元805年，最澄在浙江修学后返回日本，特上表奉进，得到了天皇嘉许，他以义乌双林寺为模板，在日本建造了京都双林寺。至今，日本"大圣欢喜尊天双林寺"依然香火鼎盛。

义乌城区边上的福田禅寺始建于唐咸通六年（866），由唐太宗曾孙李词（义乌知县）选址勘基，双林寺大和尚释福田禅师建寺，初名"福田禅寺"。也就是说，福田禅寺就是双林寺的大弟子大和尚释福田建造的。

唐代来中国双林寺求法的日本僧人除最澄外，还有圆仁、圆珍、空海、源信等。

北宋时，约有20余名日本僧人到双林寺学习。

元代以后，到双林寺来的日本僧人有铁印景印、寂室无止、大拙祖能等。大拙祖能在中国待了14年，拜双林高僧为师。

唐代高僧无言通到越南传教，成为越南禅宗主要派别的祖师。

此外，双林寺的中国高僧也有到日本传教的，其中最著名的是元代高僧明极楚俊，他曾住持双林寺，对日本文学的发展影响很大。另外还有本觉、兀庵普宁等。

直到今天，日本国永源寺、祥云寺、凤仙寺、宗安寺、本成寺、橘寺、清凉寺等数10个寺内都建有傅大士发明的转轮藏并供奉傅大士雕像。

傅大士和双林寺，早已经超过了国界的影响，走向了世界，并且还在源源不断地发挥着影响。

第十二节　戚继光的荣耀

公元1587年，也就是明朝万历十五年，在山东蓬莱一所简陋的房舍里，一位60岁的老将军，在弥留之际，说了这样一句话："三十年间，先后南北，水陆大小百余战，未尝一败。"

大家都猜到了这位老将军是谁。那么他说的"未尝一败"，是真实的还是临终之际的吹牛？

没人会怀疑他，因为他是戚继光。他统帅的虎师，是大名鼎鼎的戚家军。而戚家军的主力，则是义乌兵。

戚继光与义乌的缘分，还真的是深。

据民国乙酉年（1945）重修的东阳八

字墙村的《东海戚氏宗谱》中的"继光公传"记载："戚继光，字元敬。祖义乌，迁居登州，卫指挥佥事……"这篇洋洋洒洒近3000字的传文是"安徽桐城张廷玉"写的。经查资料，张廷玉（1672-1755），字衡臣，清朝康熙三十九年(1700)进士。康熙时历任内阁学士（相当于今天的中常委）、吏部侍郎（组织部副部长）。世宗继位，破格提拔为礼部尚书（部长），入直南书房，任《圣祖实录》副总裁，纂修缮写实录及起居注。又任《明史》总裁。廷玉为世宗所倚任，军国大事，多与参决，鸿典巨文，也多出其手。这样一位大手笔，写戚继光的东西总不至于有差池吧。

沿河诗抄

宴游烂柯山

（明）徐渭

群凶万队一时平，
沧海无波岭瘴清。
帐下共推擒虎将，
江南只数义乌兵。

而据该家谱另一文《东海戚氏家乘序》说，戚氏来自赤岸。该文作者为明朝洪武年间的"前史官楚府长史金华朱濂"，并且说，戚家迁出后，与赤岸的朱家仍保持着200多年的通婚关系。联想到金元"四大名医"之一的朱丹溪的妻子也是姓戚，我们可以推断，元朝初年或更早，赤岸一带曾有"戚"姓居住于此，并且其中的一支迁到了山东蓬莱。

也就是说，戚继光祖籍就是义乌赤岸。

还真的是宿命。200年后，戚氏的子孙戚继光回到了老家，在倍磊、葛仙、赤岸、毛店一带，招募了4000义乌兵，组成了首期"戚家军"。后又几次前往义乌招兵，据原在义乌市志编辑部任职的张金龙统计，招兵起码有三次以上，共约有26000人。这支以义乌人为主的"戚家军"，与之前的"戚家军"相比，完全是两个等次，在战场上所向无敌，成就了戚继光的伟业，也打出了"义乌拳头"的威风。《明史》卷222："而金华义乌俗称剽悍，请招募三千人，教以击刺法，长短兵迭用，由是继光一军特精……戚家军名闻天下。"

对于戚家从义乌迁出去的事实，我想戚继光也是承认的。否则，他也不会在明嘉靖三十六年（1557）五月在义乌招兵期间，捐赠了"古铜五事一副、云锣一面、玉杯一只、黄金百两"，在稠城西门街77弄一带修建了义乌戚氏宗祠（当时孟满公刚刚乔迁西门，戚继光到义乌来招兵，孟满公为尽地主之谊，招待了戚继光。在喝酒谈论中，知道了戚继光迁居山东定远已经有13代了。于是戚继光捐赠了上述物品命人修建了戚氏宗祠。该事实记录在民国重修的《云溪戚氏宗谱》中）。

到义乌招兵的起因，据说就是"八保山护矿行动"。这次行动，各种文章已经写得很多了，这里不再重复。反正就是以倍磊人陈大成为主的这群义乌人，"打群架"打得太厉害了，连戚继光都知道了。

我这里要说的就是，只有义乌兵组成的戚家军，才是真正的戚家军。

戚家军之所以成为戚家军，是有几个条件的：1.统帅的个人威望。2.士兵对敌人的仇恨，打起来不用动员。3.严明的纪律。很可喜，后两点，义乌兵都做到了。

这里要插一句，戚继光首次在义乌招兵，《征兵公告》拟得非常苛刻：

凡选入军中之人，以下几等人不可用：在市井里混过的人不能用，喜欢花拳绣腿的人不能用，年纪过四十的人不能用，在政府机关干过的人不能用。

喜欢吹牛、高谈阔论的人不能用，胆子小的人不能用，长得白的人不能用，为保证队伍的心理健康，性格偏激（偏见执拗）的人也不能用。

被录取者，还必须具备如下特征：臂膀强壮，肌肉结实，眼睛比较有神，看上去比较老实，手脚比较长，比较害怕官府。

（《明朝那些事儿》第四部，2011年版，第245页）

这样苛刻的条件，第一次招兵，竟然也招了4000人。

再来说说戚家军之所以成为戚家军的几个条件，第一点就不用说了，戚继光个人，在军队中建立了绝对的威信。这是一支私人的军队，它实行的是募兵制，工资虽然一年只有10两银子，跟种一年地差不多，但杀一个敌人，可得银元30两！绝对的多劳多得，还可均分战利品。这太合算了，在这样一种激励机制下，穷怕了的义乌人见到倭寇眼睛是会发绿光的。第二点，士兵对敌人的仇恨。"明嘉靖三十五年（1557），驯至万历二十年（1593），屡有倭患"（嘉庆《义乌县志》"城池"）。义乌曾被几个肆无忌惮的倭寇搞得民不聊生，深受其害。而且在民族大义的问题上，义乌人从来是不含糊的。吴百朋抗倭，以及抗日战争时期，何宅村一个村有20多名抗日烈士，就可充分说明。第三，严明的纪律。义乌人是非常遵守纪律的，因此，必然是一支非常好的军队。要说明这点，看下面的例子：

1.公元1558年，明军调动上万军队围剿部分倭寇，戚继光的部队也在其中。当倭寇决死一战的时候，戚继光看到了不堪回首的一幕：他用完备的制度苦心数月训练的士兵，再一次在日本人的倭刀下崩溃，逃命，任人宰割。最后历经八个月苦战，虽战胜了倭寇，但付出了数倍于敌人的代价。

戚继光因此看到了他构想里最致命的一环：制度看似完美，却还远远不够，还需要对制度坚决地执行，执行的人，是士兵。

一年后的八月，戚继光终于找到了自己所需要的士兵——浙江义乌青壮。民风淳朴悍勇的义乌人，是戚继光几经查访比较，确信的最佳人选，是足够铸造一把锋利宝剑的好钢。八月，戚继光至义乌募兵，经严格挑选，选定了4000人。然后是训练，将之前练兵的种种制度正式确立，严苛的训练，严明的赏罚，坚决的纪律，铸造了一把披荆斩棘的利剑——戚家军。从此，百战百胜。

2.驻守北方的长城以后，戚继光首先使用的是北方蓟州当地的士兵。这些人打仗怕死，纪律糜烂，违反军法的事时有发生；另外当地原来的将领，也有很多人不服从戚继光的调度，对戚继光阳奉阴违。为树立军威，隆庆三年（1569）春天，戚继光从浙江调来了3000戚家军驻守长城，部队抵达当天，正赶上蓟州大雨，戚继光在雨中训话，整整一天，部队在大雨中肃立，军容齐整。此情此景把蓟州当地将士镇住了，纷纷感叹"今始知军法之严也"。这以后，以3000北调的戚家军为核心，戚继光放手实施他的蓟州练兵计划，巩固了北方的边防。

（网上资料《张嵚讲历史：铁血神话——抗倭英雄部队戚家军》）

也就是说，只有义乌人的戚家军，才是真正的戚家军。

据张金龙统计，从明嘉靖三十八年到万历二十五年，义乌除了有26000人被招入戚家军，后来还有不少人自动投军。在这些人中，把总、千总以上的军官有800多人，据嘉庆《义乌县志》记载，六品以上的武官有239名，这些军官分散到戚家军中，是一支相当精锐的力量，基本上撑起了戚家军的天，以至于后来戚继光还想到义乌来招兵，但已经无兵可招了。

义乌兵严明的纪律性还表现在：即使统率换人了，也依然保持强悍的战斗力，更像一支国家的军队。如1592年的抗倭援朝战争（戚继光已于1587年逝世），由义乌人吴惟忠统领的3000戚家军奉命参战。在平壤会战中，戚家军被派去攻打日军要塞牡丹峰，这是日军平壤防线的第一要塞。3000名戚家军面对5000名日本守军，前仆后继，英勇作战，创造了以少胜多的"平壤大捷"。

第十三节　仙风道骨神仙居

魏晋南北朝时期，是一个仙风道骨的年代。

南北朝时期的420年到589年，在义乌诞生了一位高僧惠约（452）和一位有国际影响的居士傅大士（497）。他们对佛学都钻研得很深，傅大士的诗"空手把锄头，步行骑水牛。人从桥上过，桥流水不流"就很有禅的味道，不愧是中国禅的宗风之一。禅、道，在笔者看来，都属于仙风道骨的类型。

而这之前的东晋时期，有一位非常有名的炼丹家、医药学家曾经隐居义乌，对义乌的文化、宗风、习俗都产生

葛洪像。

过很大的影响，他就是葛洪。葛洪不但自己仙风道骨，他的《神仙传》更是收集了传说中的85位神仙的传记大全。

关于葛洪

葛洪无任如何也想不到，自己的一项发明竟然在1700年后和诺贝尔奖扯上了关系！他在想，自己当初是不是应该设一个"葛洪奖"呢？那肯定要比诺贝尔奖早。

2015年10月5日，瑞典卡罗琳医学院在斯德哥尔摩宣布，中国女药学家、中国中医科学院中药研究所首席研究员屠呦呦与爱尔兰科学家威廉·坎贝尔、日本科学家大村智获2015年诺贝尔生理学或医学奖，屠呦呦获一半奖金。

这是中国第一位获得诺贝尔科学奖的本土科学家，是中国医学界迄今为止获得的最高奖项！

屠呦呦在访谈时，说她发现青蒿素是受了东晋葛洪所著的《肘后备急方》的启发，是葛洪给了她灵感，她要谢谢葛洪。

葛洪在那头客气了一下，心想，我写这本书本来就是为了救老百姓的，我们为了一个共同的目标，走到一起来了。

葛洪捋了捋胡子，淡淡地笑笑。

但在义乌葛仙村，整个村却兴奋起来，因为葛洪曾在这里炼丹多年，当地流传着许多关于葛洪的神话故事。他们光彩啊！

葛洪（284-363），字稚川，自号抱朴子，汉族，丹阳郡句容（今江苏句容县）人。他是东晋时期有名的官员兼医生，是预防医学的介导者，后隐居罗浮山炼丹。著有《神仙传》、《抱朴子》内外篇、《肘后备急方》等。

葛洪出身江南士族。其祖在三国吴时，历任御史中丞、吏部尚书（组织部部长）等要职。其父葛悌，继续留在吴做官，吴国灭亡以后，继续留在晋朝当官，最后迁邵陵太守，死于任上。葛洪为悌之第三子。13岁丧父，家境渐贫。他以砍柴所得换回纸笔，在劳作之余抄书学习，常至深夜。乡人因而称其为抱朴之士，他遂以"抱朴子"为号。

葛洪性格内向，不善交游，只闭门读书，涉猎甚广。葛洪祖伯父葛玄，号葛仙公，以炼丹秘术传于弟子郑隐。葛洪约16岁时拜郑隐为师，深得郑隐器重。郑隐的神仙、遁世思想对葛洪一生影响很大。

长大后，葛洪经历了社会的变动，担任过许多官职。东晋开国后，又干过关内侯、主簿、咨议参军（幕僚、智囊）等职务。又有上级推荐他当散骑常侍（警卫团首长），他不去。后因生活所迫，咸和二年（327），葛洪听说交趾这个地方出产丹砂，就请求出任勾漏（今广西北流县）县令。

南行途中，会晤广州刺史邓岳。邓说，他辖区内的罗浮山有神仙洞府之称，相传秦代安期生在此山服食九节菖蒲，羽化升天。邓岳表示愿供他原料在此炼丹，葛洪遂决定不去赴任，从此隐居罗浮山。其间，邓岳拟任葛洪为东莞太守（地级市市长），葛洪推辞不就。他在罗浮山炼丹，优游闲养。卒于东晋兴宁元年（363），享年81岁。

他的著作《肘后备急方》最早记载了一些传染病如天花、恙虫病症侯及诊治方法。其在炼丹方面也颇有心得，在"内篇"中，他具体地描写了炼制金银丹药等多方面有关化学的知识，也介绍了许多物质的变化。例如"丹砂烧之成水银，积变又还成丹砂"，即指加热红色硫化汞（丹砂），分解出汞，而汞加硫黄又能生成黑色硫化汞，再变为红色硫化汞。描述了化学反应的可逆性。又如"以曾青涂铁，铁赤色如铜"，描述了铁置换出铜的反应，等等。说葛洪是最早的化学家，还真不是吹的。

葛洪隐居义乌大概是在什么时候？各种史书上没有明确记载。

中国社会科学院研究员胡孚琛专长道家与道教文化研究，他在代表作《魏晋神仙道教——抱朴子内篇研究》中写道："晋成帝咸和四年（公元329年），葛洪46岁，感隐士郭文之死，无意仕进，又复归隐，领弟子在浙江兰凤山等地修道炼丹。"

后人推测，大概就是在329年后的十多年时间，葛洪在浙江一带活动，来到了义乌。

关于葛仙村

"葛仙村、葛仙屏、葛仙山、葛仙峰、葛溪……我们村这些地名由来都与葛洪有关。葛仙峰上至今还保存着葛洪当年炼丹的遗址，村口的配峰庵里还留有葛洪及妻子鲍姑的塑像。"说起葛洪，葛仙村上了年纪的老人都滔滔不绝。《葛峰陈氏宗谱·卷四下·艺文》中，有"葛仙十咏"，其中有4首诗的题目都叫"葛仙仙踪"，写的都是关于葛洪炼丹的故事。

明嘉靖《金华县志》记载："葛公山，县东七十里，一名葛仙峰，卓立霄汉，下二石笋，如华表，抱朴子（葛洪）炼丹之处。"万历《义乌县志》："葛仙山，县南五十里，高一百五十丈，有炼丹石，相传葛仙翁炼丹于此。"

葛仙山，又称葛公山，属八宝山余脉。第一高峰称葛仙公尖，海拔364米，又称炼丹岩。炼丹岩后边是一间简易砖房，里面有葛洪的石像和关于葛洪生平记录的碑文。山下，一条葛溪透迤而下，汇入义乌江。溪边有一葛仙村，村西头有三棵古樟树，苍翠繁茂。

据悉，每逢正月初一，葛仙有集体迎旗朝山的习俗，即全村男女老少举着各种旗帜，从村口一路敲锣打鼓到葛仙峰顶，朝拜好葛洪后，再集体返村祭拜配峰庵的鲍姑。

葛洪炼丹遗址曾是中国道教文化的一大重地，作为义乌境内唯一一处道教历史文化遗存，无论从传承道教文化，还是从发展地方旅游，都具有较大的社会影响。

那么，葛洪在《肘后备急方·治寒热诸疟方》中所记载的青蒿，是不是在葛仙的时候总结出来的草药方子呢？还真的有可能呢。

"青蒿是一种菊科植物，以前在葛溪两岸、葛仙山山谷及村后的河岸边沙地里随处可见。大家都知道它是一种草药，不少村民患'冷热病'时都会采一些来绞汁服用，村医用它治'卷生龙'，但不知它是治疗疟疾的'神药'。"说起青蒿，葛仙村民纷纷道说起家乡的荣光。

青蒿在中国民间又称作臭蒿和苦蒿，属菊科一年生草本植物。中国《诗经》中的"呦呦鹿鸣，食野之蒿"中所指即为青蒿。

植物黄花蒿（即中药黄蒿）作为抗疟药在我国已有2000多年的历史，青蒿入药，最早见于马王堆三号汉墓出土的帛书《五十二病方》（公元前158年左右），其后在《神农本草经》《大观本草》及《本草纲目》等均有收录。清透虚热，凉血除蒸，截疟，用于暑邪发热，阴虚发热，夜热早凉，骨蒸劳热，疟疾寒热，湿热黄疸等。

中国中医研究院终身研究员兼首席研究员、青蒿素研究开发中心主任屠呦呦，从1969年1月开始，领导课题组从系统收集整理历代医籍、本草、民间方药入手，在收集2000余方药基础上，编写了640种药物为主的《抗疟单验方集》，对其中的200多种中药开展实验研究，历经380多次失败。当她再次翻阅古代文献时，《肘后备急方·治寒热诸疟方》中的几句话引起了她的注意："青蒿一握，以水二升渍，绞取汁，尽服之。"原来青蒿里有青蒿汁，它的使用和中药常用的煎熬法不同。她用沸点较低的乙醚在摄氏60度的温度下制取青蒿提取物，1971年发现中药青蒿乙醚提取物的中性部分对疟原虫有100%抑制率。1972年分离出新型结构的抗疟有效成分青蒿素。因为这一成就，屠呦呦获得了诺贝尔生理学或医学奖。

葛仙不止葛洪一个神仙

葛仙峰下，因为葛洪的"名人效应"，神仙聚集，下面裁取两个故事：

唐乾符五年（878），黄巢因战事失利，退守浙江，途经葛仙村。当时葛峰上有一道士。他仰承先祖遗风，在峰顶修真炼气，颇通玄机，有"半仙"之誉。

黄巢于是带领亲兵拜访。上了峰顶，只见茅屋两间，周围遍是菊花，一中年道士正在打坐，小道童侍立一旁。对黄巢等人的到来，道人视若无睹。

亲兵烦报，道士才慢慢睁开眼。只见黄巢两眼深邃有神，不怒而自威，虽身穿便装但仍然掩不住一股霸气，凝视片刻后问："居士何事相询？"黄巢说："道长仙名远扬，近因诸事不利，未知前程如何，请道长指点一二。"葛道士说："我观居士相貌非凡，要问前程，请书二字。"黄巢听后，即书"黄巢"两字递去。道士接过，沉吟半晌道："黄乃帝王衣服的颜色，居士胸怀大志，为成大事之人。巢为窝也，应有一番基业，加刀为剿，该基业须经杀伐而得；巢字上为三箭，下为果字，根据上北下南，北方有刀兵之凶，居士以南方为利；又，果在箭下，天意如何，居士且射三箭。"

黄巢听后，脱去外罩，接过亲兵递过来的弓箭，默祷："黄某这番若能脱得此难，箭当过江。"一箭射去，直到江北两百多丈开外才落下。黄巢精神一振，拈起第二支箭："若能得天下，此箭也当过江。"开弓射去，只见铁箭呼啸着直指江北。奇怪的是，才到江边，箭头直转而下，落在南岸江堤上，轰然一声砸出一个坑来。黄巢见状，稍一迟疑，抽出第三支箭，对着山腰的一块塔状巨石说："黄某此去，必要推翻当今暴政，为百姓做主。谁敢阻我，当如此石！"弯弓如满月，对着巨石中间射去。只见箭到处，巨石轰然分为两半，能容一人通过。

射完三箭，黄巢告辞。葛道士从身边药篓中取出一草，递与黄巢说："居士前去，当能成就一番基业，贫道赠大黄一味以伴君行。"说罢转过身去，吟起了杜牧的《清明》诗："清明时节雨纷纷……"

看着黄巢一行远去，旁边的道童早已忍不住问道："师父为何送药吟诗？"葛道士悠然说："此人颇有帝王之相，可所写'黄'字，草头偏重，草莽气太盛。巢为草木所筑之窝，难经兵火，虽有基业，但不能长；此箭落于堤上，难得天佑。为师赠药，希望能以大黄之寒性，消减他的杀气；吟诗则劝他多体恤百姓之苦，少些杀戮，否则将难以善终。"（《义乌地名故事》第164页）

这位葛道士是何方神圣？故事没有说明。唐朝的，肯定不是葛洪。

陆游是南宋时的著名诗人。1170年，他从山阴（今浙江绍兴）到夔州（今重庆奉节一带）任职，水路陆路，走了5个多月。一路上，他每天都在记日记，经过了什么地方，有什么好吃的，见到了什么人，有什么奇闻异事等都记得清清楚楚，写的最多的是景物观感、古闻旧事。他把这些文章辑成《入蜀记》。在经过义乌葛仙峰的时候，他记了这么一段，下面是我翻译过来的：

有一个叫陈炳的，字德先，义乌人。他自称是跟从他的姑姑（叶炼师）学道的。徽宗的时候，被赐予"妙静炼师"的称号。他在葛仙峰下修了一幢房子，在这里练功。他平生从不吃烧熟的东西，只是喝喝酒，吃一些水果。他预言别人的生死祸福，非常灵验。在风和日丽的时候，他就把自己一个人关在屋子里。有人到窗户外去偷听，只听到里面好像有婴儿的声音，有时唱歌有时在笑，往往到半夜才停止，没人知道里面到底发生了什么事。陈炳90岁这一年，刚刚过完年，他说四月八日自己就要出远门了。果然，就在这一天，他仙逝了。

葛仙，真的就是一个神仙居住的地方啊。

第十四节 狄仁杰金山破案

倍磊村西不远处，在义乌江边，有一座叫"金山"的小山。

上世纪五六十年代，荷兰籍汉学家、东方学家、外交家、翻译家、小说家高罗佩，写了一部小说《大唐狄公案》。全书以中国唐代宰相狄仁杰为主人公，描述狄公在州、县及京都为官断案、为民除害的传奇经历。其中有一章《红阁子》，绘声绘色地描写了唐朝时"金山埠"的繁荣，以及在这里发生的一起神秘杀人案：

黄昏，狄公、马荣两骑并辔沿着一条与金华江平行的官道急急驰驱。

夕阳如火，热风追随。两人衣袍早湿作一片，粘贴在背脊上，十分狼狈。奔驰了一整日，都觉口唇焦敝，困倦异常。

"老爷，前面隐约闪出灯火，恐有市镇，我们且去投宿，明日再行。"马荣道。

狄公点了点头："前面果有市镇，必是金山埠无疑，离金华府尚有六十里哩。"

官道西边出现一座小庙，庙中佛事正忙。山门内外香客拥簇，一派烟烛……

马荣缓辔正看得有趣，迎面路口又见竖立着一幢石头大牌坊，当着路口。那牌坊重檐歇山，双狮拱卫，十二根石柱虽经风雨剥蚀，仍嶙峋硬朗。牌额上书着"金山乐苑"四个大字。

狄公道："果是金山埠了。这乐苑大有声名，内里多是花街柳巷，处处调脂弄粉，户户品竹弹丝。漫说是这金华府的风流渊薮，它就占了绝大风光，便是杭、台、温、衢各州县的公子王孙、官绅商贾也都麋集到这里图欢销魂，认它是纸醉金迷地、温柔富贵乡。"

马荣咋舌道："原来此等气候。老爷，何不今夜便去乐苑内投宿，观玩一遍。"①

故事说的是：在金山埠永乐客店上流客房红阁子里，发生了一起神秘的连续杀人案，陶匡时、李链、秋月相继被害。狄公连解三个密室，终使真相大白。

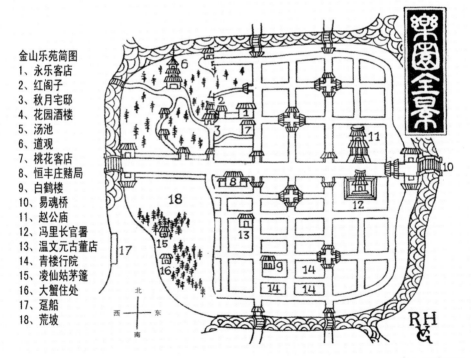

金山乐苑简图

1、永乐客店
2、红阁子
3、秋月宅邸
4、花园酒楼
5、汤池
6、道观
7、桃花客店
8、恒丰庄赌局
9、白鹤楼
10、易魂桥
11、赵公庙
12、冯里长官署
13、温文元古董店
14、青楼行院
15、凌仙姑茅篷
16、大蟹住处
17、疍船
18、荒坡

金山乐苑简图。

---

① 《大唐狄公案3·红阁子》，海南出版社、三环出版社2006年版，第119页。

此处"金山",有何魔力,能入高罗佩的"法眼",把它写进风靡世界的小说?

遍查各种史籍,记载"金山"的史料少之又少。嘉庆《义乌县志》载:"金山,县西南四十五里,屹立江河中。"从这里可以猜测,当初的金山是义乌江中的一个"洲"。只不过随着后来义乌江的不断改道,金山成了义乌江南边的一座小山了。

嘉庆《义乌县志》"仙释"中,还有这样的记载:

嵩头陀,名达摩……游峭山,遇侍郎楼偘,期来岁八月会。至期,劝偘建香山寺。造小仓,容一斛,状甚朴拙,籴米入之,米尽随来,号常盈仓,人多舍田以给之。普通中,自香山南行至金山,江水大溢,舟师莫肯载,乃布伞水上,持铁鱼磬载流而济来山,建来山寺……

从这段文字可看出,早在南北朝时,金山就已经小有名气了。

宋代王象之在《舆地纪胜》中也说:"西域嵩头陀自香山南行至金山。"①

清朝初年的《读史方舆纪要》(卷九十三"浙江五")载:(东阳江)西南四十五里经金山之麓,其山屹立江中,又西入金华县境,而曰东港(金华江)。

这段文字与嘉庆《义乌县志》的文字互相印证,说明当时金山是在义乌江中心的。

实地情况:沿金义东快速路往金华方向,过倍磊村,在金山村和葛仙村交界的地方,靠近义乌江边,有一个小小的湖,叫长湖。离长湖不远,有一个不起眼的小山包,当地人叫紫金山,又称金山。1949年以前,金山还在义乌江中心。金山村到金山之间还是水道,船只可以航行。在金山村岸边还可以看到对面金山石壁上刻着的一些崖画。由于金山的阻隔,下游水势趋缓,加之义乌江、长湖相连,形成一个天然埠头,这就是金山村的金山埠。早年听葛仙村清末秀才陈有堂说,直到民国时,这里每年农历二月十八还有闹龙王的习俗,如同过节,非常热闹。这印证了当初金山埠是繁

---

① 转引自《佩文韵府》卷六十三第三册,第2408页。

华之地的传说。

江中心有这么一个岛，高罗佩把它想象成"纸醉金迷地，温柔富贵乡"也是很正常的。更何况，那时的义乌江"桅杆林立"，热闹非凡，在江中心的这么一个岛中，设立休息处，让过往的旅客歇歇脚，补充补充茶水，是再正常不过了。

再追溯到唐朝，在那个"盛唐风采，吴越笙歌"的时代，当时这里是义乌北江和南江交汇的"双江口"，水域面积不知是现在的多少倍。作为"国道""省道"边上的金山埠，"画船萧鼓、昼夜不绝""丽人如云、风花雪月"也不是没有可能的。那么，爱情传奇、商家争斗、官场倾轧这些故事在这里发生，也就不足为奇了。

第十五节 治水专家朱之锡

朱之锡在清朝初年的治理黄河、运河、淮河的过程中，殚精竭虑，把全部的心思都放在了治河上，"十分之一的时间在处理公务，十分之九的时间跑在工地上"。不是在抢修决口的现场，就是在去决口现场的路上。他没日没夜，经常在荒郊野外过夜，或是在治河工地上等到天明。他的勤勉、敬业，受到了朝廷上下的称赞和普通百姓的爱戴，也获得了"朱大王""河神"的美名。在山东、江苏、河南等地，老百姓为他立庙祭祀。河南武陟有个全国最大的河神庙——嘉应观，大王殿里面有朱之锡的塑像。"大王殿"建于清雍正元年（1723），几百年来，朱之锡在这里馨享百姓的供奉、世人的爱戴。

年仅44岁的朱之锡因为积劳成疾，死于任上。去世前两天，他还写了两篇千字奏疏。令人痛惜的是，日期还来不及署上，奏疏还来不及送出去，他就与世长辞了。清朝的康熙、乾隆、雍正三朝皇帝对朱之锡都倍加欣赏，给予其极高的荣誉和厚待——"太子太保"（太子的老师和参谋，一品）、"光禄大夫"（正一品）、"助顺永宁侯"等，不吝喜爱之词。

朱之锡的生平事迹，在义乌市政协编的、由中国文史出版社出版的《义乌名人传》

中，已作了详细的记载，有兴趣的读者不妨一读。在这里，我们要介绍的是，作为治水专家的朱之锡，是如何把他的专业精神发挥到极致，而又与勤勉相结合的。

朱之锡留给后人的《河防疏略》二十卷非常珍贵，他当兵部尚书（国防部部长）、河道总督（掌管黄河、运河两河的"河长"）10年间写的100篇上疏中，四分之一左右为整肃官员而写，还有一些是提出治理对策的。在这些奏疏中，我们读到了朱之锡的专业精神、对工作的极端负责及对朝廷的忠诚。

从后人的角度来看治河工作，我们认为主要有两个方面：一是用人是否从工作角度出发，二是是否认真钻研这份工作。

用人方面，朱之锡认为主要考察两个方面：第一，是否勤勉；第二，是否专家型的人才。

朱之锡在给朝廷推荐和弹劾官吏时，将勤勉放到首位。他认为，官员的诸如"漫不关心""赋性悠忽""怠玩成性"等，是最不可容忍的，必须严加惩处。无疑，他以身作则，给官员们作出了非常好的表率。他认为，任职河工是辛苦的差事，兢兢业业尚难保万无一失，一旦出现问题，则损失无可计量。对此，朱之锡有非常独到的见解："盖因材器使，用人所亟，而独治河之事，非澹泊无以耐风雨之劳，非精细无以察防护之理，非慈断兼行无以尽群夫之力，非勇往直前无以应仓卒之机。若徒事绳尺以为无过，去之无名，留之有害，事后议惩，悔已晚矣。"而那些在实际工作中能够做到"周防而甘心尽瘁，视河事宁啻谋家""区画既中肯綮，奔驰不惮勤劳""不辞劳怨""督饬维谨"的官员是值得称赞和嘉奖的。

第二，河工是某种具有专业性质的工作，官员必须对自己任职河段水性的顺逆，河流的分合，地势的险要，地形的高低等了然于胸，才能在遇到险情的时候作出正确的判断。因此，任何一个合格的河道官员，必须有一段在此岗位上的培养经历，就是我们现在说的"岗位技术人才"。朱之锡说："然河防之理，原系专家，故非久历不能深知，非深知不能取效。"而一旦官员对于自己的工作熟悉之后，国家就应该设法保证其任职期限的完整性，从而最大限度地发挥其专业技术方面的优势。而不应该随意调换，使得岗位上总出现新手任要职的现象。①

这些观点和提法，对现代官员的任用也是有启发意义的。官员不是"万金油"，擦到哪里都合适，在许多岗位上都是需要一定的专业技能的。只有这样，他才能循着该行业的特殊规律，做好本职工作。

朱之锡自己，就是用这种"专业精神"来治理黄河运河的。

顺治十六年（1659），朱之锡在全面勘查黄河、淮河流域后，提出了"分黄导淮"的治理方案。他在《覆淮黄关系甚巨疏》中说："分黄者，于桃源县迤南黄家嘴，辟一支河，使其从旁分泄，以杀强黄之势；导淮者，导引淮流归于海，以通运道。"他在此奏疏中详细论述了"分黄导淮"的可能性、方法及工程，说明自己是在非常详细的调研基础上得出了切实可行的办法。他在《特议建设柳园疏》中，提出先用柳条、再用泥石填塞决口的办法，以及沿河各区大规模种植柳树的设想。

顺治十八年（1661），朱之锡提出了在运河使用中，"防洪闭坝"与"不误军运"的两便之策。他认为，"防洪闭坝"要紧，但保证军队的出行、不贻误军情也很要紧。他在《呈报清口倒灌疏》《呈报水势疏》《清口闭坝疏》等奏疏中多次提到这个问题，并提出了解决的方案。

另外，他还对治河提出综合性的建议。《覆河防利弊六款疏》中认为"疏凿之政宜讲、采青之弊宜禁、滨河之居民宜恤、远郡之夫役宜免、堤柳之护视宜勤"，等等。

总之，出现什么问题，他都会钻研这些矛盾，找出解决这些问题的最佳途径。这些做法，说明了朱之锡兼备了官员的干练与专家的精深，他是在真正用心地做事情。

功夫不怕苦心人。朱之锡任总督河道10年，心系三河，尽忠职守。黄河、运河、淮河，都横跨了几个省，为此，他南北奔波，无论严寒酷暑，不论哪里告急，他总是日夜兼程地赶到，哪里困难就到哪里，即使积劳成疾也不告假治病调养，以致身体虚弱，形神憔悴。

---

① 摘自《义乌发展之文化探源》，社会科学文献出版社2007年版，第283—284页。

康熙元年（1662），山东石香炉，河南武陟、开封黄练集、祥符、中牟等相继决口，他亲自驻扎在这些工地上5个多月，在一片汪洋之中，登舟视察指挥。"日夜焦思，不能一刻即宁"，筹划民工和材料，以致手、脚、口都生疮溃烂，仍不下一线，直到抗洪告成，险情排除，堵住决口才离开。

在他任总督河道的10年中，没有发生过重大水灾，沿河人民得以安居乐业。

朱之锡的治河功德，朝廷上下都看在眼里、记在心里。他去世后，后任的官员感恩他留下的大好形势及所作的贡献，纷纷为他请功。康熙十年（1671）二月初一，朱之锡去世已经五年，河道总督、兵部左侍郎（国防部副部长）兼都察院右副都御史（检察院副检察长，不在职）罗宪，看到兖州府济宁州南关外的报功祠崇祀录中没有朱之锡的名字时，为朱之锡感到不平，便马上上书康熙，要求以"资政大夫、总督河道、提督军务、太子少保、兵部尚书兼都察院右副都御史朱公"入祀报功祠中。乾隆四十五年（1780），乾隆南下巡视河工，看到河运畅通、百姓安居乐业，念及先臣治河有功，恩准大学士、总督河道阿桂等人的奏请，追封朱之锡为"助顺永宁侯"。

所以，只要有恩于人民，人民便会永远记住他。

位于倍磊金山村的朱之锡父母合葬墓址，至今还保留着石人石马。

第八章 一江春水坪山翠

义乌江滨绿廊，分布于义乌江两岸。规划东起阳光大道，南至环城南路，全长约12.6公里，总面积405万平方米。这一段是义乌城市的核心区，商业繁荣，人口稠密，从起点到终点有18座桥梁（北江共33座桥梁）横跨义乌江两岸，是桥梁最密集的地区。从高空往下看，义乌江两岸的绿带恰似母亲河胸前的一串巨大的翡翠，显示出绿油油的勃勃生机。

从1993年开始，随着江滨路的建设，绿化带征地拆迁工作启动。1995年开始大规模的河道治理、防洪堤建设工程。1996年绿化工程正式动工，经过20多年持续不断的建设，至截稿时止，从上游的310省道到下游的环城南路，绵延11公里的绿色走廊，已成为一道绝佳的风景和市民理想的休闲场所。

江滨绿廊的基础是义乌江两岸狭长的带状绿地，结合江水自然景色，江堤种植杨柳、香樟、腊梅、广玉兰、桂花、月季及成片的灌木、草坪，一年四季变幻着不同的景色。规划部门为了使绿廊在不同的地段呈现出不同的特点，采用了分段规划、主题差别的手法。如文化休憩园、樱花园、香雪园、花鸟世界园、儿童乐园、湿地公园等，从名字上看，就可知道主题的不同。这些已经建成的19个沿江主题公园，把义乌江两岸打扮得多姿多彩。同时，为了体现不同功能区的不同个性，规划部门用不同的主调树种来满足不同的功能要求和组景主题。如儿童公园以木兰科植物为主调，体现春天的主题；文化休憩园以夏季观花的石榴、紫薇、木绣球、重瓣红花木槿等，秋季观叶的三角枫、重阳木为主调，体现夏秋两季的多姿多彩；花鸟世界的药物园以配置观赏性较好的药用植物为主，注重季季变化；梅湖会展体育中心公园种植了上千株的梅树，樱花园种植了成片成片的樱花树，以体现城市的浪漫，等等。总之一句话，它用多彩的渲染，用别致的剪裁，让你记住它，让你爱上它，让你时时牵挂它。

除了不同特色的树种，草坪是必须的，那成片成片的绿色"地毯"，是每一个成人和小孩的梦，也体现了一个城市的档次。生长良好的草坪，每平方米每小时可吸收二氧化碳1.5克，同时制造出氧气。所以，经常到江滨绿廊走走，一定会有益身体，延年益寿。

这19个公园，都实行开放式管理。不论春夏秋冬还是清晨傍晚，它的美丽、它的清新、它的妖娆，都是属于你的。

在后阶段的公园建设中，规划部门更加注重文化特质的挖掘和再现，如正在建设的江滨绿廊三公园一部分，"稠州遗梦""摩岩石刻""古刹香云"等景点的打造，就是根据当地的历史遗存来设计的。规划中的五公园，保留了江湾老工业区的厂房，作为城市记忆一部分等。市委市政府正在规划义乌江旅游的全面开发，这其中重要的一方面就是历史文化的挖掘和这些元素的植入。

对于未来的义乌江滨绿廊，大家的共识是：把其打造成一处集生态风景、湿地保护、历史文化体验和展示、休闲游憩和环境科学教育等功能为一体的、体现生态文明价值观的城市江滨公园。它不仅仅在空间上，还将从生态、农业、社会、经济、文化等多方面引领义乌江真正地融入到义乌快速的城市化建设进程之中。它是一个动态的建设过程，人文内容越来越丰富，被赋予的内涵越来越深刻。

好吧，让我们从上游往下走，一个一个，去领略它们不同的绰约风姿吧。

江滨绿廊湿地公园

地点：310省道的下朱大桥与商博大桥之间，北岸。

江滨绿廊湿地公园规划东起阳光大道，西至东清溪（商博大桥下游约600米）的义乌江两岸，全长约3400米，场地总面积约84公顷。

首期项目东起310省道，西至东清溪，北靠城北路，南临义乌江，项目建设面积约28.2万平方米，绵延1500米，为一带状滨江绿地。它的北面有历史悠久的广福寺，我们暂且把它命名为广福湿地公园，如何？

在广福湿地公园内，有一块指示标牌，上面这样写着：

滨江中心绿地是现代景观与农业水利灌溉的完美结合，风车提水净化灌溉的生产性公园。与洪水为友的内河水系处理，不但很好地解决了生态防洪、江水净化、湿地保育等问题，还为市民提供了观赏游乐景致丰富的怡人空间。绿化带内将义乌江水经风车提起净化之后沿园路向梯级台田中灌溉，流向雨水收集池形成湿地，最终汇集到内河的花谷景观区，形成独具一格的山水景观……

该景观由北京土人景观与建筑规划设计研究院设计，院长俞孔坚为北京大学教授、博导。该设计院的设计理念是：充分尊重自然，以生态的设计手法诠释景观。因此，我们在建成的湿地公园看到，大片大片的原始景观、原始植被被保留下来，设计所做的工作就是让这些原始的野性更有条理。

景观依这样四条原则设计：水岸相依的原始景观、现代水利灌溉景观、生产性景观及独特的空间体验。

水岸相依的原始景观：抛弃传统的大石块驳岸，利用原水岸的斜坡，稍加整理，种植草坪、花圃及原生植物等，维护原来的生物链。加强了

从城北路方向看广福湿地公园。（马忠勤摄）

人与场地、人与动物的沟通关系，打破石头驳岸的生硬感。

现代水利灌溉景观：用风车提水、湿地净化（水田净化景观）、水渠引水（水街景观）系统，将净化后的义乌江水用于公园内的绿化灌溉，同时成为一个休闲游憩的景观。

生产性景观：种植低维护的、乡土的、有产出的植被（如向日葵、小麦、番茄等），形成有特色的绿化特色景观。

独特的空间体验：建设空中商业街作为场地标志性建筑，充分利用湿地公园的独特环境景观，体现商业街的趣味性、参与性、娱乐性、休闲性。是城北路商业繁华区、金融商业区的后花园。

按照这一设计理念，从义乌江边往城北路，分为4个层次带：滨江游憩带、湿地保育带、台地景观带、活力边界带。

活力边界带：在城北路的南侧，由高低不等的微地形台地，围合划分出多个功能区。由主入口广场、次入口广场、园路景观带、空中商业街、水上舞台、民俗体验馆等组成，为人们提供娱乐休闲的场所。植物：竹林、水杉。在广场上点缀色叶植被。

空中商业街，近3000平方米，在本区块中部，内设书吧、咖啡吧、茶吧、演艺吧、画廊等配套商业设施，造型独特，线条简洁，是活力边界带的标志性建筑。架空建筑，不仅丰富了场地的空间层次，还提供了别样的观景观江的感受。

民俗体验园，设计为"蔗糖园"，记录义乌红糖的制作过程，体现牛拉车榨糖的历史痕迹。

水上舞台，在本区块东侧，主要用于表演、中小型活动、民众聚会等。周围有水渠潺潺流动。

台地景观带：位于活力边界带南侧，在场地的中部，主要由花谷、空中栈桥、水院、田院、农田、果林等组成，打造了一个集参与性和观赏性为一体的农耕景观带。

空中栈桥最具特色，全桥长1002米，宽2.5米，高4—4.5米左右，横架于花谷及竹林台地之上，穿越多个景观景点之上，视野开阔，化解了场地内的高低差，为义乌市第一座江边栈桥。途中建有休息景观亭4座、无障碍坡道4个，坡地台阶3个，可以全景式观光花谷、水院、田院等景点。

湿地保育带：处于台地景观带南侧，是一条人工构筑的湿地保育带，也是江滨绿廊生态湿地公园的主要区块。长1300米，平均宽50米。由提水风车、净化池、水田、水泡、水生植物等组成。提水风车利用风能将外河水打入内河，江水通过过滤池、碎石过滤层、水生植物吸收等方式净化，成为全园的景观用水和灌溉用水，充分营造了人工湿地的环境，不仅为鱼类和小动物提供了一个良好的栖息环境，还能调节小气候。根据设计，该内河湿地每天可净化5000吨水，并为游客提供观赏体验。

滨江游憩带：处于湿地保育带与义乌江之间，是一条原生植被保护带，在保留现状原生湿地植物的基础上，对遭到破坏的区域进行生态修复，将原有河线化直为曲，延长岸线，增加生态多样性。主要由洲头岛屿、观江挑台、东清溪栈桥等组成，是一个自然优美、静谧悠闲的湿地景观带。

公园于2013年11月正式开工建设，2015年9月建成开放，工程总投资约1.73亿元。

好了，对于一个公园的景致，文字的述说是苍白无力的，有兴趣的话，自己去看一看吧。

主题公园二期

地点：城北路与宗泽大桥之间，西岸。

主题公园二期占地约18.9万平方米，其中绿化面积15.1万平方米。2005年7月完工。

公园分四个景观区：南入口轴线、中心风舞池、高山流水广场、五棵松森林区。以南入口轴线、中心风舞池、高山流水广场为核心进行绿化植物的配置，以常绿与落叶、阔叶和针叶，乔、灌、草结合，主要有雪松、香樟、加拿利海枣、广玉兰、木荷、桂花、杜英、杜鹃、月季、腊梅、金叶女贞等。

南入口轴线绿化以稀疏的大树为基调，以简单的大树草坪为主，局部点缀少量的花草，形成自然的园林空间广场入口。

中心凤舞池、天堂草乐园是适合家庭欢聚游玩的活动场所。绿化以常绿的大树为主，并围绕环型的大圆广场进行规则式的栽植，突出广场的景观效果，又体现轴线的走向。

高山流水广场内水体台阶舒缓地向江边延伸，水岸露天台阶作为水上表演舞台。绿化以水景作为基调，水景的树木以规则式配置，形成绿色的竖向空间。

五棵松森林区，是以五针松树为主的森林区，布置有诗文小品的曲径。

主题公园一期

地点：宗泽大桥与宾王大桥之间，西岸。

主题公园一期以"我爱义乌"为主题，反映义乌敢为人先的时代精神。占地约20.3万平方米，其中绿化面积12.36万平方米。2004年10月竣工。

公园设有大型音乐喷泉跌水和灯柱景观轴广场、跌水花溪、花鼓广场、阳光浴场、儿童活动中心等景点，集人文景观与自然景观为一体，园内绿化树种由银杏、香樟、加拿利海椰枣等为主，乔木、鲜花、绿地则错落有致。

或许公园靠近原宾王市场的缘故，设计者以拨浪鼓造型的喷泉草坪景观为主轴，从南到北将喷泉、草坪、湖面等连接起来。

从宾王桥头望去，公园内有一条由三组喷泉与灯柱组成的轴线，就像拨浪鼓的柄。这组水景喷泉格外地吸人眼球，占地5000平米，由A、B喷泉系统，音乐喷泉系统，旱地程控喷泉系统等组成，主喷最高可达24米。在这条中轴线上，有镶嵌着鱼、牛等的各种雕塑。从中心喷泉往前，是一个开阔的草坪——花鼓广场，顾名思义就是一个巨大的拨浪鼓，中间是圆形的草地，周围配以12根灯柱。这支巨大"拨浪鼓"的北边，靠近宗泽桥一方是一大片草坪，中间点缀一些树木，这里叫阳光浴场，就是在大面积的树林边上晒晒太阳的意思。树木幽深，草坪平坦柔软，视线空旷，空气清新，确实是孩子和大人放飞心情的好地方。占地2万平方米的少儿活动中心就在边上，内设攀爬网架，童乐中心，供小孩玩乐。公园里有一条跌水花溪环绕，还有一个

主题公园一期。

人工湖，湖水从义乌江引进，经过净化处理后由循环水泵把水打到中心喷泉。跌水花溪内从小到大，从泉水——小溪——湖——大江的演变，寓意义乌商帮从小到大、从本地走向世界的拼搏历程和艰苦经历。这里处处有故事，处处有内涵，处处追求着商业文化的韵味。

把这个公园改名为"拨浪鼓文化广场"，如何？

梅湖会展体育中心公园

地点：宗泽大桥与宾王大桥之间，东岸。

梅湖会展体育中心公园。

梅湖会展体育中心公园占地67万平方米，绿地面积33.3万平方米，2003年竣工开放。这里是一个"三季有花、四季常青"的体育活动中心。

公园于1999年投资兴建，由主体育场、体育馆和中心广场组成。广场内有网球场、排球场、羽毛球场、门球场、足球场、田径运动场等运动场，还有游泳馆等室内运动场馆。其中，主体育场、梅湖体育馆是义乌最重要的体育活动场所；周围的义乌会展中心、国际博览中心是义乌最重要的会展场所。

公园由三馆一场组成，可承办国家级单项体育竞技比赛，全省综合运动会以及大型文艺演出等。已先后承办2003年中国四国女足邀请赛、张学友个人演唱会、中奥国际足球友谊赛、足协杯赛、中国小商品博览会文艺晚会等大型文体活动。原国家足球队教练鲍比·霍顿高度评价说，义乌体育场是国内最漂亮、足球场设施最好的体育场之一，可与韩国世界杯足球场媲美。

主体育场是浙江省重点工程，由义乌市政府投资2.2亿元，于2001年10月建成投入使用。体育场总建筑面积3.5万平方米，设看台观众席35260个。主体建筑为框架结构，共四层，一层为运动员休息区和会议、办公等配套用房；二、三层主要为观众休息平台；四层为包厢与各类技术用房。主体育场建有一个国际标准足球场和400米塑胶田径场，可承办省级综合田径运动会和国际、国家单项田径比赛。

主体育场设施精良，融合了当今世界上多项新技术。其东西侧罩蓬采用索膜拉张结构，造型新颖，顶膜与塑胶跑道从德国进口、由德国工程师施工；音响采用美国博士系统；光源为菲利浦灯光；足球场草坪是国内首块大面积采用美国草籽播种的；全彩高清晰度大型电子显示屏面积215平方米，投资1650万元，国内仅有三块。

体育馆建筑面积3.18万平方米，概算投资1.39亿元，于2005年10月建成并投入使用。体育馆建筑造型为弧型平面，极富个性。内设主馆、副馆二部分，设观众席6000座，其中活动坐席1500座。主体建筑为框架结构，地面分三层：一层为训练馆、新闻发布厅、记者席、广播室、转播解说室等体育比赛配套用房以及弱电消控中心机房等设备用房，并设有残疾人专用电梯和贵宾电梯；二层为观众包厢以及灯光、音响、显示屏机房；三层为管理用房。

在这些大型体育活动中心的外围，是成片成片的草地和树木，水景、缓坡相缀其间，动静结合。

2008年，有关部门在这一带沿江堤岸种植了数千株梅花，成为义乌第二个赏梅的好去处。这里，有送春、美人梅、胭脂、骨里红、南京红等10多个重瓣梅花品种，共2000余株。当2000余株梅花全部绽放时，那连绵不绝的"梅海"，整齐地沿着义乌江边傲然地开放，是多么壮观的景象啊。

在梅林边的一个小广场上，一到周末，一些小商贩便在这里摆开了玩具钓鱼、填色画画、玩沙子等娱乐项目，吸引了一大批家长带着小孩来此娱乐。人气，为这片空旷的江边绿化带增添了生机。

绿，为这个公园提供了一个有氧运动及优美的视觉景观环境。

绿化品种主要有香樟、加拿利海枣、铁树、棕榈、银杏、枫香、合欢、榉树、桂花、杜英、黄山栾树、鹅掌楸、无患子、白玉兰、广玉兰、樱花、龙柏球、枸骨球、茶梅、万年青、云南黄馨、美人蕉、金叶女贞、红叶小檗、夹竹桃、茶花、高羊茅草等。

文化休憩园

地点：宾王大桥与东江桥之间，西岸。

文化休憩园于2001年6月建成开放，原名叫"体育休憩园"。南北全长1300米，平均宽度58米，中间鼓两头缩，像一个长长的花瓶横卧在义乌江边。占地7.5万平方

左岸的文化休憩园与右岸的樱花园。

米，其中绿地面积5.92万平方米。

休憩园是一座开放式的滨河公园，以植物造景为主，建筑、园林小品、花坛等点缀于山水之间。第二水厂在公园中部最宽的地方，全园成两条狭长绿带，一条宽3米的园路贯穿整个公园。铺装小广场．露天舞池等为市民提供了活动的场所。

绿化以香樟、广玉兰、垂柳、桂花、松树、香枹、无患子等常绿树种为主，还有一些灌木和地被植物，使公园随着季节的变化而呈现不同的景色。第二水厂北面的山坡上，种着成片的马尾松和桂花，绿意葱茏。

说起这个山坡，我们在第七章第三节"与王侯的缘分"中曾提到，它叫义驾山，南宋孝宗皇帝次子、光宗皇帝之兄魏惠宪王赵恺在封地义乌期间，曾经到这里游玩，后人就把这座山叫"魏驾山"。当然，随着人类的改造，这座山已经低矮了很多，成为一个小山坡了，当年它还是有些高度的。

樱花园

地点：宾王大桥与东江桥之间，东岸。

樱花园其实应该叫"樱花园—棕榈岛—芳草地"。它面朝义乌江，背靠高档别墅区嘉鸿华庭，全长1320米，占地12.3万平方米，其中绿化面积10.3万平方米。每年的4月上旬，公园内2000多株樱花和桃花等竞相怒放，甚是壮观。因为这些樱花太吸引人了，人们就把后面的两个景点忘了，而简称为"樱花园"。

樱花园的设计借鉴了日本古典园林理念，因此有一种异国韵味。借鉴了日本园林建筑风格的有僧都广场、枯山水、石献灯笼、层峦滚球、中流砥柱、白石滩以及"茶寄楼"（茶道馆）等景观。植物以樱花、红枫及草坪为主，配以垂丝海棠、贴梗海棠等蔷薇种植物，极尽樱花之妩媚和玫瑰花落英缤纷之美。在枯山水庭园周围种植有各种乔木，如黑松、杜英、扁柏等。僧都广场有四级跌落瀑布，周边则配置四季竹和黑松，点缀花灌木及铺地柏，以青苔为地被植物。园内有以两轮月亮为背景、两位古人品茗畅叙的"问茶"石雕。卵石铺砌的羊肠小道将各景点相连。樱花园于2003年4月竣工开放。

芳草地是三个景点中面积最大、借鉴欧式风格的园林。以欧式庄园广场为主景，靠义乌江的一侧建有长长的亲水平台。大草坪中央几株高大的黎巴嫩雪松下，布置有多条色彩鲜艳的模纹色块，造型整齐、美观。其东南边有混杂林区，树种多样，高低起伏，疏密有致。

棕榈岛是紧靠芳草地的一个小岛，其实不能叫岛，只是一个小洲而已。有一条棕榈桥与芳草地连接。半圆形护岛河与义乌江相通。洲内有灯塔、白色花岗岩雕刻的犀牛、上山虎石雕等。小洲的周围环布着太湖石假山。棕榈岛植物以棕榈为主，配以芭蕉、剑麻、杜鹃等热带植物和花灌木。树下置大小不一的鹅卵石，形成典型的热带园林风格。2002年12月竣工开放。

商业文化园

地点：东江桥与篁园桥之间，西岸。

商业文化园面朝义乌江，背靠中国小商品城篁园服装市场和商城宾馆。长720米，占地3.8万平方米，其中绿地面积3.02万平方米。1997年10月建成开放。

公园以草坪绿色植物为主，广场、雕塑、情趣小品融合，制造了一个商业氛围下的静谧环境。

也许是靠近篁园市场的缘故，所以设计者取名为"商业文化园"（实在看不出有什么商业和文化的元素）。在商城宾馆前面的入口处，2.5米高的"孔雀开屏"雕塑高高矗立，后面是草坪绿地、绿色植物、露天广场。2015年7月，园林部门对这里进行改造，把露天广场改建成一个建筑面积2500平方米、层高3.7米的一层建筑，中间设有一圆形的露天广场。目的是想增加一点"商业的"和"文化的"气息。还增加了一个游船码头。但能否恢复以前船来船往的热闹景象，不得而知。

这片诗一般的绿色，为周围浓厚的商业气息增加了一点浪漫色彩。

稽水春晓

地点：东江桥与篁园桥之间，东岸。

稽水春晓东邻江东新村，西与商业文化园隔江相望。长约740米，占地3.1万平方米，其中绿化面积2.98万平方米。2000年8月建成开放。

公园分雕塑广场、模纹花带、春晓广场、花瓣亭广场四大景区，由北往南依次排列。主入口在东江桥头，先是雕塑广场，旁边的花架廊道对称分布，廊道末端建有数量不等的小憩亭，广场中随意点缀花岗岩抽象雕塑；模纹花带是一个长62.5米、宽15.5米的半椭圆形花卉植物带，线条优美，造型美观；模纹花带西侧为渔人码头，呈台阶状倾斜而下，是垂钓的好去处；春晓广场是一个面积为570平方米的大型彩色铺装广场，椭圆形；花瓣亭广场由一根粗壮的柱子拔地而起，在2.5米高处伸出四片小翼，形状像花瓣，整个亭子的造型酷似一朵盛开的野花，广场上5座同样的花瓣亭成弧线排列。

花鸟世界园

地点：篁园桥与南门大桥之间，西岸。

花鸟世界园全长860米，宽24—76米，是所有江滨公园中最狭长的。因为窄，设计的人说，放不开手脚啊。所以公园以绿地为主。占地3.27万平方米，其中绿地面积2.38万平方米，建筑小品950平方米，1999年8月建成开放。

公园以自然式布局为主，将绿地，建筑小品、园路有机融为一体。公园共5个入口，靠近中江大桥南侧的为主入口，1.8米宽的主园路和1.2米宽的次园路贯穿全园。公园中心设一露天舞台。园中布置有一系列花坛，体现公园花的主题（有没有鸟就不知了）。绿化以常绿树种为基调，有香樟、桂花、石楠、白玉兰等。沿江步道边栽种垂柳。

乌越桂子园　香雪报春园

地点：篁园桥与南门大桥之间，东岸。

乌越桂子园在中江桥延伸路段的北侧，香雪报春园在南侧。之所以要把它们连在一起说，是因为乌越桂子园广种的是桂花，香雪报春园成片成片的是梅花，还因为它们与对岸的花鸟世界园是两段一个名称。

乌越桂子园长540米，宽180-240米，占地10.12万平方，2003年12月建成开放。

公园主入口在篁园桥头，园内建有未来广场。未来广场以层层错落的金桂为背景，以音乐喷泉、松柏、四季鲜花以及雕塑"鱼跃龙门""书山有路""乌月问茶"等为轴线，艺术地点出了广场的主题为"未来"，就是对未来充满希望，对生活充满信心。

广场后为龙潭山，满山遍植桂花。龙潭山背建有旱冰场，为市民提供了健身场所。

乌越桂子园是义乌城区桂花种植最为密集的公园，也是著名的赏桂地点。每到秋天赏桂季节，走在公园的林间小道上，贪婪地吮吸着空气中弥漫的各种桂花香，满目的金黄在眼前晃啊晃，你不醉都很难哩，又岂止用流连忘返形容？

香雪报春园。

2013年12月，市园林管理局对乌越桂子园中江桥侧3.2公顷未建区域进行续建，增加了亲子活动的场地，新建了乌越亭、桂子廊及一些休憩设施，提升了公园景观的丰富性和多样性，使乌越桂子园与香雪报春园得以贯通。两个公园连为一体了。

香雪报春园长360米，宽160~230米，总占地7.58万平方，2002年7月建成开放。

香雪报春园共有三个入口，主入口靠近南门大桥。在入口处，有一巨石，上书"香雪报春园"石刻，取自毛泽东的诗词"俏也不争春，只把春来报"之意境。园内以松、竹、梅等为主景，配以樟树、合欢、桂花等。

香雪报春园依人造山丘土堆高高低低种植有红梅、白梅、杏梅等4000余株梅树，以早梅为主，是义乌赏梅第一胜地。每当梅花开放季节，蜂蝶阵阵，花香渐浓，定把闲暇在家的你的魂给勾了去。

公园内还有扇形广场、梅花广场、五角广场、义乌四城门厅等景观。扇形广场内设有铜铸雕塑"醉卧"。从主入口的扇形广场到五角广场园路为主园路，园路西侧紧靠义乌江，沿岸有青石、铁索栏杆等。江滨靠近中江大桥侧建有4座仿古小亭，东南西北各名曰"迎春""翠嶂""绿波""迎韶"。园路东侧基念山山顶有双亭，名为"岁友伴月亭"。园路两侧有花岗岩雕塑"闻鸡起舞""爷孙乐""弟子求教"，充分表达了义乌人民勤奋好学的精神。

义乌乐园

地点：南门桥与丹溪大桥之间，西岸。

义乌乐园又叫江滨儿童乐园，占地14.34万平方米，2001年1月18日建成开放，是一座民间投资的以少年儿童游乐为主的现代公园。

乐园坐落在南门大桥与丹溪大桥之间，两座桥的西岸各有一个小广场，也是儿童乐园的停车场。它的主入口在丹溪路与江滨中路的交叉口，即西大门。大门上方，是巨大的广告牌，宁静的蓝与活泼的黄相间，有一种天真浪漫的气息。入口处有大型铸铜雕塑"神骏凌云"，三匹骏马昂首向天，扬蹄飞奔，姿态各异，显示出勃勃的生机和活力。

　　乐园由中国美术学院风景建筑设计研究所潘天寿环境艺术设计有限公司和浙江林业大学园林规划设计室规划设计，建成当年是浙中最大的游乐场。乐园拥有大片的草皮、开阔的中心广场、庞大的假山群体。园内有20多项先进、刺激的大型游乐设备，如豪华波浪、激流勇进、卡丁车赛场、42米高空观缆车、动感电影院、科普馆、大型动物表演场，还有当时全省首台疯狂过山车等大批技术含量高、安全性能好的娱乐项目。2007年6月，经过10个月的建设，又建成"海洋世界"，这是一座集科普教育、休闲娱乐、互动体验为一体的现代都市型水族馆。公园内环境宜人，名木花草众多，碧水相伴，为市民提供了一个良好的休闲娱乐场所。

　　每到周末，公园内到处是孩子的嬉戏声、尖叫声。在卡丁车赛场、在过山车场地，玩得够刺激；在小型的跑马场，有几匹白马与一匹黑棕相间的小马在空地上悠闲漫步，等待着顾客去策马扬鞭；在3D电影院，你还可一睹立体电影的风采，体味那种身临其境的感觉。

　　"海洋世界"是一座以海洋生物展览为主，集科普教育、休闲娱乐、体验互动为一体的现代都市型水族馆。展馆以丰富的展示手段，生动的景观设计，先进的声光电多媒体技术，再现了海底的美丽与神奇。馆内拥有海洋生物1000余种、10000余尾，分为热带雨林馆、珊瑚海生物馆、海兽表演馆、深海隧道馆、海洋欢乐剧场及海洋科

义乌乐园。

普体验区六大场馆，包罗了热带、深海等稀有鱼种，如食人鱼、牛角、中华鲟等。"海洋世界"在满足人们对海洋及海洋生物了解和欣赏互动的基础上，更注重培养青少年对海洋及海洋生物的兴趣爱好。

乐园内，假山群是一处吸引人眼球的景观。这里怪石嶙峋、壁立千仞。小石林、小龙湫是两处造景：小石林远看石光如磨，草蔓不生。而小龙湫脚下则是一汪水池，刚中有柔。

乐园有众多名贵的树木，在园路两边，在公园角落，在各种游戏场所的周围，它们安静地生长，听着孩子们的欢笑声。它们身上有标签，让孩子们在快乐的环境中，认识它们。

乐园是义乌江滨绿廊中最为活泼的一个公园，它承载了孩子们的欢乐童年，勾起了惊险刺激的回忆，让一些"大小孩"念念不忘。

银岸草暖园

地点：南门桥与丹溪大桥之间，东岸。

银岸草暖园与义乌乐园隔江相望。全长1000米，面积8.17万平方米，其中绿地面积6.59万平方米。2001年3月建成开放。因为靠近居民小区，所以游玩的人较多，成为居民休闲健身的好去处。

赤塘溪从东南到西北，流入义乌江，将公园分成两半，又以赤溪桥相连通。溪两侧有紫藤花架，可以在花架下观花休息。公园的主园是北园，主入口也在北园。面对江东二小区，入口大道两侧立有朱雀、玄武、青龙、白虎纹雕刻图案的四根圆柱，中间以花坛相隔。"闻鸡起舞庭"多功能广场为圆形，中间为旱地喷泉，旁有戏迷角，与入口相对应，也是银岸草暖园的核心。在靠近南门桥侧的银杏树下，临江而建有"风雨吹香轩"，取诗"亭亭古轩对大江，雨洗风飘老吹香"之意，为饮茶对弈之处。绿地中有15种体育运动器具，可供市民健身使用。南园建有草坪式球场，有结香廊、蔷薇廊，设计者想把这里打造为幽静的学习场所。

整个公园园路四通八达，各种功能设置齐全。沿江石阶上立有7根上圆下方的艺术景观灯柱，晚间灯火辉煌。绿地上建有"梅花鹿""韵""和谐"等装饰性小品、雕塑。"梅花鹿"用钢管制成，由高矮不等的四只梅花鹿组成鹿群奔跑在草地上，最高为3.15米，最矮为1.85米；"韵"由铸铁喷漆而成，高3.1米；"和谐"用玻璃钢制成，高2.6米，底座高2.5米。这些雕塑造型优美、生动，把静态的绿地张扬得更有生机。

园内植物以常绿草坪为主，间植银杏、茶花、桂花、杜鹃、茶梅、红花继木、金叶女贞、龟甲冬青等乔灌木和花卉植物，每到春季，就变成了一个姹紫嫣红的世界。

江滨绿廊一公园

地点：丹溪大桥与经发大桥之间，西岸。

江滨绿廊一公园面朝义乌江，背靠锦都豪苑，长约400米，总占地3.2万平方米，绿化面积2.5万平方米，2005年11月竣工。

公园的设计以"文化生活"为主题，自然的山水形胜，以及人工的山石、绿地、水景等，充分体现人与自然的和谐。有"水之源"主题广场、十二生肖浮雕柱、晨练广场、老年休闲中心、儿童休闲中心、林荫广场、生活区主题雕塑、篮球运动场和文化源休闲区等组成。园内主干道由西往东像一只展翅的飞鸟，象征开发区经济腾飞、市民生活美好。

园内绿化以银杏、香樟、鹅掌楸、金桂、银桂等为主。

江滨绿廊二公园、三公园

地点：经发大桥与凌波大桥之间，西岸。

江滨绿廊二公园、三公园之间，以污水处理厂为界。

二公园在经发大桥与污水处理厂之间，长560米，占地4.65万平方米，绿化面积

3.5万平方米，2005年11月竣工。

公园以街头绿地为主，在保证防洪的前提下，营造有特色的道路景观环境。以"自然人文"为主题，是一个休闲娱乐为主的公共绿地。由象棋广场、山顶景观台、网球运动场、商业广场、小游园、停车场、林荫广场、"登高远眺"及"竹林听涛"等组成。绿化树种以香樟、罗汉松、桂花、广玉兰等为主。

三公园长980米，占地约14.18万平方米。以"生态民俗"为主题，七分树三分草，树草花结合，强调自然性。按内容分为"青翠儒林""古刹香云""稠州遗梦""水轮新貌""村塘秀色""运动休闲园""彩虹园"等几个区块。2015年6月交付使用。

"稠州遗梦""桥头秀山""摩岩石刻""古刹香云""村塘秀色"是一个组合：利用原来的村落，以及村落边上的历史文化景点，如石碑、摩崖石刻、浮雕、文化景墙、文化柱等，营造深厚的历史文化氛围。山坡水塘，稍加整缮，展现古村落景观。在老民居的宅前屋后，青石铺地、古树参天，再现典型的江南民居风格。在古民居的旁边，有古庙、放生池、老池塘，这个一个生命、灵魂两依的世界，与江对岸的古塔、山影互相照映，勾勒了一幅江南水乡小山村的景致。

在前面的章节中，我们说了，钓鱼矶对面的这一个地方，是明朝时义乌的第二个"文化中心"。崇祯十一年，出身于书香门第的熊人霖来义乌当知县后，在此地造了西江桥，又在义乌江北岸迁建"文昌阁"以镇之，营建"普度禅林"寺庙以守护之。因此，明朝的时候，这里还是相当热闹的。

"木桥秋意""运动休闲园""现代长廊""彩虹园"是一个组合，构建了一个休闲活动娱乐的场所。这里既有诗意，又有现代的运动感，同时拥有五彩斑斓的舒意环境。艺术长廊、四季花圃等，所有的一切都融入了生活中。环境变美了，人也变漂亮了。

"江景平台""纳凉广场"是一个组合：营造了一个亲水的世界，与义乌江水密切接触，回归人类的本源。码头、游船，让人们在怀古的同时，在嬉戏中获得乐趣。

"水轮新貌"：保留原来的提水灌溉机埠。1964年8月，这里建了一座抽水机埠，叫西江桥机埠，占地77.55平方，抽义乌江水灌溉原杨村乡的6628亩农田，使之免遭干旱,为农业生产作出了巨大的贡献,该机埠仍在发挥着作用。水轮新貌景点,保留了农业时代的特征,留住了一个特定历史阶段的记忆,同时兼具教育意义。

钓鱼矶公园

地点:经发大桥与塔下水轮泵站廊桥之间,东岸。

钓鱼矶公园与塔下洲公园,以钓鱼矶廊桥为界,廊桥之上为钓鱼矶公园,廊桥之下游,银河湾小区和塔下洲A区之侧,都被称为塔下洲公园。

钓鱼矶公园位于水轮泵站旁,因一块高近40米的钓鱼岩而得名,占地7.02万平方米,绿地率达85%。2000年4月改建竣工。2003年在公园西侧建拦江大坝一座,为廊桥式结构,拦截江水成人工湖。

公园内有"一峰塔",有亭、台、廊、桥、平台等,公园内还有明崇祯年间义乌知县熊人霖写的钓鱼岩诗、明万历年间邑人虞德烨《重创钓鱼岩一峰塔记》碑刻,另外还有一块长达数十米的描绘20世纪70年代钓鱼矶抽水灌溉的石刻图。(具体详见第七章第八节《水口钓鱼矶》)

山上植物茂盛,保留原有林木,新种植了雪松、桂花、杨梅、银杏等树种,配以腊梅、紫薇、杜鹃、月季等灌木,绿荫葱茏,鸟语花香。沿江垂柳、碧桃、梅花与义乌江水相映成趣。

塔下洲公园

地点:塔下水轮泵站廊桥与南环路大桥之间,东岸。

塔下洲公园位于钓鱼矶公园下游,面朝义乌江,南靠江东江滨路。东以钓鱼矶廊桥为起点,西临环城南路,长约1440米,总用地面积约10.4万平方米。2009年底建成开放。

公园分为两个区块,凌波大桥与钓鱼矶公园之间为一区块,凌波大桥与南环路大

鸟瞰塔下洲公园。

桥之间为二区块。设计采用带状设计，从义乌江到江东江滨路可分为三条带：江滨带、中心绿带、江东江滨路绿化带。公园内设有管理房、厕所、花架、休闲架、棚架等主要园林建筑小品，可赏可憩，临江的木栈道和木平台增加了整个游园的亲水性。公园中部有一条宽5米的塔下洲石拱桥，原建于1987年，经改造焕发了新的生机，可直通江对面繁华的万达广场。

植物以浙江乡土树种为主，配置上层次丰富，形成较完善的生态系统。塔下洲公园是一个休闲健身、生态艺术的综合性公园。

江滨绿廊四公园

地点：凌波大桥（新科路）与南环路大桥之间，西岸。

江滨绿廊四公园面朝义乌江，背靠欧景名城，沿义乌江长度约900米，宽55-100米，面积约8万平方米。2011年5月竣工。

四公园以"休闲娱乐"为主题，为市民晨练、娱乐健身、茶余饭后散步纳凉、节假日家庭活动提供场所。

公园以中部的法式风景大道和江景大平台作为景观的中心点，由此轴射展开。法式风景大道对应着江滨南路对面的万厦欧景名城的法式大道，设计采用法式的雕塑、景墙、小品、亭台、植物来表现，营造一种法式的异域风情，与欧景名城的建筑风格相协调。

法式风景大道所在的中间区块叫"疏林草坪休闲区"，以成片的草地和绿树为背景，营造出一种自然式的疏林草地，各式苗木、鲜花随季节的变化而变化。在这里除了法式风情大道，还有一片供孩子尽情游乐的大草坪。春夏秋冬，这里可以踏青、放风筝、纳凉、赏雪景，是整个公园的中心部位。

"疏林草坪休闲区"的西面是"植物观赏区"，纯绿化植物为主，密林灌木，考虑此处由于交通因素，人流相对较少，且与环城南路有一定的高差，公路产生的噪音和粉尘在这里得到很好的过滤，大片的树林美化了周边的景观。

"疏林草坪休闲区"的东面是"园林休闲观光区"：以现代公园造景的手法，以流畅的线条，将人工造景的园林意境营造于其中。

这几个区块，用一条东西走向的园路主干道串联在一起，隔一段有一个观光景点，给游人营造了百步一景的变幻感。

绿化以本土特色树种为主，四季常绿，季季有花。

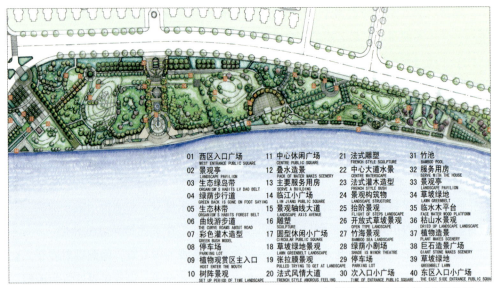

01 西区入口广场 WEST ENTRANCE PUBLIC SQUARE	11 中心休闲广场 CENTRE PUBLIC SQUARE	21 法式雕塑 FRENCH STYLE SCULPTURE	31 竹池 BAMBOO POOL
02 景观亭 LANDSCAPE PAVILION	12 叠水造景 PACK OF WATER MAKES SCENERY	22 中心大道水景 CENTRE WATERSCAPE	32 服务用房 SERVE WITH THE HOUSE
03 生态绿岛带 ORGANISM'S HABITS LV DAO BELT	13 主要服务用房 SERVE A BUILDING	23 法式灌木造型 FRENCH STYLE BUSH	33 景观亭 LANDSCAPE PAVILION
04 绿荫步行道 GREEN BACK IS GONE ON FOOT SAYING	14 临江小广场 LIN JIANG PUBLIC SQUARE	24 景观构筑物 LANDSCAPE STRUCTURE	34 草坡绿地 LAWN GREENBELT
05 生态林带 ORGANISM'S HABITS FOREST BELT	15 景观轴线大道 LANDSCAPE AXIS AVENUE	25 抬阶景观 FLIGHT OF STEPS LANDSCAPE	35 临水木平台 FACE WATER WOOD PLATFORM
06 曲线游步道 THE CURVE ROAMS ABOUT ROAD	16 雕塑 SCULPTURE	26 开放式草坡景观 OPEN TYPE LANDSCAPE	36 枯山口水景观 DRIED UP LANDSCAPE LANDSCAPE
07 彩色灌木造型 GREEN BUSH MODEL	17 圆型休闲小广场 CIRCULAR PUBLIC SQUARE	27 竹海景观 BAMBOO SEA LANDSCAPE	37 植物造景 PLANT MAKES SCENERY
08 停车场 PARKING LOT	18 草坡绿地景观 LAWN GREENBELT LANDSCAPE	28 绿荫小剧场 SHADE IS MINOR THEATRE	38 巨石造景广场 GIANT STONE MAKES SCENERY
09 植物观赏区主入口 HOST ENTER THE MOUTH	19 张拉膜景观 PULLED TRYING TO GET AT LANDSCAPE	29 停车场 PARKING LOT	39 草坡绿地 GREENBELT LAWN
10 树阵景观 SET UP PERIOD OF TIME LANDSCAPE	20 法式风情大道 FRENCH STYLE AMOROUS FEELING	30 次入口小广场 TIME OF ENTRANCE PUBLIC SQUARE	40 东区入口小广场 THE EAST SIDE ENTRANCE PUBLIC SQUA

江滨绿廊四公园（部分）设计图。

江滨绿廊五公园（在建）

地点：南环路大桥与江湾（香溪）大桥之间，西岸。

江滨绿廊五公园东临义乌江，西靠西江路延伸——稠岭线，全长2500米，宽34-240米，占地面积约30.04万平方米。一期绿化工程已于2016年4月交付使用。

五公园地处城乡接合部，是城市与农村的纽带。这里有原始的泥土芬芳，也有初级的工业文明。有成片的居民房，有三分之一的地块是原江湾工业区的厂房。如何把这两种不同形态的文化结合在一起，打造一个保留两种文明的特色公园？

这些废弃的工业景观，这些建筑、构筑物、设备等，是工业区发展的见证，是开发区历史的一部分，留下这些城市的记忆，具有特殊的意义，是城市文明的一个片段。

观桃李芬芳，看海棠争艳，闲居慢行，充满泥土芬芳，是现代城市人向往的田园生活。农村的建筑不加雕凿，不施粉彩，渲染粗犷、朴实，呈现一种原始的农家情和村野味。还有这片土地上的有历史价值的附着物（古树、水渠、农田、提水机埠）等，都为我们提供了乡村记忆。

五公园，应该就是这两种文明的结合体！

公园分为6个不同景观的区域。

游览活动区，位于环城南路与西江路下穿（老稠佛路）交叉口，是从市区过来的人首先到达的地方，也是城市景观的延伸。

杨村溪从这个区域穿过，因此几座风格迥异的桥梁将其连接。这个区域内有12株古香樟，树龄都在百年以上，保留这些古老的生命是人类义不容辞的责任，因此，设计了古樟广场、古樟台。

杨村溪的防洪堤是直立式驳岸，因此这一部分的驳岸形式是将杨村溪的堤岸与四公园的堤岸进行连接，并在堤岸上设计2.5米宽的道路。在堤岸的外侧，用卵石铺设并点种一些乡土树种，这样既防止江水对河岸的冲刷，也遮盖了直立式堤岸的外立面。

工业印迹园是公园内占地最大的区域，将原江湾工业区的部分厂房保留改造，形成不一样的工业景观，并赋予它们新的生命。

整个公园地势最宽的地方，约有240米，占地面积约200亩。印迹园内，选择了三组保存较好的工业厂房进行保护性改造和功能重塑，采用大玻璃、落地窗等，简洁、通透，富有现代气息。建造出既体现历史痕迹和工业元素，又打造出都市形态氛围的特色景观。

这一段江岸从杨村溪的堤岸开始，继续使用直立式驳岸。在经过年年红厂区外围这段陡坡时，则在陡坡上开挖一条道路来连接两头的堤岸。江边，是宽阔的原生态湿地，有木栈道让人深入其间。

筠石园位于公园的中心区，与主入口结合，动静结合。

公园主入口的设计结合了经流此处的香溪，将香溪改造成为一条自然蜿蜒的河道，配以成片的竹林，溪边的茅草屋，形成一片古朴自然、悠然自得的山野风景。

在香溪入江口的两侧，铺设了大面积的卵石滩，防止了义乌江与香溪两处水流对地面的冲刷所造成的破坏，同时又提升了感官效果。

在入口的南侧还设计了一个儿童游乐场，利用工业区拆除剩下来的石料等，构筑一些矮墙、攀岩墙、卵石喷泉等游乐设施。

湿地植物景观区位于公园腹地水岸，以滨江步道作为分隔，在原有湿地的基础上，保留原生植物作为防风浪的障碍物，增加水生植物的品种。部分地段扩大浅水滩地，形成滞留区或人工湿地、浅潭，为鱼类和多种水生植物提供栖息地和庇护所。在草坡地段种植乡土植物。湿地上铺设有木栈道，在欣赏湿地野景的同时，让人仿佛置身于义乌江上。

滨江漫步区是整个公园最狭长的地段，成片的植物与道路形成悠闲的漫步区域。最窄不过10米，在略宽处以滨江步道作为分界线，内侧乡土密林，外侧草坡疏地，点缀几棵乔木。该区域内有四个入口，方便道路对面的市民进入公园游玩。

高台观景区：沿街处有几座民房，区域内还有一座抽水泵房。结合现状地形，在抽水泵房边设计一处较小的铺装地供人休憩。因泵房所处地势较高，建造了一个高台广场，供人远眺。在堤岸的设计上，使用了复式花瀑挡墙。

五公园江滨的古樟树。

参考书目

万历、崇祯、嘉庆、康熙等《义乌县志》，义乌市志编辑部影印。

民国《义乌县志稿》，义乌市志编辑部影印。

《东阳市交通志》，方志出版社，1989年版。

《义邑东江桥志》，光绪二十四年，义乌市志编辑部影印。

《义乌市交通志》，方志出版社，1988年版。

《义乌县交通志》，义乌县交通局编，1984年。

《义乌城乡建设志》，上海人民出版社，2010年版。

《义乌文史资料》（第一、二、三、十辑），义乌政协编印。

《义乌交通变迁》。

《沿江走过》，义乌日报社编印。

《钱塘江志》，方志出版社1998年4月版。

《千年佛堂丛书》，贾沧斌著，中国文史出版社，2006年版。

《走近文博》，傅健著，大众文艺出版社，2008年版。

《义乌市民政局关于望族锦园等地名命名的通知》，义民〔2011〕17号文件。

《浙江省建设月刊》，1929-1933年。

《民国时期钱塘江航运研究》，徐杨著，杭州师范大学硕士学位论文。

《兰溪市志》，浙江人民出版社，1988年版。

《兰溪交通志》，浙江大学出版社，1990年版。

《兰溪商业志》，兰溪市商业局编，1988年印。

《兰溪文史资料》（第三、五、九辑），兰溪县政协编印。

《东阳文史资料》第九辑，东阳市政协编印。

《品味义亭》，吴潮海主编，浙江人民出版社，2010年版。

《日军侵略浙江实录》，中共党史出版社，1995年版。

《中国共产党义乌历史大事记》，中共党史出版社2007年版。

《金华诸义东地区抗日史话》，鲁明著。

《中共嵊州地方史》，杭州大学出版社，1996年版。

《东阳抗日战争史料》，东阳市政协文史委编，2005年版。

《抗日战争在金华》，金华市政协文史委编，2004年版。

《中国集邮大辞典》，中国大百科全书出版社，1996年版。

《义乌邮电志》，1989年印。

《邮潭星语》，傅樟星著，中国文史出版社，2006年版。

《读史方舆纪要》，清初顾祖禹撰。

《义乌市水利志》，义乌市水利电力局编，1989年印。

《义乌江寻梦》，义乌市文学艺术界联合会编，2016年印。

《义乌市非物质文化遗产普查资料汇编》，义乌文化局编印。

《义乌名家诗选》，骆有云、刘俊义主编。

《义乌市志》，吴潮海主编，上海人民出版社，2011年版。

《义乌地名故事》，朱庆平编著，上海人民出版社，2016年版。

《走进倍磊》，王春平、陈江兵编著，上海人民出版社，2015年版。

《义乌历代登科录》，龚延明著，浙江古籍出版社，2014年版。

《义乌家园文化》，黄美燕著，浙江人民出版社，2010年版。

《义乌发展之文化探源》，社会科学文献出版社，2007年版。

《义乌爱溪何氏宗谱》四卷本，2001年印。

《义乌塘西金氏宗谱》《义乌凤林王氏宗谱》《义乌龙陂张氏宗谱》《义乌派溪赵氏宗谱》《洋川贾氏宗谱》《绣川徐氏宗谱》《倍磊陈氏宗谱》《钟墟傅氏宗谱》《华溪虞氏宗谱》等。

《金台三打少林寺》，楼云和编，浙江文艺出版社，1986年版。

《欢喜冤家》，西湖渔隐主人著。

《骆宾王评传》，杨柳、骆祥发著，北京出版社，1987年版。

《一代才女倪仁吉》，吴璧瑛著，华夏文艺出版社，2015年版。

《侵华日军义乌细菌战调查研究》，浙江人民出版社，2015年版。

《明朝那些事儿》，当年明月著，浙江人民出版社，2011年版。

《凝香阁诗稿》，倪仁吉著，义乌博物馆藏本。

《大唐狄公案》，高罗佩著，海南三环出版社，2006年版。

《朱之锡文集》，中国文史出版社，2001年版。

中国义乌网（http://www.yw.gov.cn）等新闻报道资料。

三公园、四公园、五公园设计文本：义乌经济技术开发区提供。

塔下洲公园文本：义乌市园林绿化管理局提供。

后 记

想写这本书，已经有好多年了。当年义乌丛书编辑部向全国公开招标研究义乌江的课题，机缘不凑巧，当我知道的时候，已经被浙江省社科院的一位研究员"捷足先登"了，当时心中留下了深深的遗憾。因为自从1997年我在任职的《义乌日报》组织了"义乌江沿江行"活动以来，我对这条母亲河了解得越多，就越有探究她的冲动。记得当年俞天白老师在看了我们《义乌日报》的这一组文章之后，很冲动又很理性地写下了这样一段话："离乡以后，因为写作生涯的需要，多年留意过故乡的民情风俗、历史沿革，应该说对家乡有所了解了吧。然而，读了这一组洋洋洒洒30余篇沿江纪行文章，才明白，在这之前我并不了解故乡，不了解我的'母亲'——义乌的博大而深厚。我不了解义乌的人文历史和人文景观，并非只有宗泽、骆宾王、朱丹溪，还有与这些姓名同辉，或者隐在这些姓名后面为义乌历史，也是中国历史增添厚度的政治、文化、科技的人物和事件。像一门14人跃登'龙门'的虞守愚及其家庭；像铁骨铮铮的一代名将吴百朋；有以诗书画和绣品传世的才女倪仁吉；有主持过二十四史之一《元史》编修的著名文臣王祎；连享受香港居民香火最盛的黄大仙，也出生于义乌……他们不是虚泛的文字纪录，而是具有具体的遗迹，这些遗迹，不仅仅是孤立于义乌土地上的人文景观，而且早已经渗透在人们的风俗习惯之中，就如南宋赵氏的后代，南逃于此，在徐江镇建立起以赵姓为名的村庄，继续书写自己的家谱，坚守自己的家规，并以'南渡'二字铭记于灯笼上，显示不忘宗室的纪念方式……"

是啊，对家乡的了解，我们往往限于浮浅的层面。而探究得越深，我们会越加深爱这片生我养我的土地。俞天白老师的这段话，是很能代表我们大多数人的心境的。

大概过了两年，当我在丛书编辑部的课题表中又看到这个题目的时候，我毫不犹豫把它拿了下来。据说那位研究员接到这个题目后，苦于材料不多、掌握的内容不丰富、历史资料难于寻找、采风又很困难等问题，最终放弃了这个题目。这对我来说，还真是一个好机会。因为"沿江行"以后，时间已经过了17年，在这十几年当中，我一直断断续续在收集这方面的资料，无论是有意的寻找，还是无心的遇见，我都会复印下来，作为资料保存。材料谈不上丰富，但手中还是有些东西的。

但真正动手去研究这个课题，感觉还是有些棘手的。因为在以前采访的过程中，掌握的资料都是碎片化的，没有系统性，更谈不上对某一方面深入了解。特别是对古代的码头、航线、渡口等方面的研究，沿江采访获得的材料都是非常皮毛的，甚至连皮毛都算不上，而对于课题研究，这几个方面又都是特别重要的，是要花大篇幅描述的。于是，研究工作又被卡住了，加上在报社的工作比较忙，一拖再拖，又一年过去了……

在这一年半载的时间里，我接触了大量的材料，在撰写编辑《义乌地名故事》《义乌商帮》的过程中，也有意外的收获；在网络上寻找相关钱塘江航运的研究论文，花钱把它买下来；丛书编辑部的吴潮海主编也积极帮我寻找相关的资料，为我提供了东阳郭承豪撰写的《义乌浮桥》《义乌江上的竹筏运输》以及郭收集起来的一叠资料，当然也包括当年我们组织的义乌江沿江行的资料，还真是一位有心人，只要报刊上发表过的，他都基本上收集了；同时，我还翻阅大量的地方性的史料，现存的义乌有史以来出版的各种县志，以及有关钱塘江的志书史料等；还赴兰溪档案局寻找当年义乌人在兰溪开设船运公司等史料。在寻找史料的过程中，下乡采访是必须的功课，沿着义乌江边的农村，细细地寻找相关的蛛丝马迹，查阅家谱中的相关记载，一边寻找，一边思考。接触了大量的材料后，思路才渐渐清晰起来，于是，一边动手编写写作提纲，一边断断续续地写，并继续寻找资料，下乡采访。

但其实在查阅资料的过程中，许多我想象的应该有的材料，由于历史年代久远，或者记载的缺失，又或者当时的人根本就没有意识到这些资料的重要性而未将其保存下来（如倍磊码头），而只能得到一鳞半爪，留下了深深的遗憾。但就是这样，许多朋友在我寻找资料的过程中，都给予了极大的帮助，费尽了心思。如在查阅城建档案的过程中，城建档案馆王利伟馆长给予了无私的帮助；在撰写"江滨绿廊"这一章节时，老同学张永福提供了很多新建江滨公园的资料，因为他是稠江这一地段江滨绿廊的主要参与者，许多档案馆中没有的资料他还保存着；丛书编辑部的傅健同志，只要给他一个电话，我需要的材料马上就会发过来；还有在东阳电信局工作的收藏家徐松涛、佛堂作协主席王春平、佛堂的贾沧斌、义乌市图书馆的何赛阳、好朋友王文辉、吴振华、杨英群、许静生等，都给予了无私的帮助；书中的插图，得到了天下广告公司金福根的大力协助，还原了部分历史场景，再现了一些宏观视角，使图书增色不少。在收集江滨绿廊的材料时，也有部分文字来自于网络，而这些又往往没有署名。所以，在此也向这些无名作者表示敬意……还有对书中引用的许许多多文章的作者，在此一并表示感谢。

在这两年左右的时间里，我基本上把闲暇的时光，都投入这本书的写作中。也因为有了这个精神寄托，我的业余生活变得充实而有意义。

这本来是一本史料性的专著，但我想，纯史料性，看起来枯燥乏味，在当今娱乐化泛滥的情况下，太不合时宜。但一个严肃的历史命题，用泛娱乐化来表达又有些困难，或者说不太严肃。因此，我选择了历史性与文学性结合的表现形式，但偏重于史实的述说，目的只有一个，在较轻松的述说环境中把应该表现的内容完整地表现出来。义乌是个小地方，许多史实大家都在用，我也试图换个角度来表现，如写人，不求全面地写，而强化个性的塑造。希望这些尝试能获得读者的认可。

又或者我眼界的局限，掌握的资料不丰富，引用的材料以偏概全，在推出结论或描景状物的过程中难免有不周到或者根本是错误的存在，在此我诚恳地接受批评指正。

朱庆平

2017年9月于行政一号楼

图书在版编目（ＣＩＰ）数据

义乌江：水的记忆/义乌丛书编纂委员会编；朱
庆平著．—上海：上海人民出版社，2018
（义乌丛书）
ISBN 978－7－208－15037－9

Ⅰ．①义…　Ⅱ．①义…②朱…　Ⅲ．①河流—研究—
义乌　Ⅳ．①K928.42

中国版本图书馆 CIP 数据核字（2018）第 042433 号

特约编辑　楼岚岚
责任编辑　王梦佳
封面设计　甘晓培

义乌丛书
义乌江：水的记忆
义乌丛书编纂委员会　编
朱庆平　著

出　　版　上海人民出版社
　　　　　（200001　上海福建中路 193 号）
发　　行　上海人民出版社发行中心
印　　刷　浙江新华数码印务有限公司
开　　本　720×1000　1/16
印　　张　22.5
插　　页　3
字　　数　376,000
版　　次　2018 年 1 月第 1 版
印　　次　2018 年 1 月第 1 次印刷
ISBN 978－7－208－15037－9/K·2718
定　　价　88.00 元